生命，因閱讀而大好

自我照顧×情緒共存×人際關係的溫柔支持，
在孤單中找回愛與希望

悲傷練習

The Long Grief Journey

帕蜜拉·D·布萊爾 & 布蕾迪·麥凱布·漢森 ——— 著
Pamela D. Blair, Ph.D.   Bradie McCabe Hansen, M.A.

王莉雯 ——— 譯

獻給我的丈夫史蒂夫、
我的孩子瑞秋、艾米和伊恩，
以及我所有的孫子孫女；
獻給我那些已故的摯愛，
我不會忘記你們。

——帕蜜拉 · D · 布萊爾

獻給一直陪伴、支持並愛著我的
丹、雅各與艾爾絲，
我愛你們。
獻給我的父母與家人，
你們和我一起慶祝這本書的誕生，
也明白我付出了什麼才能走到這裡。
獻給我的朋友與摯愛，在這條我不知道該做什麼
或是該怎麼面對的悲傷之路上引導我。
獻給我深愛的布萊恩和索雷爾，
你們是我在這條漫長之路上的夥伴。
獻給我的母親——我想念你。

——布蕾迪·麥凱布·漢森

前言

寫給深陷漫長悲傷的你

爲什麼要寫這本書？

這個世界還需要另一本談論悲傷和失去的書嗎？答案是誠心的一句：「當然！」這部作品以我們四十年的治療實務經驗為基礎，我們經常聽到當事人在失去摯愛後這麼說：「我以為我現在應該會好一點了。」

我們撰寫《悲傷練習》這本書，是因為很少有非臨床類的書籍著墨於那些正在經歷持續性悲傷挑戰的人們，這些挑戰超出我們對復原的普遍預期——「復原」究竟是什麼意思？儘管許多悲傷的人希望能迅速消除痛苦，但我們的立場是，治癒悲傷並沒有確切的時間軸，而悲傷所造成的、充滿挑戰的影響，可能會在一個人的生命中以不同的程度延展。

在失去摯愛後重新以充滿意義的態度面對生活，可能會對生理、社交、心理和精神帶來持續性的挑戰。布蕾克・諾爾（Brook Noel）與帕蜜拉・D・布萊爾會共同撰寫《我還沒準備說再見》（*I Wasn't Ready to Say Goodbye*）這部探討摯愛驟逝與哀慟的國際經典暢銷書，是因為她們發現這個世界迫切需要一本關於「突然失去摯愛」的書。《我還沒準備說再見》對於因應第一年和第二年哀慟期所帶來的挑戰與困難非常有效，但對於我們進一步會面臨到的問題只是簡略地帶過。

這本《悲傷練習》是為了那些陷入持續性悲傷及受其長久影響的人們所寫的。這些悲傷包括但不限於：複雜性悲傷、創傷性悲傷、複雜性哀慟、持續性悲傷、延宕性悲傷、異常性悲傷、誇大型悲傷以及廣泛型哀慟疾患。在這本書中，我們主要會使用「長期哀慟」一詞，以涵蓋更多遭受持續性悲傷痛苦的人，而不侷限在診斷分類的範圍內。

對你來說，悲傷持續多久就算太久？「繼續前進」看起來是什麼樣子？這些都不是小問題，對吧？基本上，這要看你問的對象是誰。

這本書的目標讀者是誰？

這本書是為了那些小心翼翼、不再對別人敞開心扉的人所撰寫的，因為失去至親的痛苦幾乎燒灼了他們的心；是為了那些找到了新的伴侶、享受愛情和陪伴，卻因為害怕讓他人感到不自在、認為自己不能再提起逝去的摯愛，而隱藏自己仍愛著他們而產生痛苦的人所寫的。我們想幫助你們，那些覺得自己似乎處在不熟悉的景況裡，走在陌生的人群中，獨自承受持續性悲傷壓迫的人，也許你們已經放棄走出悲傷，或是不確定這麼做有什麼價值。

這本書也適合那些表面上看起來已經「繼續向前邁進」的人。他們繼續工作、履行職責、出席重要的人生場合，然而，他們也默默承受著悲傷的重擔和對摯愛的思念。也許遇上節日會特別艱難，雖然他們可能會為了別人而盡力「表現出愉快的樣子」，內心卻難以感受到快樂或平靜。那些創造力在摯愛離世後幾乎枯竭的人們，他們的創造意念因失去心愛的觀眾與繆思而受到壓抑。

長期哀慟和漫長之旅是什麼意思？

我們認為，人們通常不會在兩個月、半年或一年內從失去摯愛的悲傷中恢復。許多我們曾訪談過的人經常形容第二年出乎意料地艱難，因為第二年的開始似乎投射出一條無形的線，標記著這樣的期待：「你現在應該覺得好一點了。你經歷了所有的第一次，是時候繼續前進，回歸生活了。」

在美國，每年有近三百萬人逝去。想像一下，每一起死亡，至少有一個人到九個人會直接、明顯地受到這件事的影響，而出現嚴重的悲傷症狀，並持續一段時間。統計數據表明，這其中約有百分之十到百分之二十的人會出現哀慟的併發症。儘管數據顯示，老年人失去人生伴侶的機率比較高，更容易遭受長期哀慟的影響，但沒有任何年齡層的群體能免受影響。

我該如何使用這本書？

我們的目標是陪伴你走過悲傷，並引導、支持你重新喚起對活出富饒、充滿意義的人生的渴望，以不同的方式面對悲傷。

本書將會讓你明白，你並不孤單，在這條通往治癒的道路上，共同的紐帶把我們繫在一起。對於閱讀這本書來說，並不存在著正確或錯誤的方法，但我們建議你在手邊放一本日記，寫下閱讀時的想法與感受。每一個章節的最後都有提問，邀請你直接參與，利用你有共鳴的建議來制定計畫。

我們在第一章分享了自己的故事，並描述我們現在的處境，從失去摯愛至今已分別過了四年與將近三十年的時間。第二章我們探討長期哀慟對生活產生的影響，特別是在情緒、行為、人際關係和健康方面。我們也討論了長期哀慟和其他心理健康疾病之間的一些共同症狀，例如創傷後壓力症候群（Post-Traumatic stress disorder, PTSD）、憂鬱和焦慮。許多人會擔心自己的狀況，或選擇回應他人對自己的擔憂，甚至懷疑自己出了什麼問題。我們探討了這些疑慮，以及何時該尋求幫助。此外，也談到許多在漫長復原之路上會出現的種種困難與阻礙，以及這些阻礙可能帶來的影響。

接著，我們繼續處理與長期哀慟有關的特定主題。你會找到可能與自己有所共鳴的例子，看到有些人走過了他們的漫長旅程，有些人則正在崎嶇的地貌上前進。我們在每個章節裡都提供具體的生活方式、儀式和練習，希望你無論身處悲傷之旅的哪個階段，都能找到一些有幫助的內容。

想像一個不那麼痛苦的未來，有任何幫助嗎？

是的，但只有當你準備好時才有幫助。無論你在哀慟的過程中走了多遠，都可以邁向一個充滿意義與智慧的人生——我們深信這一點，雖然這並不容易。有時，我們甚至會覺得自己做不到。但是，就像所有故事裡的英雄一樣，如果我們能獲得殘存於疲憊靈魂中的勇氣，即使只有一絲絲，就可能拿回自己與生俱來的權利，活出充實的人生。

在《悲傷練習》中，你會找到支持，幫助你面對潛伏在角落裡的挑戰；你會學到如何融入以及從失去摯愛中找到意義的方法。第一步，是放下你所累積起來的責任，那些你認為在長期哀慟中應該承擔的責任。你可能感覺自己正在爬一座充滿責任的山。當你登上這座責任山的頂峰，釋放對於「恢復正常」的羞愧感和重擔時，就有機會回顧你所走過的一切，向前迎接生活中的新可能。

CONTENTS

Chapter 1

我們的故事

「某些海星能從斷掉的手臂中再生出整個身體，
因為牠們有辦法在手臂中容納大部分重要的器官。
我願意相信，破碎中可以誕生出完整和
嶄新的事物。」

——雪柔・聖日耳曼（Sheryl St. Germain），
《五十哩》（*50 Miles*，暫譯）

如果沒有經歷過，就幾乎不可能寫出一本關於長期哀慟的書。為了讓你知道這趟旅程中有我們和你一起學習、成長和拓展，我們會分享自己的故事。

帕蜜拉的故事

我個人的哀慟故事始於我父親和祖母的逝世，然後是其他重要的家人，包含我的母親，後來還有我的姊妹與姪子。但是，讓我踏上痛苦且難以釋懷的哀慟復原之路的，是三十多年前，我兒子的父親，也是我女兒艾米的繼父突如其來的離世。

我已經「走出」喬治的死了嗎？從許多方面來說，我走出來了。一九八四年，我再婚嫁給了史蒂夫。而喬治死後，我繼續完成學業、受命成為跨信仰牧師、發行了一份通訊報，幫助位於紐約拉伊（Rye）的另類教育機構「溫賴特之家」（Wainwright House）打造重要的心靈與心理計畫、在全國各地講課、登上電視和廣播節目、參與更多戲劇演出、成為《我還沒準備說再見》和其他兩本書的合著者、獲頒博士學位、開設了一家成功的私人心理治療診所……從表面上來看，如同人們所說的，我好像已經走出來了。但真的是這樣嗎？

像我一樣採取行動並重返生活，意味著邁開步伐——其中大部分的行動都是受到失去喬治所激發。我忙碌地度過每一天，以免過於深入關注年幼兒子受傷的眼神，或是也正在掙扎的女兒。工作和投入我所熱愛的事物中幫助了我。有些時候，我盡我所能地給予孩子們支持。儘管如此，哀慟仍舊持續，就像一根尖銳的線交織進我的生活中，延宕數年。

最困難的一件事，就是伊恩的父親不在我身邊，看著我們的兒子成為一名音樂劇演員和導演，就像他的父親一樣。看著他在舞台上，內心總是交織著驕傲與思念。如果喬治能在這裡看到他的兒子有多成功，和我一起沉浸在伊恩的成就之中，該有多好？這份「如果」的清單很長，而且時至今日依然持續增加。如果他能看到伊恩畢業、和所愛的女子結婚、第一次當父親、成為他父親會引以為傲的男人；他的繼女艾米如何成長為堅強的女性，並生下一個孩子，那該有多好——所有的「如果」，都會讓悲傷再次襲來。

我是否仍會被這些渴望能一起經歷的生活事件觸發？是的。我是否和你不一樣？有時是，有時不是。我是否會感到極度地悲傷？有時是，有時不是。我是否和一個很棒的新伴侶建立了生活，共同經歷我子女的某些生活事件？是的。我是否仍會在我兒子的眼中看到他的悲傷，以及他看起來有多像他的父親？當然。如果喬治還在的話，艾米是否會有一段不一樣的人生？是的，但那是她的故事。

經歷深刻的失去後，我們每個人對「創造未來」的定義都不同。回顧過往，我發現「失去」成了我為生活創造意義的催化劑——這意味著腳踏實地、在我所能觸及之處創造意義。也許書中的故事節錄能激發你，在適合自己的環境中，創造你自己對哀慟復原的定義，就像你發現我所做的一樣……我現在能做些什麼呢？

布蕾迪的故事

我第一次親身經歷，並且有意識地從別人身上目睹哀慟，是在我九歲時祖父過世的時候。在那之後，我還失去了外公、外婆、祖母、繼母的父親和一位親愛的朋友。這些失去都很難接受，但讓我遭受了很長一段時間打擊的，是失去我的母親，而且，從許多方面來說，我至今仍未恢復。

二〇一七年的復活節，我發現我媽過世了。驗屍官說，她被發現時就已死亡多日了，但沒有經過驗屍，無法得知正確的死亡時間。

在她死前，出現了數晚我無法解讀的夢境和徵兆。如果我們無法理解，或者只覺得：「有什麼事要發生了，但我不知道是什麼事。」那麼，這些來自我們的心靈或上帝的象徵性溝通，又有什麼意義呢？為什麼我不知道她獨自一人，等著被發現和關心呢？

我確信，關於我在她離世前後所經歷的一切都可以寫一本書了。這段經驗塑造了我的人生，而且會持續產生影響。至少，我沒有一天不想到她，但不只如此。我在鏡子裡看到，我母親的死，以及她死亡時的情況都留下了痕跡——毫無疑問地，這些痕跡在我的臉上。我現在看起來和以前不一樣了，我能在自己的眼睛裡看到這種變化。儘管某些悲傷對身體造成的感受已然減緩，卻留下一種印記，當我看著自己時，看到了一個目睹許多無法抹滅之事的人。母親的死讓我成長，再也無法否認或低估情感痛苦和悲傷，將導致如何嚴重的後果，這讓我的心迸裂開來。我注意到自己對他人的同情大幅躍升，也感覺到自己與心痛產生更緊密的連結。

母親的死似乎也在我的神經系統裡留下了永恆的痕跡，在她離世之前，有些事情我能勉強應付，現在卻做不到了，感覺就像是某些神經被燒掉了一樣。那些神經讓我能隨意與人閒談、出席那些必須聊天的社交聚會——它們完全消失了，也讓我注意到自己對獨處的需求提高了。自從母親離世後，我留意到一些身體的影響，我認為這是一種發炎反應，特別是與關節炎有關。我不斷學習管理、排解壓力的方法，避免對身體造成嚴重的破壞——這副身體需要運動和運作才能感覺好一點。

就像帕蜜拉一樣，在母親過世後的那一年，我邁開步伐，逼自己繼續生活。但這有時候很困難，因為我無法入眠——我是說，完全睡不著。我不記得當時在想些什麼或做什麼，但我記得，當意識到自己已疲憊到無法安全駕駛時，我開始思考是否需要尋求醫療幫助。就在那段時間，我買下了一台朋友正在出售的落地型織布機。我一直想學習如何使用織布機編織，而這正是一個機會。我灌滿了一整壺咖啡，然後邀請一位編織老師來家裡教我如何設置織機。儘管我筋疲力盡，但內心卻懷抱著對這門古老技藝的強烈渴望。那天晚上，我開始為七百三十八個綜片穿線，一遍又一遍地從一個小孔拉出一條線。第一個晚上我大約完成了一半，然後，你猜怎麼樣？我一夜好眠。隔天晚上，我把剩下的綜片穿完，同樣的事又發生了，我睡著了。之後，我就再也不曾經歷當時那樣的失眠症狀了。

從那時起，我恢復了一些力量，也找回方向，開啟悲傷的漫長過程。我在臨床工作上做得更多、在當地小學教導兒童纖維藝術和工藝、養育孩子、和丈夫一起努力經營家庭。我做了所有能做的事，而現在回想起來，那些事幫助了我。我努力讓自己前進，陷入掙扎時，我依靠治療師、針灸師、親密的家人、朋友和大自然，幫助我度過難關。母親的離世仍讓我心痛，某些節日與紀念日依然難熬，但我正在學習以新的方式賦予這些時刻意義。我希望你能在這本書中找到靈感與方法，為自己在失去摯愛後的人生，重新找回意義。

個案保密說明

在本書中，你將會讀到我們從訪談中艱難而緩慢地拾起的摘錄、引文與故事，以及數十年的治療職涯中所汲取的臨床素材。有些人讓我們使用本名，有些人則希望使用替代的名字；我們始終尊重這一點。關於臨床上的素材，有些人允許我們使用他們的故事，並在出版前看過這些內容；有些片段則融合幾個相似的案例，而我們也對細節做了改變，讓特定的人不會被認出來。

Chapter 2

長期哀慟
對身心的影響

「你的離去穿透了我
猶如細線穿過針。
我所做的一切都繡著它的色彩。」

—— W·S·默溫（W. S. Merwin），
〈分離〉（*Separation*，暫譯）

失去摯愛後，你已經度過了前期的痛苦、最初的哀慟和頭兩年必要的生活調整。如同你所經歷過的，第一年通常是一趟情緒之旅：應付失去最初的衝擊、在震驚後重新站穩自己的腳步，以及摯愛離開後的所有第一次，包含生日、紀念日和節日。第一年是情緒的雲霄飛車，這一年會發生很多事，經歷悲傷的痛苦是日常的現實，簡單或普通的小事都像是艱鉅的任務。

現在，也許你想知道自己正處於這趟漫長悲傷之旅的何處。一般來說，第二年是重新整頓和審視生活的一年，在這一年裡，失去摯愛的現實特別令人難受，同時，我們也意識到自己永遠地改變了。我們無法再假裝生活一如往常，或否認摯愛已離開的事實。遺憾的是，我們可能會受到來自他人（或你自己）的壓力，要求我們恢復成昔日的模樣。如果我們因為喪偶而一直處於傷心難過的情緒中，有些人可能會問：「你什麼時候才要搬出那棟房子？現在這樣對你來說不會太痛苦了嗎？」還有「你什麼時候才要開始約會？」也許我們已經把他們的衣服捐出去了、把東西分送給親朋好友、重新油漆、改變房間的用途或是搬家；但是，我們仍然覺得自己應該進行更全面的調整以繼續生活，也或許我們已為向前邁進擬定了一些計畫，但就是感覺不太對。

於是，我們展開了這段不知何時才會抵達終點的旅程，我們的行囊沉重無比，承載著這樣的重量無疑是一項挑戰。如果我們復原的程度不符合社會的期望，就會讓重整和同化悲傷變得更困難。也許你擔憂自己仍以某些方式受到悲傷控制，或依舊心痛不已，不確定該如何前進，覺得自己好像每天早上都必須穿上盔甲，才能面對這個世界……你明白，你所愛的人也曾告訴過你，摯愛離開這麼久之後，某些持續出現的行為（或是沒有恢復的行為）是不正常的——羞愧感和想隱藏的渴望會悄然顯現，而這可能會加劇我們的痛苦。

同化悲傷是什麼？

「關於開始完整同化悲傷的過程，我希望你知道的第一件事是，你無法『加快』這個過程。為了同化悲傷、與悲傷融為一體，我們必須（一）消化、（二）代謝並（三）讓悲傷散布到我們的生活中。」——人生教練提姆．范德坎普（Tim VanDerKamp）

悲傷是人類經驗的一部分，人們面對悲傷的反應、乃至我們「應該」如何從悲傷中復原的認知，都會隨著時間而改變。地球上的每一種文化都有其面對哀悼、喪慟、悲傷和復原的儀式與期望。但若是過程中出現問題，我們要如何得知？這是一個不容易處理的問題，與更大層面的文化議題——試圖以同一種模式捕捉人類的情感——有關。不過，我們可以採取一些步驟，幫助自己活出開放、充實和自由的人生，同時保有所愛之人的回憶與他們對我們的影響。

同化的意思，是在摯愛離世後，我們能在一定程度上繼續生活，同時為自己的愛與失落保留空間。我們可以參與讓自己開心的事情，在想起摯愛時不讓這些想法影響我們的心情；跟其他人談起逝者，不再那麼痛苦地度過重要的日子或紀念日；能工作、照顧自己、關心他人，並且積極投入生活，對家庭與生活方式做出必要的改變。你的生活已經展開，並根據失落的經驗進行了調整，同時繼續生活，和身邊的人分享才能。你不會壓抑自己的感受，也不會忘記與所愛之人共度的時光，並且敞開心扉，迎接生命體驗的所有力量。

在悲傷與失落主題享負盛名的作家與演說家大衛．凱斯勒（David Kessler）認為哀慟有第六個階段：賦予意義。凱斯勒寫道：

人們經常認為嚴重的失落是無法治癒的，我相信這並非事實。當我們想起離世的人，是懷著更多的愛而非痛苦時；當我們找到以榮耀他們的方式，在自己的生活中創造意義時，就受到了治癒。這需要決心與渴望，但找到意義並不特別，而是日常。一直都是如此，舉世皆然。

找到意義並活出充實的人生，是這趟漫長之旅想讓我們抵達的目的地。找出阻礙自己的事物，就能幫助我們找到自己需要踏上的路。

長期哀慟的影響與表現

「如果不讓悲傷自然展現，就會演變成對生活的不滿，讓我們無法好好生活、擁抱人生。」——心理治療師吉妮薇芙．金（Genevieve King）

每個人對長期哀慟的感受與表達都不同，這種經歷可能是流動或僵固的、頻繁或偶爾的、安靜或紛亂的。隨著時間流逝，長期哀慟的影響看起來可能會像情緒的波動，或隱藏在疲勞與慢性壓力中。也許你有注意到（或別人曾告訴過你），你在一年之中的某些時候會變得更容易生氣。也許這些時刻與你已故的摯愛有關，而你的煩躁實際上是一種跡象，意味你需要某些事物或支持來幫助自己度過這個困境。

一般來說，長期哀慟的影響分成四種：情緒、行為、人際關係與身體。了解讓自己停滯不前的原因，能讓我們更妥善地運用這本書，確認我們可採取哪些具體步驟來緩解哀慟帶來的影響。以下這份清單，能幫助我們快速辨別自己可能在情緒上遭遇了哪些阻礙：

情緒的影響

長期哀慟所造成的情緒影響，對失去摯愛後試圖繼續生活的我們來說，是必須面臨的挑戰。這種不間斷的情緒痛苦，經常促使我們尋求治療師或醫師諮商。

- 對所愛之人持續不斷的渴求
- 不間斷的強烈悲傷與情感痛苦
- 令人難以承受的愧疚感
- 反覆回顧或重現摯愛離世時的細節
- 心思都被逝者占據

• 難以接受所愛之人的死亡
• 更容易生氣或被激怒
• 渴望和去世的摯愛相聚而萌生尋死的念頭
• 喪失自我認同感
• 難以感受到任何正向情緒

行爲的影響

家人、朋友和同事擔憂我們的身心狀況時，時常會提起許多下列情緒的行為表現。他們可能會形容我們表面上「活著」，但並未真正地投入當下。

• 難以放棄或拒絕處理所愛之人的遺物
• 飲酒過量或濫用藥物
• 做出可能會危害自己生命的魯莽行為
• 難以從事感興趣或帶來快樂的活動
• 嚴守死板的慣例，毫無彈性

- 容易受到干擾，缺乏專注力
- 容易發脾氣或出現頻繁且強烈的沮喪感

人際關係的影響

在人際關係上，你可能會因為有機會展開新戀情而感到愧疚，或是持續害怕、逃避那些令你想起摯愛的節日或紀念日。

- 避開與已故摯愛有關的人
- 逃避或厭惡與他人社交
- 難以信任其他人
- 長期感到孤單與孤獨
- 對其他看起來很開心的人感到不是滋味
- 妒忌別人
- 內心的怨懟阻礙自己與他人產生連結

身體的影響

身體感到疼痛時，大腦和內心的感受也不會好到哪裡去，身體狀況會影響行動與活動，這會讓我們更想避開曾經喜愛的活動與人際關係。以下是長期哀慟對身體造成的一些常見的影響：

- 睡眠困擾——不管是失眠或強烈的睡意
- 體重明顯增加或減少
- 心臟相關疾病
- 發炎
- 身體疼痛
- 血壓問題
- 頭痛
- 酒精和藥物濫用的副作用

創傷後壓力症候群與長期持續的哀慟

有天早上，我起得很早，有種直覺要我打給她，我想那可能就是她在向我求救。我打了又打，但都沒有人接聽，所以我就去了她家。當我打開她公寓的大門時，可以看到她的臥室——看起來就像她正準備起床，卻又倒了下去。以那樣的方式在床上發現她，讓我經歷了重大的創傷。我知道她無法戰勝癌症，但無論原因為何，她的離世都來得非常突然。我必須接受大量的治療，才能控制住自己的恐慌。

——亞曼達

親人突然、意外的死亡，是哀慟併發創傷後壓力症候群最常見的原因。患有創傷後壓力症候群的人，會遭受到超出一般人類經驗範疇之外的事。儘管死亡是生命裡正常且自然的一部分，但有許多案例打破了事情「應該」發展的方向。而且，我們在很多情況下都面臨著令人完全措手不及的狀況，內心也沒有地圖能指引我們該如何從A點：最初的衝擊，抵達Z點：代謝衝擊。

創傷後壓力症候群的特徵，包括重現創傷事件、迴避與事件相關的事物，和改變自己與其他人經歷的感受。光是這句話，就捕捉到了創傷後壓力症候群所帶來的情感撕裂；這是一場經歷再現與逃避之間的虛擬拔河。持續處於過度警覺的狀態也是十分常見的特徵，這種症狀會透過焦慮、恐懼、擔憂和恐慌來展現。鐘擺在逃避與渴望之間擺盪，在希望逝去的摯愛能回來的同時，生活裡的人際關係受到破壞；經常覺得自己身處險境的同時，又隨時準備好應對衝擊。

考慮到這些兒童、青少年經常在學校出現的典型症狀：時間管理的挑戰、專注力與組織能力的問題、情緒和行為爆發、易怒、躁動以及退化行為，你是否覺得這聽起來很像注意力缺失症？或是像焦慮症、恐懼症、分離焦慮症、情緒潰堤、過敏反應和逃避？曾經歷哀慟併發創傷後壓力症候群的兒童，可能會出現一種或多種症狀，甚至在失去親人多年後仍然如此。你是否發現，如果評估者、醫師或治療師沒有進行必要的深入探究，找出孩子可能是在對什麼做出反應，他就很有可能被貼上焦慮症、憂鬱症或注意力缺失症的標籤？

對成年人來說，不經處理的創傷型哀慟，可能會隨著時間逐漸演變成一種看似極為忙碌的生活。你有感覺到嗎？在注重生產力和個人主義的文化裡，我們很容易就創造出一種逃避思考與感受的生活。但也許你已意識到，哀慟需要「特別處理」，如果你的大腦拒絕處理，身體就會為此付出代價。

罹患創傷後壓力症候群的人經常遭受視覺重現所苦，或是受到氣味、聲音和影像觸發。隨著時間推移，強烈的驚嚇反應與過度警覺可能變得根深蒂固，進而影響日常生活與家庭互動，形成有形或無形的應對模式。

來看看另一個案例。蘇珊在家裡發現自殺身亡的丈夫，悲痛欲絕的她獨自肩負起養育哀傷孩子的責任，繼續勉強地活下去。對蘇珊來說，她必須採取預防措施，減少受到過度刺激、驚嚇和被視覺感官衝擊影響的風險。她非常留意自己在媒體上看到、讀到和聽到的內容，避免讓自己被難以承受的意象所淹沒。她設立了「永遠不讓自己再經歷到打開家門發現丈夫的那一刻」的目標，而對於她所愛的人來說，和她在一起如履薄冰。蘇珊有著令人難以置信的堅強，卻也極為脆弱——所有愛她的人都明白，不能越過讓她感到安全的界線。

正念減壓創始人喬．卡巴金（Jon Kabat-Zinn）博士寫道：

慢性焦慮也會加劇所謂的經驗性迴避症狀，人們會企圖不計一切代價避開所有可能引發痛苦的想法、感覺、回憶或身體感受——這正是出於自身內在經驗中的恐懼，而封閉自我，與真正的生活保持距離。

許多出現創傷後壓力症候群的人，皆飽受惡夢與侵入性思維所苦，他們可能會自我孤立，沒有興趣和其他人建立連結。對他們來說，守護人際關係可能會耗費太多的情緒能量，導致他們出現看起來像憂鬱的自我孤立，以及看似焦慮的迴避行為。這一切形成一個惡性循環，使人可能在身體上或情感上被孤立，只能盡力自我管理。雖說這是一種保護神經與感官的方式，但破碎的心卻依舊血流不止。

神奇思維

我對我的貓很生氣，因為牠抓傷了我，所以我說我討厭牠。那天晚上牠沒有回來，而且再也沒有回來過。我爸媽認為牠可能被其他動物咬死了。我討厭我自己，牠會遇到這種事都是我的錯。

——九歲的傑森

有多少人能回想起童年時刻，哪些感受如此強烈、如此壓倒性，彷彿要從我們小小的身體裡爆發出來？有時，這些情感充滿了興奮與期待；有時是愛；有時則是恐懼。而當孩子們有強烈的憤怒時，他們可能會希望某些事情發生，或者在心中以鮮明的細節表達自己的怒氣。他們可能會想：「我討厭你」、「我再也不想見到你」，或是：「我想做自己的事，因為你什麼都不懂！」

孩子出現這些感受、對這些感受感到很混亂是很正常的，因為這些感受本身是很強大的存在，彷彿能控制現實世界並讓事情發生。這就是「神奇思維」（Magical Thinking）的定義，通常發生在兩歲到八歲之間。孩子們在這段期間裡學會很多事情，包括學會獨立、理解主動和愧疚感，也逐漸發展出能力與自尊。這是一項大工程，同時，他們還要學習理解因果關係，並忍受與親人、照顧者分離。

一般來說，對於失去一位重要的親人，兒童缺乏足夠的人生經驗或抽象思考的能力，無法明白這些事情其實不是他們的責任。生命有時是不公平、不可預測且具有強烈破壞性的，這個現實令人難以接受。對孩子來說，愧疚感可能會變成一種沉重的負擔，難以向愛著他們的人描述。遺憾的是，他們經常獨自與這些令人困擾的思維搏鬥，盡力擺脫困境。

這種在發展上可預測的思考模式也讓孩子相信，如果他們的願望夠強烈，或是表現出特定的行為，就有可能讓他們所愛的人回來、感覺更靠近他們一點，或是能從自己所感受到的痛苦中解脫。就像是一個只願意穿著父親衣服的孩子，是因為她害怕如果脫掉這件衣服，父親回來時就會找不到她了。

並不只有兒童會對死亡產生神奇思維。想像一下，一個從不說任何一句關於已逝親人壞話的人，他其實是擔心這些話會傳達到墳墓，進而傷害已逝者的靈魂。無法說出真實的想法，會阻礙我們處理死亡的能力。因此，人們通常試圖理解這個世界，並將毫不相關的事件聯繫起來，形成因果關係。我們可以在迷信和特定的儀式化行為中，看到這種現象。

有時，當生活拋給我們的挑戰過於沉重時，我們可能會陷入「如果當初」的迴圈中反覆思考：「如果我晚走五分鐘、剛好在家，是不是就能及時幫助丈夫應對心臟病發作呢？」、「如果我沒睡著，聽到電話鈴聲，是否就能接走我兒子，避免他在雪道上開車呢？」、「如果我更早介入，把媽媽送到醫院，她是否就不會被病魔擊垮呢？」這些「如果當初……」的念頭，讓我們的思緒一遍又一遍地卡在同一個關卡上。正因如此，我們必須在某個時刻，學會忍受並面對失去摯愛的痛苦與現實。

你可能會問自己的問題

這是憂鬱還是哀慟？我該如何分辨？

長期哀慟與憂鬱之間有許多共同之處，包括強烈的悲傷與絕望、胃口變化與體重起伏、睡眠問題以及迴避行為，每一種都有一些顯著特徵。舉例來說，《精神疾病診斷與統計手冊》第五版（*DSM-V, Diagnostic and Statistical Manual of Mental Disorders, Fifth Edition*）在描述持續性複雜哀慟障礙症時，清楚闡明患者看待自己的方式有所不同。當憂鬱成為主要症狀時，人們往往會更常自我批評，或是陷入自我厭惡當中。複雜性哀慟的特點是與已故者相關的自我批判，這些思想可能源於對關係本身的評價；而後悔、內疚則是長期哀傷中影響自我評價的情感。雖然憂鬱和長期哀慟都有可能令人萌生尋死的念頭，但對哀慟者來說，對死亡的渴望是因為他們深切盼望能和摯愛相聚；有憂鬱症狀的人則是努力對抗日復一日的情緒痛苦，希望得到解脫。這種痛苦並不只是因為失去摯愛，而是一種每天都會經歷，且影響著生活大部分層面的持續狀態。研究人員發現，飽受哀慟併發症之苦的人，與出現憂鬱或其他心理健康問題者之間的差異明顯且具體，因此，修訂版的《精神疾病診斷與統計手冊》第五版中新增了一項診斷，稱為「延續性悲慟障礙症」。

如果你之前就飽受憂鬱所苦，那麼失去摯愛可能只會加重憂鬱症狀。反之亦然。正如作家艾倫．沃爾費爾特（Alan Wolfelt）所言：「哀慟加上憂鬱，會使正常且必要的哀慟症狀變得更為嚴重。而且，臨床憂鬱症會讓悲傷持續得比原先所預期還久，甚至是惡化。有時，臨床憂鬱症還會阻礙你積極哀悼的能力。」

失去摯愛所帶來的影響，也可能讓你原先靠自己應付的潛在憂鬱現形，而現在，你需要尋求幫助。儘管心理健康領域希望能準確地找出問題所在，讓相關從業人員能有效、適當地幫助人們獲得改善，但不可否認，此處的界線仍模糊不清。

為什麼我會這麼焦慮？

焦慮會以許多方式出現，讓我們無法完成生活中必須去做的事情，而這些事情與治癒自己有關。許多人描述，摯愛離世後，他們出現一種揮之不去、急遽上升的焦慮感，在摯愛離開後仍持續了數年之久。如同沃爾費爾特所分享的：「焦慮與憂鬱往往相伴而生。事實上，調查顯示百分之六十至七十的憂鬱症患者同時患有焦慮症，而一半的焦慮症患者也有顯著的憂鬱症狀。許多心理學家認為，這兩者其實是同一種狀況的不同面向。」

仔細想想，其實很容易理解。如果我們必須不斷轉變、重新調整和熟悉新的情況，即使是最有復原力的人也可能感到掙扎。我們的生理渴望安全與規律，神經系統會讓我們回到平衡的狀態，這就是為什麼慢性和長期的壓力會對身體造成如此嚴重的破壞。

摯愛的逝去破壞了平衡，而身體則必須承受隨之而來的影響。不好的事情發生時，我們的系統會自然地以戰鬥、逃跑或僵住來回應。失去摯愛讓人感到迷茫、痛苦，並且伴隨強烈的衝擊感，對許多人來說，這種經歷會帶來震驚；而對於那些摯愛長期受慢性病或致命傷病折磨的人來說，漫長的壓力與心理準備，使整個歷程充滿焦慮與不安，最終將個體推向穩定的臨界點之外。焦慮則是「逃跑」反應的體現——

身心齊聲呼喊：「讓我離開這裡！」當神經系統感到受威脅時，恐懼與焦慮便隨之而來。

你的身體正在竭盡所能地調解自我，找回安全的感受。在本書後續的篇章中，我們提供了能幫助神經系統放鬆的具體建議，讓你能在此刻找回穩定感。

另一種與長期哀慟密切相關的焦慮與依附有關，被稱為「分離焦慮」。嬰兒與童年時期，與照顧者分離所產生的痛苦與恐懼，可能會對一個人未來的哀慟經驗產生巨大的影響，這種分離令人充滿壓力，且經常帶有創傷性。研究顯示，陷入複雜性長期哀慟的人出現分離焦慮的情形，明顯比其他創傷後壓力症候群的人高。對未來的事感到恐慌、焦慮、容易引起壓力的情況，在長期哀慟者身上也更為普遍。童年時期的失落與分離帶來的悲痛，可能會成為長期哀慟的基礎。年輕時經歷過這種情感痛苦的人，將來會在哀慟中掙扎，也就不足為奇了吧？

湯姆是一位六十多歲的男子，他在五歲時失去了母親，終其一生都在被拋棄的問題中掙扎，導致他和女性的關係變得極為困難。他有過兩段婚姻，最終都是因為過度占有慾而結束。據他所述，每次太太出門辦事，或甚至只是去其他房間，他的焦慮就會變得令人無法忍受，而且常常演變成一連串的辱罵。當他太太回來時，他常失控質問她：「你到哪去了？」或是「我找不到你，你到底是去哪裡了？」

我何時該尋求專業的幫助？

有些人可能會問：如果悲傷是正常的，而死亡只是生命的一部分，為什麼我們要去治療或是參加互助團體才能走出來？我們應該夠堅強能靠自己應付——別再責備自己了！你不必獨自走過這段旅程。想想看——從人類開始在洞穴的牆壁上作畫，在石頭、獸皮和莎草紙上寫下故事以來，就一直存在著與死亡儀式有關的故事和圖像。人類總是在尋求其他人，像是部落長老、智者、巫師、拉比*、伊瑪目**、自然療法治療師、牧師、醫療工作者、治療師和醫師的幫助，為人生道路上的波折尋求指引。現在怎會有所不同呢？

＊Rabbi，源於希伯來語，是猶太人中的一個特別階層，象徵著智者與老師，學習過《塔納赫》和《塔木德》等經典，擔任精神導師或宗教領袖。

＊＊Imam，源於阿拉伯語，意指領袖、教長或領拜者。

有時，人們會因為他人的鼓勵而尋求幫助，這通常是在周圍的人多年來無法幫助悲痛者的情況下發生的。因此，有些人帶著勉強的心態走進治療室，認為這是為了別人而非為了自己而做的選擇。這樣的情況可能帶來不同的結果，但根據我們的經驗，當人們是出於自己的意願而決定尋求幫助時，他們往往能從治療中獲得最大的裨益。

如果你已意識到想讓自己好受一些，或許你已準備好尋求幫助了。也許你想敞開心扉迎接新的體驗，想擁有更多的希望；也許不想一直擔心害怕，想享受生活的某些部分，或是想追憶摯愛而不被回憶擊垮；你可能曾思考要改變某些事情，但不知該從何開始。

從希望開始吧，無論你身處這趟漫長之旅的何處，就從這裡開始。這樣就夠了，不需要再更具體。想像自己邁出一步，朝著一個感覺更好、更舒適的生活前進——一個能夠容納意義、從過往經歷中汲取智慧與收穫的生活。

Chapter 3

找回你的方向

——尋找目的與意義

「我們最終都必須從逝者身上取回能量，將其轉化成有意義的事物。」

——臨床獨立社會工作師
愛希麗．戴維斯．布希（Ashley Davis Bush），
《超越失落》（*Transcending Loss*，暫譯）

你是否曾在摔倒後，檢查四肢是否仍健在？確認自己仍否完好無缺？有時，在跌倒後你會意識到：「好吧，我是該去醫院了。」有時，你則會想：「哇，真是好險，我最好專心一點。」悲傷之旅在某些部分就像這樣。對我們許多人來說，需要花上很長一段時間才能發現自己還是很不好受，無法擺脫困境、偏離正軌甚至完全迷失。仔細考慮、弄清楚自己現在處於哪個階段是有意義的，為了幫助你評估自己現在身處這趟旅程的何處並找回方向，我們設計了以下的練習。請注意，這個練習沒有正確答案。

❍我在悲傷之旅和人生旅途中的哪個階段？

- 我的年齡是＿＿＿＿＿＿＿＿。
- 我是一位＿＿＿＿＿＿＿＿＿＿＿＿（母親、藝術家、木工、外科醫生……）。
- 我的＿＿＿＿＿＿＿（填入你與逝者的關係）在＿＿＿＿＿＿個月／年前過世了。
- 我每一＿＿＿＿＿（分鐘／天／週／年）都會想起他們。

- 我在＿＿＿＿＿＿（節日、生日、紀念日等）時特別難受。
- 我接受／拒絕更多的＿＿＿＿＿＿（人／活動等）。
- 我對於＿＿＿＿＿＿（社交聚會、閒聊、享受快樂與歡笑）方面感到困難。

回答完這些問題後，請花一點時間，誠實寫下一、兩段關於你現在身處悲傷之旅的何處。每個人的答案都不同——有些人會寫很多，有些人只寫幾個句子。比如，某個被要求完成這項練習的人這麼回應：「我的母親在六年前去世了。我總是一直和她說話。有時，我會覺得很難過，怨恨、嫉妒那些隨時都可以和父母共度時光的人，我希望母親能在這裡一起參與我的孩子的人生。看到那些和孩子一起出門、幫助並支持他們的奶奶，讓我覺得很不開心。這種嫉妒的感受讓我覺得自己很糟糕，所以我正努力克服這種感受。」

這一切是為了什麼？

有時，我們會想知道，讓我們失去珍貴的人的目的是什麼？所有的愛和奉獻有什麼意義？這些努力、照顧和關心，都只是為了讓我們承受失去摯愛所帶來的巨大打擊嗎？生命運作的方式，可能會令人感到極度不公且極為艱難。

每當我們問自己：「這一切是為了什麼？」時，其實是提出一個最困難、最費解的問題。這個問題讓我們朝向天空舉起拳頭、對著枕頭痛哭，也曾讓人對眼前極致的美景感到驚嘆。這是哲學、宗教、詩歌、藝術、音樂和文學的問題，你可能永遠也不會知道這一切是為了什麼，但你知道這與愛有關。等待著你的答案，也許就是你從失去和痛苦中所獲得的智慧。

「我相信，無論我們遭受多大的痛苦，內心還是有某種比痛苦更強大的東西。這讓經歷過最慘烈悲劇的倖存者想活下去，並說出他們的故事。」——帕蜜拉．D．布萊爾，《我還沒準備說再見》

嚴重的身分認同危機，以及解脫、思念、憂鬱、憤怒、痛苦、懊悔和愧疚的感受，是長期哀慟者常出現的情緒。我們本應和摯愛一起擁有的生活並未實現，或至少不是以我們所想像的方式。這些年來，和另一半一起退休、和朋友一起旅行、在假期招待到訪的孩子和孫子們、和摯愛一同老去的幻想一點一滴瓦解。在人生這條路上，你可能會覺得自己向左急轉彎，突然被迫爬上一個又長又陡、布滿峭壁的懸崖，只為了抵達一個痛苦仍持續等待著你的地方。

每個人在失去摯愛前數個月或數年的生活品質與細節各不相同，有些發生得很突然且令人震驚，有些則是經過多年身體或心理的逐漸衰退。這些加諸在身體、心靈、精神和生活上的壓力造成深遠的影響，甚至在摯愛逝去前就讓哀慟進入這段旅程。

療癒的過程將涉及全面回顧你的故事，那是一個你面對巨大挑戰和抉擇的故事，其中包含了你引以為傲的時刻，也有你希望自己能做得更好的時刻。愛與愧疚、渴望與解脫、恐懼與勇氣，這些情緒與我們一起共舞，而這趟漫長旅程的一部分，就是要從這些情緒中創造意義。

你可能會問自己的問題

✦我時時刻刻都無法放鬆，人生和我原本想像的完全不一樣，我該如何相信這一切不會再次被破壞？

信任有很多種，有一種是對別人的信任，允許自己在新的戀情與人際關係中變得脆弱。這種是向外的信任。如果涉及到他們的原則與道德，這種信任就取決於對方的言語、行為，以及他們在原則與道德上的體現。

然而，還有另一種信任，可能與這個主題更為相關，那就是對自己關係的信任。你經歷了摯愛的失去，這很可能讓你認識到自己心靈、個性和意志中你未曾了解的面向。或許多年之後，你仍然驚嘆自己是如何走過這一切，甚至能清楚記得那些時刻——你做出或感受到全然陌生的事情。擴展對這些新面向的認識，使你更能信任自己去面對未來的一切變化。有些人會說：「我無法再愛任何人，因為我不相信同樣的事不會再次發生，我不想再經歷一次。」沒有人能保證你不會再次經歷失落和悲傷，這麼做，是將信任的責任放在錯誤的地方了。你真正想表達的是：「我無法再愛另一個人，因為我不信任自己，也不相信自己有能力度過另一個失落，所以我無法再冒這個險。」

回想一下你所經歷的一切。也許你能辨認出那些時刻，當時你本可以打開那扇門，翻開新的一頁，輕輕漂流在寧靜的河上，卻忘了自己是那個需要信任的人。你是那個該為生活挺身而出，並看見自己的故事將走向何方的人。你曾經是個勇敢的人，現在依然能邁出一步，再邁出一步，走向人生的下一章，並在這一路上不斷認識自己。

✦ 從悲傷的領域走向其他地方是令人害怕的，怎麼知道另一邊是什麼呢？

經過一個嚴寒的冬天後，春天的跡象開始出現。一開始可能還是非常寒冷、令人不適，但光線改變了，空氣聞起來也不一樣。有人可能認為春天帶來的應該是令人興奮的事物、希望和解脫；對許多人來說確實如此，但對某些人來說，封閉在溫暖的家裡好幾個月後，他們強烈覺得自己尚未準備好重新投入積極的社交生活。對走出長期哀慟的人來說，情況往往也是如此。這可能會令人害怕，因為我們必須離開自己築起的保護殼和慰藉小屋，才能找到新的自我。有些人可能會想，留在那個安全的地方是否更輕鬆？

這種對悲傷的依附看起來是什麼樣子？可能是對找尋新的伴侶一點也不感興趣，或根本不願意考慮新的感情關係，這可能會反映在過度關注他人和他們的生活上（也就是說，將精力耗費在其他人的生活上，是逃避過自己生活的好方法）。它也可能體現在抗拒或避免任何可能將你帶出舒適圈的新經歷。而當生活似乎變好時，你或許會習慣性地讓自己陷入更深的悲傷模式。

如果你對任何一點有所共鳴，請想一想你在生活中已面臨過的所有挑戰，面對那些挑戰需要勇氣和一點「不顧一切」的態度。這不容易，但就像所有破繭而出、複雜又神奇的生物一樣，失去摯愛改變了你，當你選擇積極生活時，你將會看到自己有多顯著的成長。

有幫助的練習與儀式

❍ 你在人生的哪一頁？

定期檢視自己的狀態、問問自己「還好嗎？」是有幫助的。這就像對自己進行掃描，花點時間仔細思考接下來的事。你可能會簡單地回答：「哦，我很好。」或是「我無時無刻不覺得糟透了。」請具體一點，像以下這樣：

你好嗎？

- 我真的好累。
- 我做了很多讓自己開心和自豪的事，但我並沒有留給自己足夠的時間來享受這些事。所有的一切感覺都像是工作，甚至連有趣的事也是。
- 我吃太多烘焙食品了，因為這樣能讓我獲得療癒，但褲子因此而變得太緊，這又讓我很生氣。
- 家人的一切都很好，但我昨天被一陣悲傷的感受重擊，讓我無法承受。我好想念媽媽，會突然出現這樣的感受，是因為我聽到一個表親和他媽媽相處的情況。我覺得很痛苦，這讓我變得憤怒又嫉妒。因為無法擺脫這些情緒，最後大多時間裡我都必須自己一個人。一旦意識到我其實並不氣任何人，只是對於自己這麼久沒有經歷到的事感到很難過，我開始思考如何照顧自己的這一部分，而不是批評這些感受。我正在努力嘗試。
- 我很高興冬天就快到了。我喜歡坐在火爐旁編織，就只是悠閒地坐著。

試試看，請具體一點。如果可以，每個月進行一次自我檢視是很不錯的，能隨時注意自己人生的脈動。我們常常被所有事情牽著走，在多年以後才驚覺：「發生了什麼事？我怎麼會變成這樣？」定期了解生活的脈動，能讓我們維持與自己和自身狀態的連結，而遇到需要調整的部分時，也能激發我們改變的意圖。

○再次說哈囉

你準備好要放下一些事情或開口求助了嗎？列出生活中那些你不想再承擔的義務，像是一年一度的員工派對、家族聚會、教會市集等，自從摯愛離世以後，這些曾經有趣的活動就變得過度刺激或太痛苦了；也或許，這些事一直都讓你倍感壓力，但過去你能應付這些活動，而沒有太大的問題。

請在清單上的每個活動旁都寫下「哈囉」或「再見」。「哈囉」代表你想在生活中保留這項活動；「再見」則表示那些活動耗盡你的能量，或是無法在這趟旅程中幫助你。接著，請說明為什麼繼續這些活動對你來說很重要，或是你不想再繼續的原因。最後，如果你打算繼續進行，當你想參與這些活動時，可以向誰尋求支持？

這個練習的目的是為了建立一個支持系統，幫助我們跨越通往社交世界的橋樑。也許你之前就已經這麼做了，但其中有一座或多座橋樑是由搖搖晃晃、破碎、變幻莫測的繩索組成的。你現在愈來愈清楚自己想要和需要什麼，從這個更加堅固的基礎上，你可以邁開準備好踏出的步伐。

❍ 預見未來

你現在知道自己在哪裡了，但這不等於你知道自己是誰。如果你想繼續前進，卻無法想像一條前行的路，並且失去了目標，這個練習能幫上忙。首先，請盡量試著回答這些問題：

- 我希望一年後的自己會在哪裡？我希望一年後的自己成為什麼樣的人？
- 我希望兩年後的自己會在哪裡？我希望兩年後的自己成為什麼樣的人？
- 我希望三年後的自己會在哪裡？我希望三年後的自己成為什麼樣的人？

接下來，為了方便確認，請將一系列漸進的步驟寫在紙上。這聽起來可能過於簡化或有點蠢，不過這種逐步的技巧能幫助我們看見進展、放慢腳步，才不會因為認知超載而引起焦慮。舉例來說，假設你想在失去配偶或伴侶後，再次進入一段關係之中：

STEP 1

1 決定自己是要在交友網站或現實世界中尋覓新的關係。

2 結論：網路。

3 原因：某些交友網站是安全可靠的。

STEP 2

1 該如何確定哪些交友網站才是最好的？

2 結論：我會去詢問有經驗的朋友。

3 原因：因為他們成功了。

STEP 3

1 決定哪一天要開始找對象。

2 結論：星期六晚上。

3原因：星期六是我最需要陪伴的時候，我會等到孩子們入睡後才進行，這樣就不會被打擾。

STEP 4

1要用什麼裝置來找對象？

2結論：我的平板電腦。

3原因：除了手機，我只有這個。

STEP 5

1你會花幾分鐘、幾小時、幾天來找對象？

2結論：每次大概一小時。

3原因：這樣我才能慢慢地仔細選擇。

STEP 6

1你要如何仔細挑選對象？

2結論：我會做筆記，讓自己在不疲憊的情況下看這些筆記。

3原因：我不想在寂寞時做出衝動的決定。

STEP 7

1你什麼時候要開始和你挑選的對象交流？

2結論：還不確定。

3原因：我需要慢慢來，但我確實想在這方面有所進展。

回顧這項練習時，你會發現自己已經朝目標邁出七步了！第八步也許是你給自己的某種獎勵。這種循序漸進的方法，幾乎適用任何讓你感到焦慮或困頓的情況，幫助你繼續前行。

❍宗教信仰與可取得的支持

如果你擁有能觸動自己、讓自己感到安定的宗教信仰，這就是一個創造專屬儀式的絕佳起點。宗教有這麼多種，細部的差別也如此之多，我們無法在此一一列舉。不過，在過程中有幾件事必須留意。如果宗教信仰是我們在摯愛離世後無法參加儀式的原因，那麼我們可能就會經歷複雜的哀慟體驗。由於規範、批判、對性向的想法或離世的方式，這些宗教可能在我們最需要它們時「背叛我們」，導致我們失去與自我、家庭身分各種面向的聯繫，這是令人難以承受的。

如果你仍覺得自己與原本的信仰有所連結，但因為出現了情感和關係上的中斷、覺得自己背離了信仰，請試著接觸信仰中更開放的派別。研究宗教比較學的獨神論派或跨信仰牧師也許是不錯的資源；或是找醫院附屬的神職人員談談，他們對不同的信仰抱持著尊重的態度。調查區域裡是否有牧師願意在這段過程中支持我們，是很值得的；同樣地，跨宗教的神職人員和牧師，深信我們都透過不同的宗教與信仰身分而連結在一起，他們一定能在這段旅程中引導我們。

❍傳統習俗

許多人不太認同宗教信仰，卻熱切地從祖先的起源吸收故事、神話、傳說和文化歷史。這些資源讓我們可以從人生中的這些部分蒐集想法、符號和圖像，為儀式注入與祖先相關的意義與關聯。那些感受到自己與祖先和傳統相連的人，可能會描述他們與前人間存在一條連結，一條強大的生命與歷史之河正流經他們所經歷的一切。

如果你對此產生共鳴，有許多很棒的方法能讓我們發掘儀式與禮俗，並將其融入我們的旅程，像是圖書館、網路都有大量的資源，介紹相關的傳統習俗。不要只侷限於一種方式！一些個人和家庭擁有奇妙的民族交集、歷史背景和文化細節，這些都可以結合在一起，支持自己的哀慟進程。將任何對自己有意義的部分納入儀式中，將使你的過程更加充實、穩固並且深具個人色彩。

蠟燭儀式

世界各地有很多文化都使用蠟燭，象徵生命中許多重要的時刻。在緬懷時讓燭火保持燃燒，意味著我們對摯愛的回憶仍存在且閃耀著，這是一個令人舒心的儀式，鼓勵我們思考也象徵著紀念。無論是否有宗教信仰，人們都會點蠟燭來懷念過世的親人。事實上，數千年來，人們都會在葬禮上使用蠟燭，象徵永恆不滅的靈魂。點燃蠟燭後，你可以進行冥想、禱告、為這趟旅程計畫，或單純保留一個空間，表達你對已逝之人的愛。沒有火焰的蠟燭也同樣有意義，而且通常更多人選擇（也更安全），使用這種蠟燭也是可以的。

○寫日記

寫日記是一種很棒的方法，能讓我們與摯愛或自己進行私密的對談。艾拉．普羅果夫（Ira Progoff）*是當代日記寫作運動之父，有許多人都從其發現中受益。一九九二年出版的《日記工作坊》（*At a Journal Workshop*，暫譯）是他最有名的經典作品，講述所謂的「密集日記步驟」的基本概念與應用指引，而這部作品在日漸豐富的相關書目中，仍被認為是最棒、最完整的日記寫作指引。

在日記中寫下自己的想法、感受和經驗幾乎總是有幫助的，「但是，沒有結構的日記往往只會讓我們在原地踏步，」普羅果夫說道，「為了讓日記變成一項有價值的心理自我照顧工具，我們必須設計出能幫助人們回應『我想過怎樣的人生？』這個問題的日記。」這也是我們必須在悲傷的漫長旅程中面對的強大問題。

○記錄夢境

我們或許能透過記錄夢境的經歷，得到繼續前進或解決難題的靈感——一個我們在清醒時通常不會想到的靈感。我們不會記得每一個細節，只要開始寫下自己還記得的片段即可。一段時間過後，我們可以開始分析夢境所代表的意義，或是帶著日記去找治療師討論。

請花一點時間反思你剛才讀到的內容，想想自己現在能做什麼讓心碎變得有意義。是否有哪一個練習能引起你的共鳴？也可以問問自己：「我的摯愛希望我怎麼做？」記住這些問題，為悲傷之旅後續的重要階段設定一個目標。

＊美國心理學家，是分析心理學創始人卡爾．榮格（Carl Gustav Jung）的學生。

Chapter 4

大家都消失到哪去了？

——當情感支持消失時

「我們必須尋求其他的精神導師和新朋友，
他們會慢慢幫助我們重新回歸生活，
在這條路上陪伴我們。」

——約書亞．羅斯．利布曼（Joshua Loth Liebman），
《心靈的平靜》（*Peace of Mind*，暫譯）

在這趟漫長的悲傷旅程中，存在著無限條通往山頂的道路，讓我們獲得不同的人生視野。根據你所失去的人以及這場失去對未來生活的影響，你可能覺得自己在多年後仍須持續消化這段經歷並與人傾訴，偶爾還需要在某些實務上獲得幫助。或者，你可能並不真的需要什麼，只是希望人們能認同你的哀傷，或願意留出一些空間來談論你所愛之人。許多人發現，自己的文化在延續逝者記憶，以及對那些因失去而徹底改變的人們的持續關懷方面，都顯得僵化與枯竭。那些深植著「靠自己努力站起來，繼續前行」這類信念的社會文化，往往無法真正滿足這種需求。

我們認為，無須將這件事看得如此黑白分明。有些人告訴我們，他們的家庭不接受自憐或沉溺在任何情緒中。也許有人曾說過你不該訴苦、應該停止焦慮或憂鬱，彷彿這些情緒都是我們能控制的一樣。一位女士告訴我們，對她的家庭來說，「必須保持戰鬥模式才能生存，休息或需要任何東西就意味著認輸。但這種成長方式讓我在失去最好的朋友時，覺得自己必須快速走出來，而社會也支持這樣的想法——我們不知道該如何讓悲傷與生活同時存在。」

文化與哀慟

「我們的文化已經麻木到無法理解死亡。人們認為這是如此令人難過的事，以至於我們根本無法談論它，只能偷偷地耳語。任何哀傷過久的人，最終都會被視為弱者。『天啊，都過了一年了！』——可是一年對於悲傷而言，根本算不了什麼。當這種深刻的失落感襲來，它會徹底吞沒我們，但我們卻被迫將它切割、壓抑，放進生活的不同區塊，彷彿它不該影響我們的日常。」——心理學治療師大衛・奧利里（David O'Leary）

重要的是要記得，文化展現悲傷與長期哀慟的過程及表達的方式，是流動、不斷變化的——而且對社群的特殊性很敏感。無論我們住在哪裡或是生活條件如何，情況一直都在變動。

這裡有一個例子：在過去的一百年裡，臨終的過程從家庭轉移到醫院和安寧機構。死亡，從一個受到社群固定儀式支持的家庭事件，變成由外部系統組織、有自身的需求與規範的事件。此外，從過去的幾個世代以來，家庭變得更加分散。在這樣的情況下，即便是關係緊密的家庭成員，一年只見一、兩次面也是常有的事。毫無疑問地，這對人們在失去親人後集體哀悼與相互支持的方式產生了影響。人們變得更依靠自己，因此，在適應沒有摯愛的新生活時會感到孤獨。一個人在某地生活，即使身邊有親密的友人，仍可能無人真正與他的過去產生聯繫，使他的過往時光與當下生活形成無形的隔閡，這種情況並非罕見。在這種情境下，很容易形成一種「情感真空」，讓個體在失落中更加孤立無援。

如果只是把這些社會結構中的變化，視為「不好」、「不健康」或表明我們必須「回到原本的樣子」，那就簡單多了。但事情並沒有這麼簡單，這麼做對當前的問題也沒什麼幫助。我們需要一個能與悲傷共存、談論哀慟的方法，而不是將其病理化、施加壓力、羞辱或變得不人道。我們必須讓大家知道，哀慟將在餘生裡影響我們整個生活——這件事沒有好壞之分，就只是如此而已。在演進的過程中，我們還沒有找到一種方式，能讓我們在面對自己的悲傷時仍保持著人性，也還沒有找到能以不侷限於個人的方式，支持他人的哀慟。

你可能會問自己的問題

✦過了這麼久，我仍然覺得難以談論我的感受或尋求幫助的需求。我該如何表達這些想法呢？

有時，我們難以清楚地表達自己想從他人那裡獲得什麼樣的幫助，而這種失落感，隨著年齡增長與生活環境的影響，在漫長的歲月中逐漸浮現。對於正在撫養孩子的人來說，你可能需要指導或陪伴的幫助，或者只是需要有人幫忙接送孩子。對於孩子已成年或沒有小孩的人來說，渴望的或許是簡單的陪伴——一個關注自己、充滿同情心的傾聽者。而對任何人來說，一句簡單卻真誠的「你最近過得怎麼樣？」，往往能起到很大的作用。

兩年前失去丈夫的阿萊雅講述了她的故事：

在猶太傳統中，當有人去世時，對接下來的事項有非常明確的規定。首先，要在二十四小時內埋葬逝者，隨後家人和朋友會接手照顧一切。家裡會擠滿人，而如果我不想說話，也沒有人會強求。我無法離開家裡，拉比每晚都會來舉行儀式，大家會講述關於逝者的事。接著，在三十天內，我被禁止參加任何社交聚會。然而，三十天結束後，一切支撐突然消失了。這真的變得很艱難。我突然意識到，「哦不，現在我只能靠自己了，但我還是一團糟，我必須開始恢復正常。」下一個重要的事項發生在一年後，我們會在墳墓上放上墓碑。這就像是告一個段落了。但到了現在，兩年過去了，已經沒有人再問我過得怎麼樣了。

荷莉是一位單親媽媽，她的伴侶在五年前去世了，她描述許多人在尋求幫助時所感受到的愧疚感：

我們可能開始覺得自己從別人那裡得到太多，也需要、渴求得太多。就好像沙灘上有一條無形的線，一旦越過了，大家就會期待我們要「繼續過日子」。問題是，許多人持續面對的並不是摯愛實際上的死亡，而是他們的離去所衍生的影響，這些影響是持續存在且牽涉許多層面的。我發現，要談論自己長期面對的慢性壓力與悲傷極為不易。對我而言，這種感覺就像是不斷重提摯愛的離去，專注於對他人而言早已成為過去的事情，儘管對我來說，這一切仍然是真實且迫切的課題，但每個人都在生活中承受著自己的壓力與悲傷。有時，我會擔心自己給予他人過多負擔，或是彷彿將所有的壓力攬在自己身上。自從兒子成年離家後，我便失去了那個能夠毫無保留傾訴悲傷與壓力，分享成就與里程碑的人。這種缺失，讓人感覺無比艱難。

✦所有的幫助都中斷了，我該如何更自在地尋求幫助？

這對突然發現自己成為單親父母的人來說，是一個特別困難的現實。在失去伴侶後的第一年，朋友和家人會提供許多協助，無論是送食物來、照顧或協助接送孩子等。但過了一段時間後，這些幫助就中斷了。一位喪偶的女士分享，在她的丈夫去世三年後，開口請他的家人幫忙照顧孩子讓她覺得很尷尬，因為他們好像不記得自己在剛開始那段強烈的哀慟時期所做的承諾了。

但是我記得。我記得他們承諾過什麼，也相信他們的承諾。這也是為什麼我們會搬到離他們更近的地方，也是徹底改變我們整個生活的原因；我以為我的孩子會因為離家人近一點而獲得幫助，但情況並非如此。身為一位單親媽媽，我有時必須想辦法同時出現在三個地方。但你知道嗎？我做不到。

有些人的身邊圍繞著大家族和朋友，能幫忙分攤重擔，但不是每個人都如此。在現代生活中，人們通常都不住在原生家庭附近，也生活在一個非常個人主義的世界裡，我們並不會與核心家庭以外的人來往。這導致當一個人的需求隨時間變化時，他們可能會因缺乏幫助而感到更加沉重。有些人像愛麗絲一樣幸運，她告訴我們：「我有一些能在需要時幫助我的人，而且他們從來不會讓我覺得難受。我盡量試著回報他們，但我對目前這種不平衡的狀態感到很困擾。」

米雪的丈夫大約在八年前去世，她提供了這樣的建議：「對我來說，做那些我原本就擅長的事是有效果的。我不可能獨力完成這些事，而幸運的是，我非常擅長將事情委派給其他人，並提出自己的需求。」

有幫助的練習與儀式

○H・A練習法

難以向親人表達自己的需求嗎？有時，我們很難準確地表達自己想要的是什麼。有需求的時候，無論是大是小，默不作聲對任何人來說都沒有幫助。求助時，請試著使用以下兩種方式表達：

我需要的是……。（Here’s what I need.）

你是否願意……？（Are you willing……？）

○從不同的管道尋求幫助

水井會枯竭，就這麼簡單。如果水井枯竭了，我們就必須找一個新的地方鑿井。有時，我們必須鑿得很深；有時，我們必須試著換幾個新的地點，才能找到一個夠我們使用的水井。我們在失去親人後立即需要的幫助，和數年後的需求有很大的不同，而幾年後又會再次改變。這些需求逐漸發展和變化，就像我們的生命一樣。就某方面來說，更實際的看法是，其他人不一定能成為我們需要的那口深井。我們必須從不同的管道尋求幫助！

弄清楚自己想要和需要什麼，能幫助我們找到可以獲得支援的地方。思考一下這個例子：

我需要有人幫忙去學校接女兒放學，並送她去參加課後活動。我的丈夫去世後，我母親答應會幫我這個忙，她確實幫了一段時間。但後來她變得不那麼可靠，我不

得不急急忙忙地想辦法早點下班，帶女兒去該去的地方，然後及時回家照顧我兒子。我母親一再答應她會幫這個忙，我就因此鬆懈了，但之後又再次發生同樣的情況，我真的厭倦了！

好的，是時候挖一口新的井了，你也許需要在幾個地方試試看。這意味著你可能需要勇敢跨出去。是否有和別人共乘的機會？有朋友能幫忙嗎？你是否能和公司的人商討，排出一個滿足這項需求的班表，並系統化地執行？如果不能的話，離家近一點或和學校相關的地方，是否有其他孩子適合也喜歡的活動？目前的方式已失效，是時候開發不同的支持管道了。

如果你需要的是情感支持，也能運用同樣的思維。有時，我們需要開鑿新的井，找到能和我們談論悲傷的人。或者，有時，我們需要將原先的這口井挖得更深一點，看看裡頭是否儲藏著能量。我們可以對其他人說：「我知道我的孩子已經去世好長一段時間，而我看起來也過得還不錯，但有時我只是想談談她。」請記得，讓其他人為了你而現身，對你和他們來說都是一份禮物。也許不是每次都有效，但值得一試。

❍如果角色互換

你的生活中是否有處境相似的人？如果你知道他們的處境，你會做什麼來主動幫助或傾聽他們？如果你不認識任何這樣的人，你是否有在社群媒體上加入任何討論長期哀慟的群組？你能建立一個群組嗎？你願意分擔別人的經驗嗎？通常，透過向其他人提供我們希望獲得的東西，我們就能創造出讓其成長的沃土。這不是自私，也不是操縱，而是單純的真理——我們可以培養出自己所需要的社群。如果我們想要一個可以談論悲傷的社群，就必須參與其中，而你擁有智慧來做這件事。對其他人伸出援手吧，也許你就會發現另一隻朝向自己伸出的手。

仔細思量你剛才讀過的內容後，裡頭是否有你願意採取的步驟，以解決你對於尋求支持的需求？在前進的過程中，請花一點時間設定一個目標，並問問自己：「我的摯愛希望我怎麼做？」

Chapter 5

對自己感到沮喪，對他人憤怒又失望

「生活並不會按照『應該』的方式運行，
而是以它本來的樣貌展開。
真正決定一切的，是你如何應對它。」

——作家、家族治療先驅、薩提爾模式與冰山理論創立者
維琴尼亞．薩提爾（Virginia Satir）

憤怒經常出現在長期哀慟的循環中，聰明的做法是認清憤怒的本質，決定該如何運用它。光是讀到「憤怒」這個詞就會產生一種感受，我們對它的潛意識與意識反應，構成了電影、紀錄片、音樂和藝術的素材。就像愛一樣，憤怒也是能量，把它運用在好的地方，就可以改變歷史並讓事情變得更好。如果我們讓它橫衝直撞、恣意妄為，憤怒就會造成無法挽回的損害與破壞，它會引發恐懼，也會招致更多憤怒。你也許會問：「這有什麼關聯嗎？」

當我們失去控制、受到不當的對待、成為不公義的受害者，或感到極度沮喪或失望時，憤怒就會出現——我們將在本章進一步討論這些情緒。根據我們與憤怒的關係，以及在成長過程中經歷其他人憤怒的方式，我們可能不知道該如何處理自己的憤怒。從正向的角度來看，憤怒可以成為推動變革所需的燃料。當學校槍擊案發生後，憤怒賦予父母動力去向國會遊說，推動槍枝法案的改革。憤怒更促成「母親反酒駕聯盟」（Mothers Against Drunk Driving）和「母親反警察暴力聯盟」（Mothers Against Police Brutality）這些團體的成立。憤怒能看見不公不義的所在之處，如果受到控制、良好的思維和熱情的塑造，就能從黑暗中拔除問題並將其帶入光明之處。我們需要憤怒，就如同我們需要火一樣。

但就像火一樣，當憤怒失去控制且雜亂無章時，它就會摧毀我們，無論是由內而外地摧毀一個人，還是破壞我們的人際關係，或者兩者兼具。當我們失去摯愛時，特別是他們的死是突如其來、帶有創傷或過早發生的，憤怒就會開始生根發芽。有時，人們難以表達自己的憤怒，或早已認知自己沒有地方抒發，而將其壓抑在心中不釋放，這可能會導致憂鬱、成癮或孤獨的狀況。以責備、投射和憤慨的形式向外展現的憤怒，可能會讓關係變得一觸即發，導致我們對其他人產生不穩定和暴力的行為，並衍生一大堆後果——這樣的後果輕則導致孤立，重則可能傷害他人，甚至引發法律問題，最終導致身陷囹圄。

如果憤怒已經在你的悲傷之旅中現身，請從這裡開始：理解許多人也會遇到這種情況，你並不孤單，我們能以更有建設性的方式處理我們的憤怒。請清楚而誠實地審視你的生活，並問自己以下的問題：

- 我是否因摯愛的死而責怪自己？如果是的話，這合理嗎？
- 我是否因摯愛的死而責怪他人？如果是的話，這合理嗎？
- 是否有一個地方，能讓我向傾聽者訴說自己有多憤怒？
- 我是否認為自己需要別人的幫助，將內心的憤怒轉化成言語表達出來？

- 生氣時我會喝酒或使用藥物嗎？
- 我是否會對那些在喪親後沒有給予足夠幫助的人感到生氣？我會如何表達自己的情緒？是直接說出來，還是透過爆發怒氣間接地表達？
- 憤怒是否影響了我的人際關係？
- 我是否懷疑憤怒影響了我的健康？

如果你對上述任何一個問題的回答是「是的」，那麼你在這趟旅程中的下一步就是去和某個人談談，例如心理治療師、信仰上的指導者、醫師或是值得信任的朋友，讓你可以安全地釋放、審視憤怒，並表達出來。憤怒與易怒往往讓人難以承受，有時甚至會讓人覺得它們突如其來，毫無預警。當我們可以公開談論強烈的感受時——無論這些感受聽起來有多麼荒謬——我們就能釋放它們對自己的掌控，讓這些情緒得以存在，而不至於摧毀我們。最終，我們能學會駕馭這股能量，將它轉化為更有建設性的力量。

孩提時代，當我們面對不公時，常會陷入憤怒與暴躁之中。那麼，為何在成人後，特別是面對死亡這種無法挽回、深重而殘酷的不公時，我們不會有同樣的反應呢？

當你試圖穿越這些強烈的情緒時，請試著停下來，看看在憤怒之下還隱藏著什麼。或許你會找到恐懼與孤獨，或者是對生命無常的憤慨，因為你發現自己無力改變這一切。這些情緒其實更容易被療癒，但有時候，正是憤怒最先吸引了你的注意，讓你意識到——你的內心，正在呼喚關照與撫慰。

被低估的情緒：沮喪和失望

最近，我會出現一些怨懟和憤怒的情緒，這些情緒大部分是在我聽到人們談論他們正在經歷的小問題時出現的。

——荷莉

應付長期哀慟時，沮喪和失望扮演著重要的角色，它們會形成長期存在的情緒狀態，久而久之，影響我們對世界、其他人、自己和未來的看法。「沮喪」（Frustrate）一詞的意思是「徒勞無功、毫無用處、阻止生效或實現」，Frustrate 這個詞源於拉丁文，意思是「欺騙、失望、徒勞」。「失望」也有類似的涵義——它的定義包括「讓實現或滿足感落空」。如果思考死亡所代表的意義，我們甚至可以說死亡讓生命受挫：因為死亡，生命無法繼續。生命的延續或是活得久一點的期望，因為死亡而落空，而生者被迫承受這份重擔。

在日常生活中，我們也許會因為遭遇各種阻礙的事件而大聲叫嚷：「唉！我好沮喪！」失去摯愛持續造成的影響，可能會放大這些挫折感。與摯愛之人持續相伴的關係已然結束，這一殘酷且難以承受的事實，以及隨之而來的種種現實與存在層面的困境，或許會讓人感到無比沉重。

如果你長期深陷強烈的沮喪或失望之中，請記住，這並不意味著你有問題，也並非不成熟的表現。失望是一種足以讓孩子徹底崩潰的情緒。有時，它沉重得彷彿超出他們小小的身軀所能承受，於是他們只能倒在地上，揮拳踢腳，大聲喊道：「這不公平！我以為事情會不一樣！」如果你也陷入這種情緒中，或許是時候停下來，讓自己休息片刻，深呼吸。你甚至可以緊緊地抱住自己，溫柔地對自己說：「我愛你，我們會沒事的。」你的內在小孩需要這份擁抱，也需要被告知——是的，現在我們感到不堪負荷，但這樣的感受是有原因的。我們會竭盡所能，在困境中找出新的路，繼續前行。

過高的期望

有時，我們一定要審視自己，確認我們的期望是否與現實相符。詢問自己以下的問題（或類似的問題）是一個好方法：

- 「如果我最好的朋友正在經歷我所經歷的事，我會覺得他們應該要做什麼？」
- 「我會因為他們迴避社交場合而斥責他們嗎？」
- 「我會因為他們在節日裡難以保持冷靜而批判他們嗎？」
- 「我是否希望他們不要再談論已故的摯愛，這樣他們才可以繼續生活？」
- 「我是否會因為他們聽到某首歌、聞到空氣中飄蕩的某種氣味，或是看到某個長得很像他們所愛的人，就突然開始哭泣而批評他們？」

如果像這樣轉換視角，常常會看到我們以一種內化的標準來要求自己，我們從來不會這樣要求其他人。我們對自己的同情遠不及對其他人的憐憫，對自己甚至更不耐煩、更苛刻、更批判。為什麼會這樣呢？

繼續在悲傷之路上前進時，請試著邁出一步，以對待所愛之人的方式對待自己。讓自己享有同樣的尊重、仁慈與耐心吧！

多變的治癒過程

「我們以為重點是通過考驗或克服問題，但真相是，這樣並不能真正地解決問題。問題聚集，然後崩解；再次聚集，然後再次崩解，就只是這樣。治癒來自於為這一切保留空間：悲傷、寬慰、痛苦、喜悅。」——佩瑪．丘卓（Pema Chödrön），《當生命陷落時》（*When Things Fall Apart*）

問題是，每個人悲傷的方式都不同。儘管悲傷普遍存在且深植於人類的經歷之中，但人們與悲傷互動和經歷的方式卻有極大的差異，既複雜又廣泛。令人難過的是，人們往往很難單純面對而不加以批判自己的感受，也無法不對他人的感受做出評斷。基本上，即使是最友善的人，面對情感和赤裸的情緒也會變得有點緊張或不知所措。想想看，讓別人哭泣是一件多麼困難的事，我們總會有一股衝動，想讓別人停止掉淚、讓他們好過一點，或是對他們說出那句可怕的「冷靜一點」或「不要再反應過度了」。我們在自己和他人身上，做了許多事來削減和控制情感的表達，隨著時間推移，這可能會造成很多傷害。

走出失落與悲傷並不是一場最終會讓我們贏得獎牌的比賽，它融入了整個生命的過程。如果你就是那個覺得自己被留在痛苦之中的人，你並不孤單。放下對自己的要求與束縛，批判自己只會造成羞愧和孤立。你不是其他人，而你的悲傷也不比他們的更重要或更微不足道。

如果你因為親人持續表達哀慟，自己卻無法感同身受而感到難過，可以問自己這個問題：「我有義務修復多少我所愛之人的悲傷嗎？」如果你覺得自己必須修復他們的感受，就會明白為什麼會感到被批判或不夠盡責了。其實，我們不必修復任何事，只需要盡我們所能見證他們的感受。我們無法每次都完全滿足親人所希望的支持或陪伴，但這樣也沒關係的。

你可能會問自己的問題

✦ 為什麼我走不出去？是我有什麼問題嗎？

悲傷是一種需要處理的強烈情感與精神體驗。在這個用詞不嚴謹的時代，「悲傷」這個詞隨處可見，這在某種程度上削弱了它原來的力量。但在它最原始的本意和拉丁文原形中，Gravis 這個詞代表嚴重、沉重和壓迫。悲傷壓在我們的心靈上，增加我們在這趟漫長旅程中所背負的負擔，反映痛苦與困難的經歷。悲傷是一種龐大的情緒實體，根據其成因與滋長一段時間的環境，我們很難消化並擺脫其影響。

除了讓人如此痛苦的悲傷本質之外，還有其他併發悲傷的情況，讓某些人必須多花一點時間，才能以充滿意義的方式找回生活。以下包括一些我們已討論過的情況：

- 先前已存在的心理健康問題，包括憂鬱症、焦慮症或創傷後壓力症候群。
- 過去的失落經歷。
- 思維模式與發展年齡。

其他包括：

- 酒精和藥物濫用或成癮。
- 與逝去的摯愛之間有著複雜的關係。
- 與摯愛有一段相互依存的關係。
- 與摯愛具有非常強烈且獨特的親密感。
- 摯愛離世的情況是突然、無預期、創傷或是暴力的，以及孤獨死的情況。

- 缺乏感知或實際的社會支持與連結。
- 感知或實際經歷到摯愛的死亡與自己無關，或者並非「真正」的失去。
- 財務或其他生活壓力源。
- 同時經歷許多失去。
- 造成大量人口死亡或遭到殺害的群體失落。

✦每一次的死亡，都會激起過去的失去所造成的哀慟。如果總是會發生更多令人悲傷的事，我該如何走出來呢？

隨著人生的進程，我們會獲得經驗、教訓、傷疤和故事。生命確實會留下痕跡，就像關節炎逐漸侵入多年前受傷的關節一樣，新的失落會翻攪舊的傷口，而這讓我們有機會以不同的方式進行療癒。

我們每個人的身上都承載著一個年輕的自己，從事心理相關工作的人都可以證明，有時，在成年時期的某些十字路口上，我們必須安撫那個受到驚嚇的內在小孩，他沒有技能、人生經驗或是支持，無法應付複雜且不穩定的情況。當你覺得自己對特定情況的反應超出想像時，這可能是一個訊號，代表內心那個更年輕、更脆弱的自己需要安撫與照顧。

有時，人們會在肩上背負許多重擔時經歷失去，讓他們無法如願以靈魂渴望的方式哀悼。也許他們必須照顧小孩、不能忽視事業，或生活環境無法給予足夠的支持讓他們容納痛苦。可能要等到很久以後，當我們再次經歷失去時，才能讓所有的悲傷流洩，並獲得釋放。

例如，芭芭拉的寵物狗馬蒂在幾年前因車禍身亡，這場突如其來的悲劇讓她陷入極大的痛苦中，這種痛苦鮮明且令人難以承受。她說：「我不知道該怎麼解釋，但今天早上我醒來後就處於一個極度憂鬱的狀態，想到馬蒂，我就無法停止哭泣，無法擺脫這種情緒。」她明白自己不斷回顧馬蒂的死亡，與母親在大約十年前驟逝有關——她的母親也是在過馬路時被車撞到，而她還未完全接受她母親逝去。在意識到這兩起突如其來死亡之間的關聯後，芭芭拉終於開始面對失去母親的悲慟。

悲傷並不是線性的過程，也不具有明確的時間軸——因為它沒有可辨識的分界線——它漂浮不定且無特定形狀。它隨風而歸，提醒我們再次面對、處理和理解它。當我們不抗拒舊有的痛苦到訪時，它就有機會融入我們的生活，而其中一絲希望在於，愛與回憶讓摯愛在我們的心中長存。

✦當我聽到他人抱怨瑣事或擁有這麼多我想要的東西時，我就會變得很生氣。該怎麼做才不會讓自己如此憤怒呢？

生命是不公平的，這一點簡單又明瞭。這是一個殘酷的事實，無論我們有多善於控制脾氣，都難以接受這樣的事實。為什麼有些人能在重要的時光裡和許多家人、至親相聚，有些人卻只能獨自度過重要時刻？為什麼有些人能在摯愛離世時握住他們的手，而其他人卻只能透過電話被告知他們離世的消息？嫉妒和怨懟是難以應付的對手，最重要的是要記住，這樣的感受並不是錯的，也不糟糕或可恥。這就只是我們的感受，我們需要以關愛的態度回應自己。

摯愛的離世並不是故事該有的結局。希望與夢想曾是連結現在通往未來的橋樑，當那個願景受到死亡阻礙時，我們就必須走上一條叉路，重新想像未來的模樣。當生活發生翻天覆地的變化時，我們就難以容忍其他人的抱怨。但你知道嗎？有些事情確實是微不足道的，尤其是和極具破壞性的失落經驗相比時。但是，拿自己的痛苦跟他人比較，對我們的治癒之旅並沒有太大的幫助。每一個愛自己的舉動，都為發展的機會創造了新的基礎，而這些機會過去都被憤怒與挫折所掩蓋。

當你感到挫折、不滿或嫉妒時，就行動吧！你可以選擇坐在一團糾結混亂的情緒裡，或是採取有意義的行動，掌握自己的生活。請放下「其他人生活的目的是為了攻擊我們」這樣的想法，每個人都有自己的故事、掙扎與勝利，如果你因為無法獲得別人擁有的事物而感到憤怒，那就努力爭取吧！你的摯愛可能無法陪在你身旁，但你能否將他們遺留下的事物運用於此時此刻呢？你可能無法理解其他人的壓力，因為那與你曾經歷過的相去甚遠——但你了解壓力，你懂心碎，你認識恐懼。從這一點來看，也許你們之間有一些共同點，讓你們能看著彼此，心想：「我並不完全了解你，也希望你能更懂我一點，但人生有時沒那麼簡單，不是嗎？」

有幫助的練習與儀式

○ 不再比較

仔細思考我們欣賞和欽佩的人曾做過哪些讓我們想仿效的事，以及以評判與自我攻擊的角度比較自己和其他人，這兩者是不同的。我們要說的是：「為什麼我不能像那個人一樣？為什麼他們可以比我更快回到日常生活？我有什麼問題？這個世界是怎麼了？」這樣的比較並沒有幫助，因為每當你與他人比較時，競爭的心理就會隨之而來。而在競爭中，總會有輸贏之分。但在心靈的領域裡，這種輸贏的概念並不適用，靈魂承受不起勝敗的壓力。如果你是「贏家」，那意味著你認為自己「處理悲傷」的方式比別人更好，但這背後隱含著評判，而這種評判會產生影響。如果你是「輸家」，你則將自己推向破碎與無助的感覺。那麼，有誰是真正的贏家？

這個練習很簡單：當你聽到自己在思考或大聲說出任何你在治癒悲傷（以及其他大部分的事情）做得比別人更好或更糟的部分時，請以愛和憐憫釋放這些想法。你可以這樣說：「我不會再這樣想了，因為我們面對著同樣的困難。」每一次進行這項練習時，請留意自己的感受。久而久之也許你會觀察到，你比較少拿自己和別人比較了，也能更坦然地接受現狀。

○走入意識

帕蜜拉在九〇年代開發出一種受歡迎的治療方案，這個方案名為「走入意識」：

- 選一個美麗的地方散步，讓你能夠持續走上二十至四十分鐘。如果不方便散步，你可以安靜地坐著，用想像來進行這個練習。
- 出發前，請根據自己目前在這趟旅程中所身處的階段，設定一個目標。可以是像這樣的目標：「散步時，我會專注於周遭的環境，留意我的世界裡的景色、氣味和質地。我不會批評它們或自己，我會留意它們，並和周圍的一切同在。」
- 你會發現你的思緒飄移不定，請輕輕地把它們拉回來，留意你周遭的世界。
- 當你回到家，或身處一個安靜的地方時，請寫下你在散步時的感受或是反思，你注意到了什麼？

每當你覺得自己被困住或感到焦慮時，都可以進行這樣的練習，重新發現自然提供我們滋養的活力，結果會讓你驚喜。即使是十到十五分鐘的短程散步，也足以讓我們對特定問題產生想法。

○與「阻礙」對話

那些正處於哀慟的人，很容易在這趟漫長之旅中受到精神與情緒的阻礙影響，而變得無法動彈。這些阻礙包括了恐懼、憤怒、怨懟、財務問題、來自其他人或自己的批判、追求完美，或是缺乏情感支持。

如果不承認阻擋自己的那些阻礙，我們就無法前進。這些阻礙會抑制生活中能量的流動，久而久之削弱了人際關係與連結，導致我們出現更多悲傷的感受、對別人的憤怒和對自己的挫折感。

請閉上眼睛，想像一條你希望在人生裡踏上的路。現在，請想像有一顆巨石或其他大型阻礙擋住了你的去路。請為這個阻礙取個名字，接著想像自己與它進行對話。

你：「我看見你了。你是一棟沒有窗戶的高大磚房，聳立在路中央。」

阻礙：「沒錯。那又如何？我很高大，而且我會永遠待在這裡。」

你：「你阻礙我抵達愧疚的另一邊。」

阻礙：「嗯……是你的愧疚感漸漸地創造了我，把我置於此處。」

你：「如果是那樣的話，我可以一磚一瓦地把你拆掉。」

當我們覺察是什麼阻礙自己，並且移開每一塊磚塊時，這個對話就結束了。這可能需要時間，但最終，我們能釋放那股讓自己無法活出更有意義生活的愧疚感。找出擋住去路的是什麼東西，並與它展開對話吧！它可能是一道牆、一個人、一種習俗、一段回憶或是一場感知上的挫敗，看看你是否能拆除那道阻礙，繼續朝向治癒邁進。

❍限時悲傷

即使是在失去親人多年以後，我們有時還是需要尊重自己對這件事的感受。但是，我們有該做的事、有該去的地方，所以，請考慮以這樣的方式給自己應有的關心與尊重：

- 請計時五分鐘，如果你願意的話，點燃一支小小的蠟燭。
- 請將親人的照片放在你面前。
- 請允許自己感受悲傷（或憤怒，或是任何浮現出來的情緒）。
- 五分鐘後，請吹熄蠟燭，深呼吸，然後繼續過你的日子。

❍甩掉它

你喜歡哪種快節奏的音樂（古典、搖滾、鄉村）？瑪麗安喜歡金屬製品樂團（Metallica），當她感到難受時，她會試著花一些時間，把音量調大、在房間裡跳舞，甩掉任何不舒服的感受。花點時間找出最適合自己的音樂，暫時放下你的顧慮。你甚至可以邀請家人一起加入這個有趣的活動。

❍我的快樂時刻

有時，我們很難在悲傷時表露出快樂的情緒，也許我們擔心朋友和家人會認為我們這麼做是不尊重的，因此而產生罪惡感。沒有人能一直快樂，但請試著留意自己的快樂時刻，或是留意自己在完成這個句子十次後所出現的感受（即使是很小的事）：

我很快樂因為＿＿＿＿＿＿＿＿＿＿＿＿＿＿＿＿＿＿。

（例如：我很快樂因為咖啡是熱的）

❍信任是一座橋

信任是任何親密、緊密和重要關係的基礎。只有在充滿安全感的信任當中，我們才可以卸下防備，自由、坦誠地說出想法。信任既強大又脆弱。即使是最親密的人，也會有因為說了或沒說、做了或沒做某事而違背信任的時刻。從這些破裂關係中恢復、重新建立信任，需要很長一段時間。為什麼信任對悲傷來說會如此重要？因為悲傷暴露了我們的脆弱與心碎。只有在我們真實面對身邊的人時，才能讓他們了解我們，與我們同在。這樣的關係，最終將會比關起心門、隱藏所有最深層的感受來得更緊密，也更令人滿意。

我們該如何建立或維護信任？透過互動，我們可以讓信任成長。以下是需要考量的事項：

- 與人交談時要有眼神接觸；讓他們看見你，也讓你看見他們。
- 當對方問你問題時，請誠實地回答，如果你無法回應，也請誠實地告訴對方。
- 透過主動伸出援手，讓其他人進入我們的生活。有時，當我們為對方付出時，就能讓他們明白我們可以帶著關懷與愛陪伴他們，進而建立一種連結。
- 如果你曾因某人對自己的反應，或是自己持續經歷的哀慟而受到傷害，那你可以說：「我覺得無法說出真實的感受，因為我的感受似乎讓你感到很厭煩。」看看會發生什麼事。可能不會很順利，但讓別人有機會以更好的方式出現在我們面前，是重建信任的一步。
- 不要做出無法兌現的承諾。這樣才能營造一個重視言語、重視行動、珍惜時間的環境。

如果你曾在漫長的悲傷之旅中受到某些傷害，你可能會自然地封閉自己的心、躲入其中，就像海葵一樣，用可靠、堅硬的外表來保護自己脆弱的部分。但海葵必須再次敞開，感受周圍，從流經的微粒和生物中獲取養分。你渴望再次敞開心扉嗎？你有特別想對誰敞開心扉嗎？你對開始建立這座信任之橋有什麼想法？

❍好奇心就是連結

要制止比較和評判所產生的可怕影響，保持好奇心是一種絕對不會失敗的方法，像是好奇其他人如何看待悲傷、經歷什麼樣的過程，以及他們的漫長之旅看起來是什麼模樣。你可能會在 Facebook 或 Instagram 上看到一些照片，這些照片呈現出某人在失去親人之後幾年過得很好、看起來無憂無慮——但如果你問他們，他們可能會說，並不是因為不再感到痛苦，而是因為自己熱情地擁抱了某些事、找到了某些嗜好，或是旅行的經歷帶來了慰藉，成為他們治癒過程中的一部分。我們對他人的經歷做了許多臆測，但往往都是錯誤的，因為我們並不了解故事的全貌。所以，請保持好奇心，閱讀、探索、寫作、提問，參與這個過程。你可能會發現事情遠比表面上看到的更複雜，而這麼做，就能讓評判和比較像溫水中的鹽巴一樣消散。

當你仔細思考本篇的內容時，你是否能想出新的方法，來回應你對他人或是自己生活處境所產生的憤怒、挫折或憤慨？有任何讓你特別感興趣，想嘗試的建議嗎？當你走過這趟悲傷之旅時，你認為你的摯愛會希望你怎麼做？請進一步思考，寫下一個面對自身憤怒的目標，讓它引導自己前進，而不受其掌控。

Chapter 6

隱藏渴望，
與將其公開的價值

「愛是不可能被移除的，儘管我們希望如此。
我們可以改變它、無視它、把它弄得一團糟，
但我們永遠不可能把愛從我們身上抽離。
我從經驗中得知，詩人說得沒錯：愛是永恆的。」

—— E·M·佛斯特（E. M. Forster），
《窗外有藍天》（*A Room With a View*）

複雜性悲傷的主要特徵，是對已故摯愛的渴望。渴望自己無法擁有的東西可能有許多種展現方式，但當這份渴望影響我們積極生活的能力時，它就會成為阻礙漫長悲傷之旅的一顆巨石。理解自己感受到與已故摯愛的連結和聯繫是很正常的，這是將這份渴望轉化成更容易控制、更積極的情緒而經歷的方法——只是現在，連結的方式改變了。失去摯友馬庫斯的索妮雅是這樣描述的：

對我來說，死亡是圍繞在我們周圍的一層面紗。這層面紗有時很重，我們無法看穿；有時，它會變得比較透明，讓我們可以瞥見另一邊。我知道自己無法隨意穿過這層面紗，但我很感激那些能讓我感受到彼岸存在的機會。

維持連結

美國密蘇里州聖路易斯市韋伯斯特大學名譽教授丹尼斯．克拉斯（Dennis Klass）在其著作清楚闡明了這樣的看法：人們確實自然地維持著與已故摯愛的關係。這種關係未經公開討論，也不是急性或長期哀慟主流反應的一部分。無論我們多努力反抗，依然存在著一種頑強、難以改變、在我們看來帶有傷害性的想法，強調放下和走出失去摯愛的重要性。當人們因失去摯愛而深陷痛苦與心碎時，最不需要的就是將這種情感視為病態，這只會讓他們在持續的悲傷中更加孤立，最終使某些人陷入羞恥、困惑與孤獨之中。此外，我們常忽略一點——這種「放手」和「切斷與已逝親人聯繫」的理念，其實是相對新的，它源自一種更加醫療化的模式，試圖用科學方式來處理人類的苦難與療癒過程。

我永遠也沒機會好好與爸爸和叔叔道別，知道我們永遠都無法再次相見讓我感到很痛苦。有時，當我感到寂寞時，透過一首響起的歌，或是一股溫暖的感覺，我可以感覺到他們就在我身旁。這讓我覺得他們好像在鼓勵我繼續前進，因為在那些時刻裡，我覺得自己很軟弱，需要有人提醒我可以度過這些低潮。我仍覺得自己與他們是相連的，就好像他們並未完全離開一樣。

——布倫娜

這代表什麼意思呢？要如何與我們所愛的人維持一種能夠滋養心靈、帶來安慰並有所助益的關係呢？有幾種方法能在不妨礙我們享受當下、與他人建立關係的情況下，讓我們與已故的摯愛維繫連結。心理學家安德莉亞．凱莉（Andrea Kelly）曾說過，她發現：「當我們被沉重的悲傷擊倒、迷失方向時，會被迫尋找新的支撐點，讓我們重新與自己以及摯愛連結——這些方式往往出乎意料，並需要時間去發掘。」這麼做是讓我們不要把悲傷藏起來。在適當的情況下，傳遞下去的故事、反思和回憶能成為我們新生活和新關係裡的一部分。在特別的時刻裡，情緒受到觸發也是正常的，例如在週年紀念日、婚禮或畢業之時。如果多年以後，你覺得悲傷妨礙你過著平靜和愉快的生活，那麼尋求支持可能是明智之舉，無論是透過治療或是以信仰為基礎的諮詢。其他治療方法能幫助我們了解自己對什麼緊握不放，以及出自什麼原因，我們可以學習如何在不逃避的情況下繼續前進。

同時，請從這裡開始：請不要因為你有時仍會出現強烈的悲傷情緒而批判自己。有些人對已故的摯愛抱持令人難以置信的忠誠，從不願讓其他人進入自己的生活之中，以免玷汙或降低他們在我們心中的重要性。真相是，感情並不是以非此即彼的尺度來衡量的。愈敞開心扉，我們就愛得更多，而且我們的心中有足夠的空間，讓所愛的每一個人都能占有一席之地。

如果，生活中存在著讓你難以與逝去摯愛維持連結的人，你可以試著向他們解釋，因為你們擁有共同的過去，維繫這樣的關係對你來說是很有幫助的。另外，你還可利用日記來和逝去的摯愛進行交談。有些人發現，當他們有煩惱想分享時，寫信給摯愛特別有幫助。這些想法、祈禱、願望和渴望的美好之處，在於它們可以是我們獨享的，也可以按照自己的意願與他人分享。

另一個讓摯愛留在心中的方式，是準備他們喜歡吃的食物並與其他人分享。如果他們出現在我們的心中，向他們傳達愛意也是一種方法。某些時候，你可能會覺得自己更想去做別的事，那也沒關係。你也許可以在每晚睡前的禱告中提到他們，那樣是可以的。你可能會欣賞落日美景，並邀請他們一同感受這片美景，都沒問題。重點是，你還是在過你的生活，做對自己來說重要的事。你在照顧自己的人際關係和那些你珍視的事物，同時積極地讓摯愛留在心中，這兩者是可以共存的。

你可能會問自己的問題

✦我該如何以不讓其他家人傷心難過的方式，積極地維繫與摯愛的連結？

就像在生活中一樣，我們與已故親人保持連結的方式，會根據我們與他們的關係而顯得私密且獨特。有些人可能希望用與你相似的方式維持這種聯繫，而另一些人則不然，這有時可能會引發緊張，尤其是在所有人都渴望平靜與安寧的時候。許多人因為沒有人願意陪自己進行每週、每個月或每年度的掃墓而感到不滿。也有人因為家人不願像自己一樣頻繁談論逝者而流淚，甚至彼此疏遠。然而，如果你退一步仔細思考，讓每個人以自己認為合適的方式來處理哀傷，維持與逝者的聯繫，難道不是更好的選擇嗎？

如果你希望已逝的親人在家庭聚會或特殊場合中有所存在，你當然可以這麼做，但同時也要尊重在場其他人的界線。你可以點燃蠟燭，將他們放在心上；你可以擺放照片，讓它們靜靜地存在，而不刻意強調；你可以選擇特定的日子獨自前往墓地或那些對你而言別具意義的地方，並邀請那些你確信會樂於參與的人，但若他們婉拒，也請不要因此感到受傷。關鍵在於：不要期待他人以與你相同的方式悼念並維繫這段連結，也不要在他人的活動中強行加入自己對已逝親人的象徵性表達。尊重並堅持自己的哀悼方式，同時也讓他人擁有自己的方式。如此一來，你就是在尊重自己、尊重悼念的親人及那些與你共感哀傷的人。

✦我的母親總是對已故的父親說話。這樣沒問題嗎？

和已故配偶維繫持續的關係，能帶來極大的慰藉。你問：這不會讓情況變得更糟嗎？你需要求助於巫師或靈媒，舉辦降神會嗎？你需要冥想、改變自己的宗教信仰嗎？不。你需要的只是溝通——靜靜地溝通。將溝通的內容寫在日記裡是一種方式——提出問題，然後等待內心的回應，如果他們還活著的話，可能會給你的回應。嘉莉就有這樣的經驗。

在兒子離世後那段特別艱難的日子裡，某天我突然在凌晨三點三十三分醒來。當我躺在那裡時，我感受到了與馬克無聲而深切的交流。我不是靈媒或擁有特異功能的人，此刻房間裡也沒有正在發光的物體，只有時鐘上的數字顯示著3：33。隔天早上我查了那些數字的靈性意義，得知那代表「某位天使正試圖與你溝通」。我相信這種說法，尤其我曾聽歐普拉說過：「如果你失去了所愛的人，那你現在就有一位專屬的守護天使了。」直到三十多年後的今天，我仍然會看到：「哈囉，我還在附近」這樣令我感到寬慰的標誌，像是昨天我前方那輛車的車牌寫著333-MRT（是馬克名字的首字母）。

珍妮佛告訴我們，她仍默默地和十八年前猝逝的伴侶溝通。

她是我的停車天使。這件事要從兒子打算去上空手道課，而我在教室附近找不到停車位開始說起。有一天，我大聲地說：「拜託，親愛的，能幫我們找個車位嗎？」讓我和兒子驚訝的是，停車位馬上就出現在空手道教室的前方。從那以後，每當有與兒子相關的重要事件時，我都會向她求助。這種來自彼岸的溝通與幫助是真實的嗎？我不知道。但我知道我喜歡這樣的可能性與連結。

要怎麼做才能實現這種溝通呢？我們能給的唯一建議是，對這種溝通的可能性保持開放的態度——當這種跡象或溝通自然發生時，請不要否定它們。

有幫助的練習與儀式

○讓自己說出來

這很簡單，只要開口說話（無論是出聲還是在心裡）。讓自己與那些你愛著、思念著的人交流，不要因此評判自己。有時候，或許只是一句簡單的「嗨」；有時，你可能會展開一段對話。沒有對錯之分。只要讓自己順其自然，做內心最自在的事，並且明白，這樣做是可以的，是正常的，對許多人而言，這也是療癒人生的一部分。

❍知道更多關於他們生前的事

如果你覺得自己一直都不了解真相，想知道更多摯愛生前的事，透過那些認識他們的人們的雙眼和經歷來尋找相關訊息，可能會很有幫助。例如高登，他在三歲時失去了他的父親，透過找到父親的兩位老友，他發現父親在十幾歲時喜歡滑直排輪，也喜歡在派對上彈吉他唱歌！透過趣聞和故事，我們可以獲得自己未曾知曉的深刻理解和資訊，往後的人生與對摯愛的回憶也可能更富意義，同時讓關係更加深厚。

❍回憶盒

有時，我們可能會想以有形的方式「探望」摯愛，但並沒有一個實體的地方可以讓我們造訪，或是實際的事情能讓我們去做。如果你有屬於他們的物品，或是能讓你想起他們的東西，你可以考慮製作一個回憶盒。用鞋盒、木盒或古董箱都可以

——沒有任何限制！蒂米亞．蘿絲是一位心理治療師，她在十一歲時失去了妹妹，她製作了一個回憶盒，也將這個方法推薦給其他人。即使你所擁有的東西不多，或是沒有任何東西可放入盒中，也有很多方法能製作回憶盒。你可以蒐集代表摯愛的物品，或透過寫詩、文字和反思來捕捉你眼中的他們。如果自然界中的事物讓你想起他們，你也能把這些東西放進盒子裡。你可以裝飾盒子的內外部，隨時加東西上去。回憶、圖像、夢境——沒有限制，你可以放任何東西進去，這會成為一個不斷變化的紀念盒，讓你可以隨時來訪，從中獲得慰藉、連結和反思。

❍紀念桌

當心愛的家人去世時，家的核心就會留下一個空洞，沒有一處空間不受到這件事的影響。人們處理這種情況的方式有很多種，通常是持續變化、無法計畫的。當人們重新在原本的家園展開新生活時，有些人可能會因為複雜的愧疚和恐懼感而感到掙扎。或是，如果有人選擇重新利用曾屬於親人的房間，他們可能會擔心自己失去了一個情感寄託——一個能讓他們感覺到自己與所愛之人同在的地方。創造一個新的情感寄託能有所幫助，設置紀念桌就是一種方法。

你只需要以下的物品，就能設置屬於自己的紀念桌：

- 一個能固定放置照片或物品的地方。可以是桌子、壁爐檯或層架。
- 你的摯愛（們）的照片。如果沒有照片，一些象徵他們存在的物品也可以。
- 其他能觸碰或握在手中、對你有特殊意義的物品。

剩下的就由你和你的風格決定。有些人喜歡在桌子上放鮮花。有些人則喜歡點線香或放上與節日、宗教儀式或活動有關的物品。這可以是持續變化的，也能成為我們新的情感寄託。

紀念日

我們可以利用文化中現有的節日，主動緬懷摯愛、保持與他們的連結。世界各地都有特定的日子甚至是月份，讓我們紀念逝者並維繫關係。雖然許多節日都充滿了宗教儀式與傳統，但我們不需要具備特定的信仰就能認識這些節日或參與其中。舉例來說，諸靈節（All Souls' Day）是一個天主教徒的節日，人們會在這一天為死去的教友禱告，祈禱他們的靈魂能升上天堂。但是，回顧這一天的歷史，以及它與萬聖節和收穫季尾聲的關聯時，我們就會發現它與人類長久以來對生死循環的儀式化，以及我們與自然的關係息息相關。即使不是天主教徒，也可以參與這股古老的生命流轉。

○研究家族起源

許多人會將自身經歷放入更宏觀的家族生存與失落歷史中，並從中找到安慰，這往往是一個深刻而有力量的故事。人們在歷史長河中倖存下來的經歷是非凡的，而你——我們——都是這個故事的一部分。

讓這個章節的內容沉澱一會兒後，你是否能想到自己原本用哪些方法維繫與摯愛的連結？如果這就是你一直以來所渴望的，或是希望讓它變得更有意義，請花一點時間思考，自己能以什麼方式維持或加深與所愛之人之間的連結，並想想他們希望你在這趟漫長的悲傷旅程中獲得什麼。最後，請撥出一點時間，仔細思考現在身處的位置、想去的地方，並設定前行的目標。

Chapter 7

我們的摯愛
並不等同他們的物品

「就像處理哀慟一樣，
決定何時與摯愛的所有物分離這項任務的時間表，
只需要與一個人契合：就是你。」

——作家、記者吉兒．思莫洛（Jill Smolowe）

你的摯愛並不等同於他們的物品，這是一個需要釐清的重要概念——他們的所有物都只是他們生命裡的裝飾。請記得，不把他們全部或大部分的所有物都留在身邊，並不會損害或影響他們在我們心中所占有的特別地位。事實上，當你需要的是他們的愛，而不是那些文件、燈飾、襪子和長袍時，你可能會發現自己與內在這份愛的關係會更加順暢。

如果你無法從一件物品上找到樂趣或用途，可以考慮將它轉交給可能需要或喜歡它的人。最重要的是，盡量不要出於罪惡感，或因為它曾是一份禮物而保留任何物品，就算是祖傳的遺物也一樣。如果你堅持留下早已不在乎的物品，那這些東西就很有可能耗盡你的能量，並阻礙你獲得真正想要的東西；物品的能量可能會影響我們的幸福感。伊莉絲想丟掉許多家具，那些是從對她造成言語和情緒虐待的父母那裡繼承過來的。她從來都沒有喜歡過這些家具，只是覺得應該把它們保留在這個家裡，不過，當她意識到這些家具似乎在貶低她時，她就立刻想丟掉它們。

如果你正處於標記著「保持原樣↔保留幾樣珍貴的物品」的十字路口，是時候思考要如何處理這個過程了。只有你能做出實際的決定，幫助自己選擇要走哪條路。

當摯愛的所有物變成束縛時

我家有一件壞掉的家具，上頭有汙跡，基本上是無法使用的，除非我花錢修好它。在那之前，它會一直待在地下室，占據很多空間，並且時時刻刻提醒我，我必須修理我父親弄壞的東西。這讓我很難過，因為它象徵了太多東西，但我無法把它丟掉——因為那代表丟掉他曾喜愛和想要的東西。我怎麼能把它丟掉呢？

——辛西婭

放下曾屬於所愛之人的物品，是長期哀慟中更為困難、具體且實際的一個層面。走進房子、公寓、辦公室、臥室、衣帽間，可以看到我們生活的痕跡。當然，這是一個連續變化的過程。許多人很幸運，擁有代代相傳、珍貴的傳家之寶，而且他們很珍惜、悉心照料這些物品。是什麼讓裝滿精緻茶杯的櫃子，比裝滿襪子的抽屜，或是裝滿衣服的衣櫃更特別？是我們賦予它們價值，對吧？如果這些價值無法用金錢，而是以愛和回憶來衡量呢？如果它們的價值就是讓我們感受到自己與所愛和思念之人的連結呢？在這種情況下，一盞燈就不只是一盞燈。

心理治療師大衛．奧利里認為可以從以下的角度來看待這件事：

在思考人們為何執著於某樣物品時，考量執著的核心是很重要的。如果這是功能性的問題，這是一樣在某些時候能用到的物品，就比較容易放下；弱勢情感上的依戀，則比較難處理。

問題是，在這一生中緊緊抓住或承載太多東西時，會讓充滿愛的回憶變成卡在岩石上的錨。辛西婭的父親所擁有的家具很占空間，而且營造出一種受到這段關係束縛的氛圍。很明顯的，這件家具本身有一段歷史，這段歷史透過一件破損的家具呈現，而現在，要花自己的錢修復這件家具成了她的問題，這對她來說毫無樂趣可言。想到要修理這件家具，她並不覺得驕傲或滿懷期待，只覺得怨恨。

我們該如何放手？當我們背負著別人的包袱時，我們能選擇放手；當我們的生活品質與環境受到執著於他人的所有物影響時，我們能選擇放手；當我們緊握那些物品會喚起痛苦的回憶時，我們能選擇放手；當我們緊握不放的唯一理由是不讓自己感到罪惡時，我們能選擇放手。

瑞秋告訴我們，她是如何在過了一段時間後，終於不再堅持保留母親的物品：

治癒和放手很難，但就像人們說的，時間似乎是我們的朋友。我從母親那棟有四間臥室的房子裡繼承了她所有的物品，有許多東西在地下室放了數年。我從捐出她的衣物開始。我認為它們會被妥善利用，母親也會喜歡這樣的安排。對我來說，重要的是這些我不再堅持擁有的物品能「發揮用途」。送出我不需要的盤子和大小不一的家用品是最容易的部分，我把一些特別的東西給了家人，然後來到最困難的部分。我一直都是個敏感又多愁善感的人，我的孩子只想要一點我母親的東西，而我的兄弟也只要僅僅幾樣，我必須逼自己往前走。我被這些東西所淹沒，房子變得凌亂不堪；我也害怕如果沒有把這些東西留下來，自己就會忘記她，但我的健康狀況不太好，必須放棄一些東西。我決定做一件我覺得有幫助的事，那就是為我有所感觸、無法割捨的物品拍張照；如此一來，我仍能保有對這樣物品的回憶，讓我能更容易放下它。

當緊握之物變成囤積問題時

「人們不會為了自願給出去的東西感到悲傷，但他們會為了被奪走的東西而感傷。」——心理治療師大衛．奧利里囤積症在《精神障礙診斷與統計手冊第五版》中有明確的認定。其特徵包括極度難以丟棄或處理物品，直到生活空間變得嚴重受限。這個疾病往往與焦慮、憂鬱和哀慟等心理健康問題有關。當事人在丟棄物品或試圖丟棄物品時會產生極大的痛苦。最終，個人的生活情況、人際關係、工作和健康都會受到影響。從過度持有到囤積的轉變，可能是緩慢且漸進式的過程，我們並不會突然就得了囤積症，而是隨著時間累積而形成的；如果沒有介入處理，可能會毀掉我們的人生。

如果你想知道自己是否正在囤積行為中掙扎、需要幫助，有經過專門訓練的治療師能協助我們辨識自己處於囤積過程中的哪一個階段。在那之前，請明白，有時堅持保留一些物品只是一個信號，代表我們試圖抓住其他東西——一些無形而珍貴的事物，無論那是愛、希望或回憶。透過努力和自我照顧，我們可以保留一切，同時為自己找回一種不受拘束的生活方式。

速成法 vs. 慢慢來

既然你正在思考如何穿越這趟旅程中困難的部分，請選擇你希望採取什麼方式，每個人的過程都不同。例如，瑪喬麗就被她從父母那裡繼承的大量物品搞得暈頭轉向。她決定採取緩慢的方式，因為有太多事情要決定，而她覺得自己脆弱不堪。你摯愛的某些物品可能比其他物品更容易處理，制定一個能應付不同任務的計畫，能幫助我們朝著目標前進。

慢速的方式包含這些步驟：

- 首先，要了解這一點：為感受與回憶騰出空間，以一種有所覺察的方式完成這個過程是最好的。如果你面對的任務是要清空一個房間，先拍照起來是一個不錯的做法。
- 請將任務分割成數個小目標。如果你有很多房間和儲藏空間需要整理，請將它們拆成更小的單位，例如先整理衣帽間，接著是一個矮衣櫃，再來是一張書桌。
- 先準備好箱子或袋子，上頭註明要贈送的對象。
- 如果有幫助，可以請一位支持你的人陪伴。
- 確保你有進食並保持水分。有時當我們專注於這樣的任務時，會忘記照顧基本需求，以至於突然間感到筋疲力盡。

- 嘗試將目標設定為在指定時間內完成某項任務，這樣就不會有事情未完成、須回頭處理的懸念。
- 請用溫柔的關愛、輕鬆的活動和一頓大餐來獎勵自己。
- 尊重這項任務的困難性，你正在做一件很艱難的事，在旁邊放一盒衛生紙是個好主意。

慢速的方式讓我們能以適合自己的速度完成這個過程，但整體的目標仍然是讓自己保留幾件有意義的物品，慢慢地放棄其他東西。

這種慢速的方式，對難以割捨妻子衣物的艾力克斯來說很有效。多年來，灰塵堆積在她的衣服和鞋子上，讓艾力克斯無法前進。他設下一個目標，每天裝滿一個箱子的衣物捐出去，直到完成這項任務。他從妻子的三雙鞋子開始。當他感到難以承受自己的情緒時，他會邀請一位關心他的朋友陪伴他，這讓收拾的過程變得比較容易，也不那麼孤單。

快速的方式最常出現在摯愛剛離世後的那段時間，但也可能發生在我們停滯多年後，某天決定要加快腳步之時。

如果，在經過一段很長的時間後，你覺得自己已做好準備，能很快放下對摯愛所有物的執著，那麼與那些採取慢速方式的人相同步驟，只是加快速度。你還是可以保持覺察，尊重自己正在經歷的過程，並在過程中給自己許多關愛。長遠來看，保持覺察最終會讓我們經歷比較少的痛苦。

同時也請明白，擔心自己會後悔丟掉所愛之人的某些物品是很正常的。這種情況尤其會出現在那些擁有他們手作物品的人身上。但這裡所提到的後悔是什麼意思？是害怕再次感到悲傷嗎？還是擔心會削弱自己與他們的連結，或是抹殺他們的回憶？你是否有一部分擔心自己可能會傷害他們，即使他們已經不在了？就讓自己面對這些擔憂吧，如果可以的話，請將它們清楚地表達出來。明確地告訴自己害怕什麼，並且讓自己甚至是摯愛明白，放棄某些東西的目的是什麼。就像瑟拉所說的：

媽媽，我喜歡你所有的藝術作品，但數量太多了，我沒辦法全部保留。我會盡我所能與其他人分享你的作品，至於那些你未能完成的部分，我會以尊重的方式捐贈、回收或處理，因為留下所有的作品意味著我無法享受它們帶來的樂趣。

你可能會問自己的問題

✦ 他們的房間就像一座博物館。思念他們時我就會去那裡，我無法想像改變裡面的任何一樣東西。我該怎麼辦？

無論是失去孩子、配偶、手足或是父母，對那些試圖在悲傷之旅前進的人來說，這都是一個非常現實的困境。這說明了人們需要有一個能讓自己與逝去親人同在的地方。這是自然的，而且深植於我們祖先的基因之中。然而，有時我們對這個地方的需求會干擾生活的進程，我們需要考慮以其他方式和摯愛連結、與他們同在。

一個地方經常蘊藏著一個人的本質。他們的情緒、風格、氣味與特別之處。但如果我們仔細想一想，環境也會隨著人們的年紀而逐漸改變。沒有什麼是永遠不變的。這就是為什麼某些保持事物原貌的習慣，往往並不完全符合自然運作的方式。久而久之，這也會變成那個卡在岩石上、令人討厭的錨。我們該如何擺脫它，才能讓自己繼續在生活中前行，與我們所愛的人保持完整的連結呢？

我們確實需要一個空間，一個能讓自己感覺與所愛之人靠近的地方。這個地方可以是在我們的家裡、住家附近，或單純在我們的心中。這是一個我們需要連結時就能到達的地方，也許我們會需要他們的一部分留在那裡，以他們的所有物為象徵。想一想你可能會保留哪些能代表摯愛的重要物品？當你握著這樣東西時，是否能感受到與他們的連結？以下是一些可以考慮的物品：

- 一件他最喜歡的襯衫
- 一個布偶
- 一條毯子
- 一件珠寶
- 一瓶香水或古龍水
- 一條圍巾
- 一雙鞋子
- 一頂帽子
- 一個枕頭

✦這件事已經被我擱置好幾年了，但現在是時候決定該如何處理我親人的個人物品了。我該從哪裡開始呢？

在把丈夫的東西從住了三十一年的房子搬出來時，蘇經歷了一段非常困難的時期。她說出這些話的時候，他已經去世四年了：

> 我覺得這麼做就會把他從我的心裡抹去——如果我把吉姆最喜歡的襯衫、那些他想讀的書賣掉或捐出去的話，好像對他不尊重。他大學的畢業證書還掛在他的書房裡！我覺得他會以為我不愛他了。

尋找與所愛之人的物品有關的意義，經常是有所幫助的。布蕾迪曾幫助一位男子分送滿屋子的紗線，這些紗線是他妻子去世時所留下的。對布蕾迪來說，紗線本身象徵著希望，他的妻子曾為她所認識和所愛的，以及她從未見過的人們製作物品。當布蕾迪從他家離開時，她的車幾乎載不下所有的紗線；但幾個月後，她找到了能分送這些紗線的地方——一個為遭受苦難的人們製作東西的地方團體、退休社群、當地的學校，以及買不起紗線的人。這讓他覺得妻子的希望與愛送到了別人的手中，而且會繼續展現在世人面前。

四十多歲的艾力克斯也正在類似的問題中掙扎。在他尋求幫助之前，他曾說：

我決定賣掉我們的房子，搬到離女兒更近的地方。但每次我打開曾與妻子共用的衣帽間，看到她的鞋子在地板上，洋裝整齊地掛成一排時，一部分的我像是在等她開口要我站到一邊去，好讓她能拿取她最愛的衣服，準時去上班——她的衣服讓我覺得她仍在我身旁。

最終，當艾力克斯想到對妻子來說很重要的社會議題時，他開始緩慢地前行，放下執著，將衣服捐給幫助重新安置難民、幫助家暴受害者重新出發的組織。以她的名義做這件事，讓他為妻子與自己感到驕傲。

有幫助的練習與儀式

○我今天做的十件事

這個練習能幫助我們感受到自己創造了一些前進的動力。有時，我們會忘記認可自己一天當中所做的一切，特別是當我們在生活其他部分陷入困境時。每晚睡前，請花時間在紙上（或在心裡）列出自己今天完成的十件事，無論是大是小——不要評價自己。這個練習的目標，是停止責怪無法放棄摯愛所有物的自己，開始利用我們在生活中其他領域的能量。例如，以下的內容是兩年半前失去妻子的曼尼在進行這個練習時所列的。

- 清空洗碗機。
- 餵貓。
- 打給朋友尋求幫助。
- 捐出一箱洗好並摺好的妻子衣物。
- 用吸塵器清掃臥室。
- 手機帳單繳費。
- 把衣服掛起來。
- 把一些以前的文件用碎紙機碎掉。
- 檢查輪胎胎壓。
- 吃完晚餐後看一部電影。

這確實有幫助，試試看吧！這會讓我們停止自我攻擊，提醒自己已經做了很多事，而且有能力應付那些困難的事。

❍找出原因

問問自己，為什麼會想藉由整理摯愛的物品讓自己繼續前進？也許你有一套整理自己生活的哲學，「少即是好」是你的座右銘，但你一直無法實踐這套哲學，因為你與所愛之人的物品間有著更強大的連結。也許你想搬進一個更小的空間；也許你有理由想釋放家裡的空間，但就是無法下定決心；也許內心深處你知道是時候放下曾屬於摯愛的物品，特別是那些不會出現在你的生活中的東西。回答「為什麼」能幫助我們找出原因，在這段艱難旅程中重獲方向與力量。

❍摯愛的本質

如果請你用幾句話描述你的摯愛，你會說什麼？第一個在你腦海裡浮現的影像、感覺和回憶是什麼？他們的年紀與離世方式可能會讓這個過程變得複雜，所以，請試著回想他們最像自己的那個時刻。思考一下他們的本質，以及與那份力量最相關的物品。一個人的本質是無形且沒有邊界的，這份力量就是我們在他們死後努力保持連結的對象，我們經常透過保留他們的物品來尋求這份力量，即使這意味著那些物品被放在盒子裡，或是堆積在儲藏室的中間。你是否能辨認出哪些是自己想留下，或是想送給家人和朋友的嗎？也許是一些珍貴的物品，你覺得它們能夠捕捉到這段記憶的精髓。

○找一個能支持自己的人

無論你選擇的是慢速法還是快速法，都可以考慮找一個你信任，而且不會評判你的人來幫助自己。如果你希望找個人在整理、打掃和捐贈物品的過程中幫助自己，請仔細想一想自己需要什麼幫助，並且讓對方知道自己的需求。如果希望有人在你仔細思考要保留哪些物品時傾聽你的故事，那樣很好；但如果你求助的對象是運用近藤麻理惠*整理術（也就是只保留會讓你快樂的物品）的高手，那你就為他和自

*被譽為日本的收納女王，著有暢銷書《怦然心動的人生整理魔法》。

己安排了一趟艱難的旅程。他們可能無法坐在一旁，看你把更多東西放進保留區，而不出聲阻止。同樣地，如果你希望有人能督促自己做出更大、更明確的抉擇，放下更多的物品，那麼選擇一個過於感情用事的朋友可能幫不上忙。

○找出有意義的捐贈之處

放下對離世摯愛所有物的執著，有一部分的困難在於，我們相信他們的本質完全與他們的物品緊緊相連。所以，這些物品的去向就變得很重要了，對吧？這就是意義與本質的交集之處。如果你在這個環節遭遇困難，找出一個對你和摯愛來說具有意義的地方，真的有所幫助。

你是否能找出一個對摯愛所有物來說有意義的地方？或是能受惠於這些物品的人？如果你的摯愛曾是一名藝術家，而你現在擁有許多用品與材料，當地的學校、長者活動中心或社區資源中心是否會樂意接受並妥善運用這些物品呢？你可以知道東西將會被好好使用，以及他們的精神將以這種方式延續而感到欣慰。通常，比起送到大型的捐贈中心，把物品捐給社區特定的團體，會讓我們產生比較好的感受。許多社區還有公益商店，人們可以把只穿過幾次的二手衣、家用器具或家具帶去那裡，他們會把收益捐給當地的慈善機構。

❍衣服的創意再利用

關於衣服，許多人發現把襯衫和圍巾做成被子和枕頭能帶來慰藉。毫無疑問地，失去父母、配偶、手足的兒童與大人，會因為擁有一、二件能觸摸或穿戴的物品，讓他們感受到已離世的摯愛就在身旁而獲得極大的安慰。

❍私人日記的去留

有時，有在寫日記的人會清楚地在遺囑中交代，他們過世後這些日記要由誰繼承，或是具體指示要怎麼處理。有時，是由與他們最親近的人來決定要怎麼做。在某些情況下，這些日記可能會成為一份美好的寶藏，摯愛的聲音透過文字傳來，記錄下將會受到後代子孫珍藏的故事。在其他的情況下，日記也可能包含一個人的生活細節，這些細節會挑戰家庭成員原先的認知。如果你持有這樣私人的日記，以下是一些你可以問自己的問題：

- 你的摯愛是一位注重隱私、不願透露自己內心的人嗎？

- 你的摯愛是否表達過他們對日記的想法？
- 如果你讀過這些日記，裡面是否有會對家人造成傷害的內容？
- 如果你讀過這些日記，裡面是否有關於家族的訊息或細節，會受到後代子孫的重視？
- 你會希望後代子孫讀到這些日記嗎？

如果你傾向為後代子孫留下這些日記，那麼，將它們收在專門長期保存文件的盒子裡，並放在不受氣候影響的空間以免發霉或腐朽，這麼做是合理的。如果你認為這些日記是摯愛的隱私，不應繼續傳給下一代，那麼就應該將它們銷毀。如果是你自己擁有這些日記，你應該在遺囑或這些日記裡留下指示，說明誰該接收它們，以及你希望怎麼處理？

銷毀是一個如此令人痛苦的詞，但如果你想到摯愛得知有人閱讀他們的隱私而害怕不已，那麼這種方式就是在保護他們。如果把日記扔進垃圾桶似乎過於無情，我們建議進行焚燒儀式。釋放文字，讓它們從頁面之中解放出來、回到空中，重新回到被寫成文字之前的形式，具有精神上的重要意義。在開始這個過程時，你可以設定一個目標，你可以告訴摯愛，你尊重他們的隱私，而釋放文字能為他們以及回憶創造更多的空間。明白這是一個徹底尊重某人隱私的方式，能讓我們獲得極大的安慰。

該如何進行焚燒儀式：

- 確保你有一個能安全焚燒紙張的空間（例如壁爐、火坑、炭烤架）。
- 確認在戶外燃燒東西是合法的（密切注意你所在區域的火災條件與風險）。
- 確保你放進去的東西都是可安全焚燒的；移除任何迴紋針、釘書針、塑膠品以及無法安全有效燃燒的物品。
- 找出自己進行這個儀式的目的。

如果無法焚燒，你可以考慮碎紙或將它們製成堆肥。

❍ 具有宗教或精神意義的物品

這可能會是一個棘手的問題，困難程度取決於我們與摯愛是否有相同的宗教信仰。

我們很難知道該如何處理承載著重要意義的物品，在某些時候，這些物品還受到一定的崇敬。宗教經典、雕像、基督受難十字架與相關藝術品有時都需要找到新的歸處，但要把它們送到哪裡去？該如何進行？

如果你已意識到自己必須將這些物品傳承下去，請花點時間考慮有哪些地方會珍惜這些有意義的物品。舉辦宗教儀式、禱告和冥想的場所，都是不錯的起點。也許醫院、養老院、安寧照護中心和康復之家也會有興趣。你想分享的物品最後可能不會全被同一個地方接受，但你可以放心，如果他們願意，就會滿懷愛與關懷收下你的捐贈，如同你的摯愛所希望的那樣。

讀完這個章節後，該思考或寫下你現在可以做些什麼了。你是否能不再執著於摯愛的所有物，並以此為目標，制定一個漸進式的計畫？

現在，請寫下一個目標，讓你能放下實體的物品，重新找回生活空間。

Chapter 8

無法如願的哀慟

「社會認可與支持是哀悼者的核心需求，
但對於原先與逝者的關係不受到認可或
支持的生者來說，這樣的需求往往無法獲得滿足。」

——悲傷諮商師艾倫·沃爾費爾特（Alan Wolfelt）博士，《複雜性哀慟的心靈手冊》（*When Grief Is Complicated*，暫譯）

彷彿從哀慟中走出來還不夠困難一樣，許多人甚至面臨令人心碎的經歷，因為他們的悲傷不受到重視、不被認可、被認為不值得受到關注或尊重——這就是「悲傷剝奪」，它是導致有些人更難從失去親人的哀慟中走出來最主要的原因。儘管悲傷是一種個人且私密的行為，對於哀悼者的支持卻往往受到社會和文化的規範與習俗影響。正是其他人伸出的援手，讓我們在悲傷的旅途中試圖找尋方向時感受到支撐，但如果這份悲傷不被接受或認可呢？

為什麼悲傷被剝奪會令人如此痛苦

「在悲傷小組中，我們討論的其中一個重要問題，是關於如何在不願談論這些事的文化中，擁有、認可並處理自己的悲傷。找出身邊能接受與我們談論悲傷、不以異樣眼光看待這件事的人是很重要的。這些人可能不是我們的家人，也不是和我們住在一起的人。」——心理學家沃爾特．布朗斯沃德（Walter Brownsword）

每當我們感到痛苦，而這種痛苦不被身邊的人或社會認可、理解或重視時，我們就會產生孤獨的感受。而且坦白說，我們的社會很殘酷，有一些不成文的規定，在「受到支持與接納的悲傷」，以及「被淡化、受到低估與忽視的悲傷」之間，設下一條分界線。我們都知道，有些類型的失去較不受到重視。這些失去的對象包括祖父母、寵物、兄弟姊妹或朋友。除了這些特定的對象之外，許多人在失去一段複雜關係的對象後，表達了在哀悼中感受到孤獨與寂寞的感覺。成癮、任何形式的虐待、忽視、領養、精神疾病、身心障礙、老年、自殺，以及因犯罪行為或被認為是死者過失的死亡，都會讓本應成為悲傷者依靠的支持系統產生負面影響。此外，許多人處在一段不受到特定群體重視、理解或尊重的關係中，這些群體包括家庭、社區和宗教組織等。當我們失去了不被接受的伴侶，或是被排除在伴侶的葬禮和追悼會之外時，我們生而為人、參與積極哀悼的基本需求就遭到剝奪。這種經歷可能會對哀悼者產生創傷性的痛苦，而且必然對治癒與找出如何與悲傷共存的過程造成影響。

那些處於長期哀慟的人們，會因為感受到自己身為群體的一份子而獲得助益，那是一個能理解哀慟者，不會批評或對他們感到不耐煩的群體。一旦某人接收到自己或悲傷不受到重視的訊號，就必須想辦法處理所有的情緒。這些情緒該上哪去？它們會變成別的東西嗎？這些情緒會導致孤獨、絕望還是憤怒？根據實際的情況，這可能會讓人對自己的痛苦感到羞愧，為了保護自己不受到批評，他們不得不將悲傷隱藏起來。不難看出，這種做法長期下來會出問題。

奪回悲傷權利的重要性

悲傷，就像愛一樣，是人類的一部分。沒有人可以把它從我們身上奪走，或是強迫我們不去感受。你可以選擇放棄這份感受的權利，但在哀悼的領域裡，如果有人讓你覺得自己的悲傷不是真實的、不重要的，或是不該如此強烈，那麼就是時候奪回你的力量了。就像每個人都是獨一無二的，我們的悲傷也是。現在就表明自己的立場，在這趟旅程中主張自己悲傷的權利。為你的旅程立下一個標記，象徵你曾走過這條路，你理解悲傷，並且謝謝大家的關心，但從這一刻起，你將親自掌舵，繼續自己的旅程。

你可能會問自己的問題

✦如果我從來都無法在公開場合或以正式的方式哀悼，該如何繼續前進？

基於各種原因，有些喪親的人從未有機會坦率地承認悲傷、得到社會和家庭的支持、公開地哀悼。有可能經歷悲傷剝奪的伴侶，包括那些戀情不受到家人或文化支持，或是另一半離世時已離異的人。其他導致悲傷剝奪產生的問題具有道德含意，同樣與更大的社會、家庭環境評判與價值有關。因自殺、藥物或酒精成癮而失去摯愛，或是在小孩一出生就將其遺棄的人，可能會覺得自己受到比較少的社會支持，因為這些行為帶有傷害性。

這個問題的核心是，你所失去的，是不受到家庭或文化認可，或是他們不希望你去愛的人。也許別人悄悄地認定，你逝去的愛人不值得受到像另一個人那樣的送別。因此，即使過了很多年，你持續產生的情感痛苦，也可能不會被認真看待、支持或傾聽。

蘇珊很晚才跟朋友和家人出櫃，儘管在伴侶珍妮佛死於癌症之前，她們一起生活了大約十年，但蘇珊的一些家人不願意承認珍妮佛。蘇珊對於葬禮的規畫沒有發言權、無法致哀悼詞、只被當成是「一位朋友」。在她們的社群與宗教背景之下出櫃，是一項艱鉅的任務。蘇珊認為，如果不是她與珍妮佛共同建立的朋友圈支持著她，她可能無法走過這段哀慟。如今，每當蘇珊參加他人的喪禮，這些經歷都會勾起她極其痛苦的回憶，因為她親眼見到家人對其他喪親者展現出的愛、同情與支持，遠遠超過她當初所獲得的。

因成癮或心理健康問題而導致的死亡，也可能招致悲傷剝奪的情況出現。雪莉分享了這樣的經歷，生動地描述許多人在情況變得複雜時，試圖簡化悲傷的奇怪方式。

我的丈夫死於酒癮，但有些家人稱他為「酒鬼」，無論我告訴過他們多少次，這樣會冒犯到我，但這個認定從未改變。每當我們談到誰生病了、誰不久於人世、誰過世了，我總是聽到家人說他們生前是多麼好的一個人。我的祖母喜歡說他們生前一定受到許多人的愛戴，因為有這麼多人來參加葬禮。你知道有多少人來參加我先生的葬禮嗎？一個也沒有，因為我們根本沒有辦。似乎只有我記得他染上酒癮前是一個怎麼樣的人。

自殺也會以類似的方式影響支持系統。瑞克這樣形容：

喬蒂是我一生的摯愛。我們沒有結婚，但一起生活了將近十二年。她自殺時，所有認識她的人都嚇到了，包括我。朋友們認為我應該知道她有傷害自己的風險，但我完全不知道她的憂鬱症這麼嚴重。這麼多年後，我發現最令我感到驚訝的是，每當我提起她的名字時人們的反應——沒有人可以傾聽我、和我一起談論她。人們說我應該繼續前行。準備好的時候我就會這麼做，但這件事很困難，因為我無法和他們談起她。

因為忌諱而無法討論或談論某人離世的方式時，就會形成一股沉默、壓抑真相的暗流，將悲傷的艱辛留給被丟下的伴侶。

對某些人來說，儀式和傳統非常重要。現在，請理解你可以以一種有意義又有象徵性的方式向摯愛道別，那種方式是你在他們離世後原本就想馬上進行的。請想像一下，從批評和汙名中奪回控制權，以一個你知道他們會喜歡的方式送別摯愛；無論他們離開了多久，這都能有所幫助。

✦我所身處的家族文化不希望我們將情緒外顯，我必須抑制自己的感受、極度緊張地度過我所愛的人離世後的那幾週和幾個月，這讓我受到了創傷。把這件事視為創傷是正確的嗎？

任何曾身在葬禮或追悼會上，卻不得不壓抑、掩飾、強忍自己深沉真摯情感的人，都深知這種創傷。他們害怕自己會哭泣、崩潰、失控、讓自己看起來糟糕、讓他人感到不適、嚇到別人，或者被認為太戲劇化……即便多年後回想起來，這些經歷仍可能讓人悲痛不已，幾乎無法承受，因為在人生最痛苦的時刻，他們卻被迫承受這樣的壓抑與隱忍。許多人曾撰文批判，所謂「進步」的社會在面對最真實、最人性的痛苦時，卻表現出極具毒性的態度。如果一個人在生命中缺乏那些能接納、包容真摯情感的人，那麼這種壓抑的影響將不分群體、膚色、信仰、宗教，波及所有人。

對於那些被教導認為「悲傷和哀痛的表達過於誇張、難以承受或太過私密」的人來說，某些東西已經被剝奪了。事實上，許多東西都被奪走了。首先，我們對身邊親近之人與社群的信任受到了傷害。如果我們無法在最親密的人面前展現最真實、赤裸的自己，那麼我們還能在哪裡做得到？其次，我們失去了當下自然而然的哀悼方式。所有那些壓抑與扭曲，只會導致一個結果：悲傷被推進內心與身體的角落，無法獲得適當的表達與釋放。當悲傷被困住、無法呼吸，它就會變質、停滯，最終轉化為身心的其他病痛與折磨。如果你對這種情感創傷感同身受，請記住——你並不孤單。你值得拿回屬於自己的權利，重新感受真實且坦誠悲傷，讓自己以最自然的方式哀悼與癒合。

✦小時候，家人不讓我去參加親戚的葬禮或追思會。如今已成年的我該如何面對這個問題？

令人遺憾的是，這是非常常見的情況。在西方文化中，死亡已經變成超出我們掌控範圍的事，而是由醫院、醫師、殯葬業者和禮儀師處理。我們從一個與死亡緊密相連、擁有必要儀式的物種，成了因為自身的集體焦慮，對兒童進行大量假設的物種；也就是說，我們認為他們無法理解死亡或是處理悲傷。有些家庭認為小孩不適合參加葬禮，目睹哀悼儀式對他們來說太難承受。不過，人們忘了孩子們也正在經歷失去，當他們被拋下、只能靠自己理解發生了什麼事、被家庭的集體悲傷排除在外時，自身的恐懼與困惑往往會讓他們再次受到創傷，強烈和未解的悲傷情緒可能會延續到未來。

法蘭克的妹妹艾拉去世時，他們分別是十歲和八歲，他分享：

這場悲劇所造成的猛烈衝擊是我之前從未經歷過的，而且很可怕。我記得最清楚的是那種糟糕的孤獨感。不只是我的小妹妹去世了，而且沒有人告訴我或是向我解釋發生了什麼事。

法蘭克所背負的巨大傷口，一直到成年後都未癒合。

這裡的目標是為自己拿回悲傷的權利，而且不只是為我們摯愛逝去而悲傷的權利。當我們還是個孩子的時候，別人幫我們做的決定可能造成了許多附帶的傷害。為過去不幸錯失的時刻，創造悼念的方式或儀式永遠不嫌晚。請參考 P.139 的練習，關於為自己創造儀式的建議。

✦ 好像沒有人能理解我的悲傷，該如何找到能理解我的人？

並不是每個人都能理解另一個人的悲傷從何而來，或是為什麼這份悲傷會如此強烈。儘管很痛苦，但接受這一點很重要——有時，我們就是無法理解對方；有時，我們確實嚴重缺乏同理心。布萊恩失去了他的母親，他把人們期望他走出悲傷、繼續向前的經驗，比喻成期待腳傷未癒合的人放下枴杖、像往常一樣行走。我們從不會期待這樣的事情發生，但我們卻對心碎的人抱有這樣的期待，因為他們的傷害是我們看不見的，而且難以面對的。重要的是要記得，治癒的過程並不會因為其他人不再給予我們耐心、同理和同情而停止。換個想法吧：我們的愛和其他人一點關係也沒有。所以，為什麼我們悲傷的能力要取決於他人對我們的理解呢？得到其他人同理的關懷是很美好的事，但有時這種同理就是不存在。

這時，找到其他能滿足我們需求的地方就很重要了。確實有人能理解悲傷剝奪，以及它對悲傷的漫長旅程所造成的影響，對於那些持續遭受痛苦的人來說，這些人就是他們的庇護所。與理解自己處境的人交談時，我們會表現得比較好。這種感覺會讓我們更踏實，它創造了一種受到接納與理解的感受，讓活下來的人能完全沉浸在他們正經歷的一切之中，而不用隱藏自己、壓抑自己的感受。

所以，我們該如何找到這些人呢？悲傷剝奪會產生顯著的副作用，包含孤獨感。

當我們覺得自己不被理解或是不受到傾聽，就會感到孤獨。所以，是時候讓自己嘗試一些新事物，試著去找出可能會幫助自己，而你也能幫助的對象。網路上有一些專門致力於關注悲傷剝奪的團體，透過加入Facebook、Instagram和其他平台上的社群也會很有幫助，不僅可以找到有共同經驗的人，還可以找出其他資源。諮詢專門從事悲傷相關工作的治療師，也是一個不錯的選擇。

第一步是要相信我們的悲傷是有意義、值得尊重的，並且，在我們的人生經歷中占有一席之地。

有幫助的練習與儀式

❍從自我疼惜開始

假設你陷入長期哀慟的原因，是因為你不太確定該如何以更友善、更有同情心的態度面對自己——請問問自己：你是怎麼對待你的內在小孩的？沒錯，你是一個活在大人世界裡的成年人了，但你的感受層面可能會因為與內在小孩的冷漠關係而變得複雜。我們經常能在痛苦之中瞥見這個「小孩」。第一個問題是，當你還小的時候（請為自己設定一個年齡），你的父母是如何對待身處痛苦之中的你？長大成人的你，有沒有可能繼續以類似、毫無幫助的方式對待自己？我們或許可以從「很抱歉我沒有對你好一點。當你＿＿＿＿＿＿＿＿（試著重新開始約會、清理摯愛的衣櫥、覺得自己無法信任他人、經歷痛苦的日子等）的時候，我承諾會給予你所需要的關懷。」這段話，與內在小孩開啟有效的內心對話。就像對任何小孩做出的承諾一樣，我們的目標是信守自己的諾言。

除非有一個稱職的治療師支持著我們，不然我們大多不願意太深入進入內在小孩這個程序，因為有時重新想起童年的某些片段可能會讓人很痛苦。不過，透過簡單的對話，我們還是可以慢慢獲得一些幫助。請到一個安靜的地方，然後開始用你的慣用手（也許是你的右手）寫下這個問題，詢問你的內在自我（或是內在小孩）：「你今天需要什麼？」現在，請將筆換到非慣用手來回答。一開始，以這樣的方式書寫可能會讓你感到不自然，但實際上，在你努力回應時，它就會變得像小孩一樣。完成童稚的塗鴉或歪斜的字跡後，請記得以誠實又充滿愛意的方式回應。範例如下：

大人：「你今天需要什麼？」
小孩：「我想要一個擁抱。」
大人：「你想要的是一個擁抱啊，我今天會試著讓你得到一個擁抱。」
小孩：「我不喜歡緊緊的擁抱。」
大人：「沒問題，我會找一個能給我們安全、溫柔擁抱的人。我還能能為你做什麼嗎？」
小孩：「我不敢進那個房間。」
大人：「彼得死掉的那個房間嗎？」
小孩：「對。」
大人：「我知道了。我會和你一起進去，陪你一會兒。在房間裡，我會安慰你，之後我們就去做一些有趣的事。好嗎？」
小孩：「好吧。」

練習這個對話（或是適合你個人情況的對話）一段時間後，你可能會發現不需要再將內容寫下來，這個過程會變得更內化。

○水的儀式

談到死亡、悲傷和永生，水是一種很強大的元素。無論你對來世、人死後的靈魂會發生什麼變化，或是天堂與地獄的宗教觀這類事情的看法如何，毫無疑問地，數千年來，水在人類與死亡相關的儀式和習俗中，一直扮演著不可或缺的角色。水也深具象徵性，並與生命、重生和淨化這些意象有著密切關聯。將水融入我們的儀式裡是一個很棒的方式，讓我們在生命與死亡、重生與重逢、力量與平靜的旅程中融合在一起。

你需要的東西有：

- 種子、小塊麵包，或是水邊的一把泥土或沙子。
- 一條能坐在上面的毯子或是一張可攜帶的椅子。

找一個有水流動的地方，例如海邊、溪流、湖泊、河邊、水庫、溪邊或是池塘，這些地方的水必須有所流動。如果可以的話，請挑選一個有意義的地點，一個讓你感到舒適、安全和平靜的地方。

請坐下來，以你所知的任何方式集中注意力，也許只是找一個舒適的位置，讓自己平穩地深呼吸幾次。

想一想你希望傳達給所愛之人的意念。

坐一會兒，感受周圍的事物。留意空氣的溫度，如果周圍有樹木或植物的話，感受它們在微風中沙沙作響的聲音。聆聽鳥鳴、蟲鳴和水聲。

為自己和你所愛的人祈禱、許願或祈願。

把自己的一隻手當成杯子，放入水中，盛滿水。用另一隻手把種子（這些種子象徵著糧食；如果沒有種子的話，也可以使用任何生物可分解、對環境無害、能讓附近的動物們享用的東西）放入裝滿水的手杯中。接著將手放入水中，掌心朝上，讓種子隨著水流漂走。

獻給你的祖先。

獻給你的摯愛。

季節性或年度的紀念日

許多人喜歡在特別的日子裡紀念已逝的親人，也從中獲得很大的慰藉。有些人選擇生日，有些人選擇忌日，有些人則是在這兩天都會紀念他們已逝的親人。紀念的方式有很多種。在信仰傳統中，有一種常見的方式是在禮拜中提及我們的摯愛，讓會眾為他們禱告。我們也能利用地方報紙上的一點版面，透過公告生日或週年紀念日來緬懷親人。

有些人則傾向不受打擾地度過他們的年度紀念日。像是在摯愛的生日那天，去他們最喜歡的餐廳吃一頓飯，或是在忌日為他們點一根蠟燭或一炷香，都是一些我們可以做的小事，以紀念逝者、與他們保持連結。紀念親人的方式其實沒有任何限制，而週年紀念日是把這些方式變成固定儀式的絕佳時機。

釋放怨恨的幽靈

造成許多人深陷長期悲傷與痛苦的一大因素，就是怨恨。怨恨已經離世的那個人；怨恨那些不理解我們痛苦的人；怨恨自己沒有機會好好地告別……怨恨就像蛀牙一樣，如果不處理，牙洞就會愈變愈大，最終導致牙齒壞死，無法挽救。所以，我們該拿它怎麼辦呢？如果「放下怨恨」真的像說說那麼簡單，怨恨就不會對我們造成如此大的影響。但事實是，它是一顆苦澀的藥丸，我們一再吞服，是因為內心的傷痛始終無法釋懷。如果你發現自己對那些未以你期望的方式回應你悲傷的人心生怨懟，而這種情緒讓你無法從痛苦中解脫，那麼你需要認真面對並處理這種感受。我們必須像牙醫對付蛀牙、陶藝家塑造黏土一樣，用心去「雕琢」。試試這個練習：

請拿出一張紙，由上而下依序寫下：

我的怨恨

例如：我討厭其他人一直跟我說姊姊現在去到一個更好的地方了，因為她之前是那麼痛苦，這讓我覺得因為她離世而感到如此悲痛的自己很自私。

我怨恨的人（們）

例如：我的伴侶、我的祖母、我的老闆

我希望他們做什麼？

例如：只要傾聽。我希望他們不要試圖勸我走出哀傷。我當然不希望讓姊姊受苦，但她是我最好的朋友，而且我知道她並不想死。我只是需要他們的支持，而不是讓我感到愧疚。

我現在還需要我當時需要的東西嗎？

例如：我已經對我的老闆釋懷了，因為我其實不在乎他們怎麼想。但我對我的伴侶很生氣，因為在我看來，他只是不想處理我的悲傷。已經五年了，我還是對他很生氣；我覺得他把自己跟某一部分的我隔絕開來。

我該如何滿足這個需求？

例如：我可以和他溝通看看，分享我的感受，這樣我就不會覺得自己在他眼中彷彿某一部分死去一樣。但同時，我覺得我必須弄清楚，哀傷與憂鬱並不代表我希望姊姊受苦。我想我會寫一封信給她，告訴她我有多麼愛她、多麼想念她。我不會再為自己的悲傷道歉了，我會開始更坦率地紀念她的生日，並在那天做一些特別的事。

○擺脫評價：視覺化

許多人在一生中都承受著其他人施加的壓力。有時，這些評價是直接的，例如：「你太敏感了。」有時，這些評價來自我們內心的恐懼，例如：「我怕他們會覺得我太戲劇化。」有時，這些評價是別人的投射，例如，一個總是抱怨卻未察覺自己行為的人，反而對我們說：「你總是只關注負面的事情。」如果不留意，久而久之這些加諸在身上的想法會變得很沉重，甚至改變我們的姿態、步伐，影響我們對人生與世界的開放性。我們會忘記自己的樣子，也忘記自己喜歡、熱愛什麼。

請想像自己在一間更衣室的正中央，周圍都是鏡子，而你穿著很多件外套。由於實在太多件了，很難讓雙臂平貼在身體兩側，讓你動彈不得。每一件外套代表著一則評論，可能與你的哀慟有關，也可能是關於其他的事情。

現在，為這則評論命名——這是第一件外套——慢慢地把它脫掉。請想像你移動到更衣室的另一側，把這件外套掛起來，然後說：「我已經把你脫掉了。」然後回到更衣室的中央，看著鏡中的自己。注意下一件外套，仔細想一下它的材質與重量，敞開心扉去理解這件外套所代表的評價。如果你想好了，請走向牆上的另一個掛勾，把這件外套掛起來。然後再次回到更衣室中央。

每脫下一件評價外套，請花一點時間留意自己的站姿是否有變化、四肢是否能更輕鬆地移動。請持續這個過程，直到你脫下最後一件外套。

完成後，請花一點時間寫下你釋放的評價。你是否會害怕，如果不抓住這些評價，自己就不會變成一個更棒的人？要知道，評價並不會幫助我們成長；評價如果只是評價，對我們來說就只是一種殘害。這裡有一個例子：我想脫下戲劇化的外套，如果其他人不喜歡我的情緒，我不會再在意他們怎麼說我了。我會學習以充滿關愛、鼓勵的方式，關心、照顧自己強烈的情感。我不會再因為其他人用「戲劇化」這個詞形容我強烈的感受，而感到羞恥了。

○悲傷俱樂部

找人傾訴悲傷永遠不嫌晚。許多人都悄悄地處理自己的痛苦，害怕被認為是沉溺於悲傷，或擔心影響聚會的氣氛。但你知道嗎？如果你會偷偷地難過，其他人也會。開始在你的社群裡找尋悲傷支持團體吧！這些團體通常會出現在醫院、安寧機構或是教堂。如果找不到，請擴大搜尋範圍。寫作團體、編織俱樂部和健走團都是不錯的起點。這看起來可能有些奇怪，但通常，當人們聚在一起，特別是一起製作東西時，難免會談到失去的經驗。因為失去是生活的一部分，我們都需要談論這件事。

如果你一直都在應付悲傷剝奪，這個章節裡有沒有任何能引起你共鳴的內容？你是否能為自己創造一個前進的目標？透過儀式重新審視、拿回自己悲傷的過程，對你是否有幫助？你會怎麼做呢？

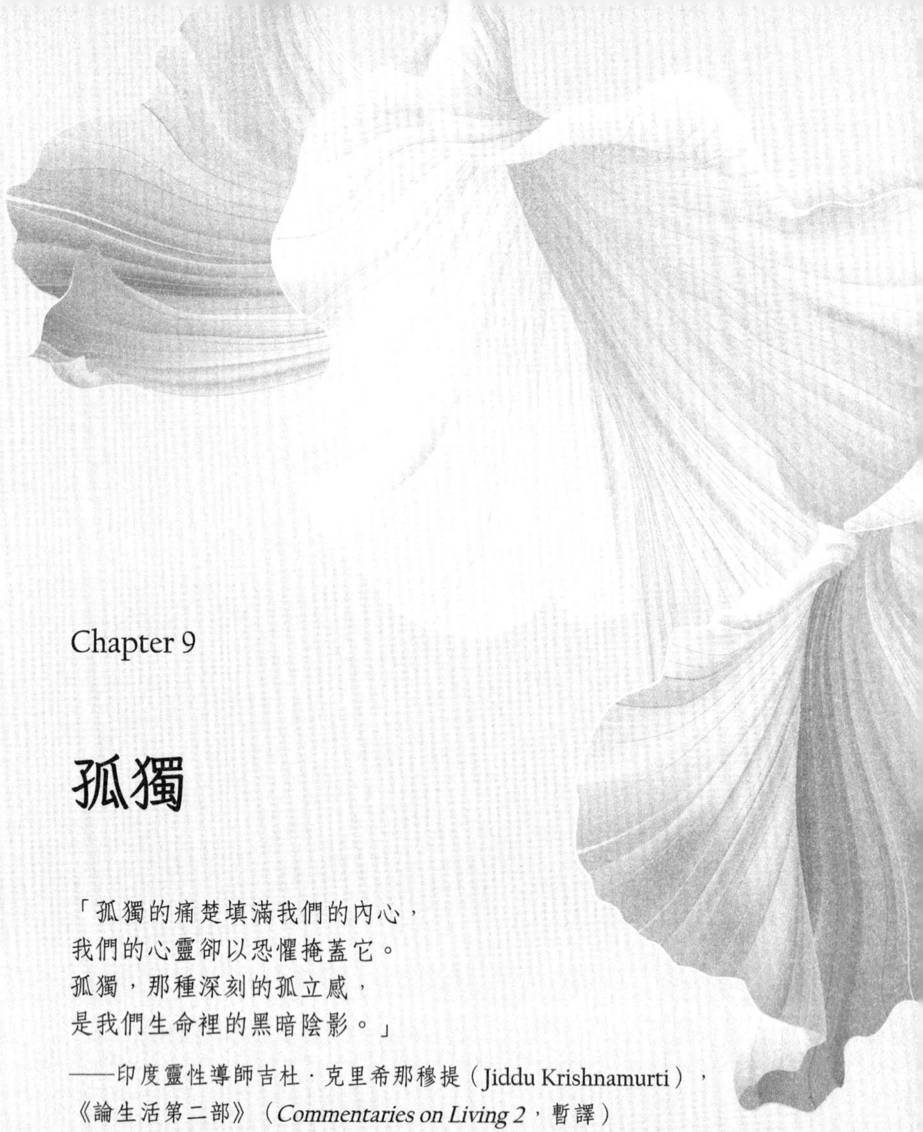

Chapter 9

孤獨

「孤獨的痛楚填滿我們的內心，
我們的心靈卻以恐懼掩蓋它。
孤獨，那種深刻的孤立感，
是我們生命裡的黑暗陰影。」

——印度靈性導師吉杜・克里希那穆提（Jiddu Krishnamurti），
《論生活第二部》（*Commentaries on Living 2*，暫譯）

根據《韋伯字典》（*Webster's Dictionary*），「孤獨」的意思是「缺乏陪伴，與人隔絕。」孤獨會讓人產生「一種荒涼孤寂的感受」。孤寂意味著「悲傷或傷心」，帶有沉重的情感涵義，包含憂鬱、沮喪和心痛等。孤寂這個字源於拉丁文dēsōlātus，意思是「獨自留下、拋棄、空無一人」。在這裡，我們觸碰到了痛苦的核心。孤寂是孤獨最強烈的展現，而對許多人來說，「失去摯愛」就是把他們帶到這片荒蕪之地的主要原因。

孤獨所帶來的問題

我好寂寞。我在皮膚和身體裡感受到它。這讓我痛苦不堪，我不知道該如何繼續走下去。這實在是太痛苦了，而且什麼也沒有改變。任何人都拿它沒辦法。

——J.

「獨自一人」和孤獨不同。有人可能會在人群之中感到極為孤獨，有人則非常自在，甚至挺喜歡且享受自己的陪伴。孤獨是一種主觀的情緒狀態，為生活帶來許多痛苦。它與悲傷、憂鬱、成癮、心理健康狀況、睡眠問題、家庭破裂甚至是阿茲海默症都有關；眾所周知，孤獨也會讓身體出現問題，像是發炎、自體免疫性疾病和某些癌症。為什麼會這樣呢？

人類生來就是群居動物。我們是一種高度社會化的物種，從出生的那一刻起，我們都要依賴他人才得以生存，直到我們能掌握自己的生活。身體上的依賴性與我們建立情感與心理的連結方式有關，事實上，我們從他人——特別是最初的照顧者——那裡獲得的情感安慰，對我們的成長與發展至關重要。

哈利．哈洛（Harry Harlow）是一九五〇年代的心理學家，他專門研究依附關係，並提出一個與當時其他行為心理學家不同的觀點——依附關係的形成來自於身體接觸安慰，而不是對食物的需求；事實上，透過他所進行的恆河猴研究，他證明了這項觀點是正確的。有時，我們需要進行一些研究才能證明對許多人來說顯而易見的事實。我們需要接觸、身體的親暱，以及來自他人關愛所帶來的安全感。

隨著年齡增長，這種需求會轉化成另一種形式——我們需要能夠依靠的親友，來提供支持、愛、幫助和陪伴。然而，這種需求的滿足方式因人而異，並受到多種因素影響。但無論如何，當一位滿足這些需求的摯愛離世時，那種打擊往往是直擊人心、令人難以承受的。

你可能會問自己的問題

✦ **我們是否能在與已故的摯愛保持連結的同時，盡情地活著？**

可以的。維持與逝者的連結是貫穿本書的主軸，因為這顯然是我們能在漫長悲傷之旅中向前邁進的同時，找到平衡的一種方式。丹尼斯．克拉斯的著作確實傳達了這樣的實際情況：人們很自然地維持與逝者的連結，但他們不會跟別人談論這件事，因為害怕這樣看起來會很不健康或是神經質。這裡的核心想法是：我們可以在現實世界中與他人建立關係、滿足彼此的情感需求，同時仍然與已逝的親人保持聯繫。這兩者並不互斥，而是可以並存的。這些連結包括夢見我們所愛的人、記得他們的生日、紀念重要事件的週年、和他們說話、以某種方式紀念他們。

✦我很難敞開心扉接納新的人。我是不是永遠不該再去愛、結交新朋友或再次選擇相信？

當然不是。但慢慢來可能會比較好。因此，一般建議不要在失去摯愛後的第一年做任何重大的決定——不要買賣房子、展開一段新關係、轉換工作等。我們還想補充一點：不要急於用另一個擁有相似特質的人來取代已逝的摯愛。

有時，我們會發現自己太過依賴某人。即使缺少陪伴或面臨孤獨，我們也必須知道，我們必須支持自己。許多人表示，他們沒有什麼學習享受獨處的經驗。當我們繼續走在沒有摯愛陪伴的悲傷之路時，請留意你是否如同朋友般對待自己，並讓摯愛曾在你身上看到的那些特質繼續閃閃發光。當你累積更多力量與決心後，就能做出明智的選擇，你最終會基於渴望，而非需求，來選擇讓誰進入你的生命。

請給自己足夠的時間來填補失去摯愛所造成的空缺，請記得，你不會找到一個完全相同的人，但最終，你會找到一個能夠信任、一起度過美好時光的人，只是建立深厚的關係需要時間。

同時，有意識地與自己所感受到的愛建立關係，並繼續保持你對所愛之人的愛。感激之心是一種表達愛的方式，它拉開窗簾、打開窗戶，讓陽光與空氣一起擁抱我們的故事。

有幫助的練習與儀式

○失去你的我會變成什麼樣子？

我們不會經常審視自己有多獨特，也不會讚揚自己與生俱來的正向特質。也許你對現在自己是誰感到疑惑，因為過去你都是透過摯愛的雙眼來定義自己。試試看這個練習，透過完成十次以下的句子，來獲取見解吧！請確保自己專注於正向的一面：

我是一個＿＿＿＿＿＿＿＿＿＿＿＿的人。

現在，請把你的答案唸給自己聽。或者，試著大聲唸出來，讓這個練習更有效。

○你是一位值得認識的人

對有些人來說，與自己建立關係這個想法似乎有點陌生，但事實上，我們在生活中花最多時間相處的對象是誰？就是自己！與其說這是一個練習，不如說是一個邀請，開啟我們對自己好奇和對話的管道。其中一種做法是：想一些你喜歡做的事，也許是在古董店裡翻找古物、散步或是看電影。接著，跟自己約個時間去做這件事。舉個例，你打算開車去附近小鎮逛逛那邊的古董店，當你決定前往後，就請和自己一起度過吧！不要做其他事情，在開車去那裡的路上不要邊打電話，也不要把所有的時間花在傳訊息或社群媒體上，像與你所愛的人相處時一樣珍視這段時光，將所有的注意力都投注於自己和自己所經歷的一切。當你經過一家商店時，注意自己被什麼吸引，並對此保持好奇——對自己感到好奇，是我們能給自己最大的禮物，你可能會留意到自己每次都被某些質地、小飾品或家具物件吸引；享受這些細節，就好像你正在認識新的戀愛對象一樣。也許你會買點東西給自己。也許不會，但請享受與自己共度的時光，讓它滋養我們。發現你更多的面向，當你愈享受自己的陪伴，就更有眼光選擇進入自己生活的對象。

進行這項練習時，你可以將這種好奇心應用到更艱難的時刻：你可以對自己的悲傷感到好奇。當悲傷突然湧現時，你可以將那些時刻視為一份邀請，邀請你更深入了解自己以及自己的感受。你可以將這項練習運用到任何感受上；注意到一種感受，不代表要對這種感受做出反應。比方說，當你在開車被超車時，也許會注意到一股激烈的憤怒湧現，就像炙熱的火焰一樣；你並不需要對這股憤怒的感受做出任何反應。你可以讓它出現又消失，並對它出現的原因感到好奇。我們可以將這個練習應用到任何湧現的情緒上，試試看吧！

❍留意身邊溫暖的小事

感到孤獨時，我們很容易會覺得這世上好像沒有人願意理解或是關心自己。人們可能開始覺得彼此像敵人，或至少像陌生人一樣；這種時候，發掘身邊的溫暖與善意能有所幫助。這些善意不一定要很戲劇化或有新聞價值（雖然那樣也很好），可以是我們在本地的雜貨店看到捐贈籃裡的食物，或是有人幫另一個人扶著門，不讓門關上之類簡單的小事；可以是目睹許久未見的人們在機場相擁，或是在商店、郵局或圖書館看見顧客與工作人員彼此熱情地問候；它也可以是你自己所做的一些事情，這些事情為這個偶爾讓人感到孤單與寒冷的世界增添了一絲溫暖。

你可以隨時留意這些溫暖小事，請像左頁表格這樣把這些事情寫下來。

○眼神接觸

眼神接觸是另一種自然的方式，讓我們能縮小孤獨與連結之間的差距。眼神接觸在各種文化中都有不同的禮儀規範，因此這並不是一個適合所有人的建議。但是，眼神接觸是人際關係的基礎，對於我們如何溝通至關重要。遭受一場毀滅性的失落後，我們可能會想暫時關閉自己的「靈魂之窗」，這是可以理解的。這種痛苦實在太過強烈了，以至於我們不願被其他人看見，也許我們只接受在特定時間內、特定的人面前展現這樣的自己。當我們決定再次敞開心扉，或考慮展開更加開闊的生活時，留意一下自己是如何以最無負擔的方式與他人建立密切連結，也許是有意義的。

我們有可能與人說話整天都沒對到眼，包括和我們住在一起的人！久而久之，這樣的行為一點一滴地削弱彼此間的連結。別人說話的時候，我們真的有在聽嗎？你是否能完全不分心，將自己所有的注意力放在某個人身上？那會是什麼感覺？

溫暖的事	結果	反思
在商店裡，有人讓別人先結帳，因為他們購物車裡的東西比較少。	感激 微笑 對話	能注意到別人的狀況是一件很棒的事。小小的舉動就可以產生很大的影響。
我主動幫忙某個扛著很多包裹要前往郵局的人。	那個人拒絕了，這讓我很困惑，因為他看起來很吃力，但另一個在場的人對我微笑聳肩，這讓我覺得自己的舉動有被人看見。	我提供的幫助不一定會按照我期望的方式被接受，但也不會被忽略，即便只有我知道自己做這件事的意圖是什麼。
我看到一面牆，上頭掛滿了手工製作的手套，這些手套是捐贈給需要保暖衣物的人們的。	需要的人會得到溫暖的手套。我會做一雙手套並掛到牆上去。這個小鎮有一個展現愛與關懷的地方。	到處都有慷慨又有愛心的人——但是，他們可能坐在家裡編織東西！我必須相信他們確實存在。

在現實世界中，我們總是得與人接觸，無論是去辦事的地方、工作場所或是小孩的學校。即使只是極短的瞬間，也請留意自己和這些人是否有對到眼。與他人建立連結，意味著我們正在經歷一件事——我們看見了對方，而對方也看見了我們。這就像是在說「謝謝，祝你有美好的一天」時看著某人，然後離開那樣簡單；在那極短的一瞬間所產生的，就是簡單的、人與人之間的連結。而你知道嗎？這是有幫助的。如果你度過了不愉快的一天，這麼做能讓我們好過一點，也能幫到另一個可能感到悲傷、痛苦或覺得自己被忽視的人。當我們看著另一個人時，就是我們的靈魂在告訴對方：「我看見你了。」有時，這就是最棒的解藥。

孤獨是沉重的情緒負擔。讓人感覺好像永遠都無法擺脫、無法癒合。它的影響如此強烈，我們很難知道該拿它怎麼辦。但在這裡，我們已經討論了一些方法，關於如何處理這種人類情緒中最強烈的經歷。有沒有任何能引起你共鳴的內容？或是你閱讀時產生了其他的想法？如果有的話，請擬定計畫，將這些想法融入生活之中。重新掌握生活的主導權，看看自己能做些什麼，即使是最小的一步，也能朝著建立連結更靠近一點。為自己設立一個目標能有所幫助，明白自己想為生活帶來什麼，然後看看會發生什麼事。

Chapter 10

每一次失去，都會造成生理與心理的改變

「失去親人的我們並不孤單。
我們是世界上最大的群體——
一群曾經歷痛苦的人。」

——社會運動家海倫．凱勒（Helen Keller），
《失去親人的我們》（*We Bereaved*，暫譯）

織布的過程包括交織紗線，上、下、上、下。拉出其中一條紗線，圖案就會改變，創造出一個空隙，布料也會變得不同。就像丟失的紗線一樣，每一次的失去都會改變我們的人生，而必須回歸「正常」生活的這個想法，正是讓我們長期遭受這麼多痛苦的其中一個原因。但就像那塊紗線被抽出來的織布一樣，過去的日常已不復存在，生活所交織出的織布反映了這一點。對某些人來說，新的現實可能包括不得不在經濟上做出截然不同的選擇。對其他人來說，可能意味著過節地點和慶祝方式完全改變了。某些人可能必須適應全新的生活節奏，在這樣的節奏中，日常的功能也會發生改變。許多人則必須面對一幅完全不同的人生藍圖，這並不容易，也要花很多時間才能適應。

當人們面對失去所帶來的持續變化時，往往會遇到一些共同的主題。其中許多都與支援的減少有關，而這種減少與壓力本身的存在息息相關。例如，失去配偶的第一年左右，朋友和家人關心我們的狀況是合理的。但隨著時間流逝，人們愈來愈難開口說出這樣的話：「嘿，我一直在想，你的伴侶過世後，你不得不搬離原來的房子並縮小生活規模，這一切進展如何？」或是「現在你成了家裡唯一的經濟支柱，還要照顧四個孩子，必須回學校進修以賺取更高收入，這一定壓力很大吧？」這些是那些被留下來的人們經常面臨，但沒有機會公開處理的連帶失落感。

壓力與其他憂慮

儘管我的丈夫去世後，表面上許多事情並未改變（我做著同一份工作、房子還在、開同一輛車、我的女兒也上同一所學校），但其實一切都改變了。五年過去了，我發現自己仍難以承擔責任，同時也想念他，對他本來能帶來的一切，以及所有他錯過的事感到悲傷。

——荷莉

壓力是導致長期哀慟及許多相關併發症的主因，特別是健康問題、人際困擾、憂鬱和焦慮等心理健康問題和成癮行為。代謝壓力並減少其對生活所造成的影響，對治癒來說非常重要。失去親人會直接對我們的壓力源造成影響，有些影響非常嚴重，長期下來所產生的影響因人而異。有些人難以接受摯愛離世，而這會導致持續且混亂的壓力反應，就好像這道傷口永遠無法癒合到穩定的程度，反而持續帶來一波又一波的痛苦。班跟我們分享：

我的母親是我最好的朋友。我總是一直打電話給她，告訴她我正在做什麼，以及所有我嘗試做出的決定。她總是很開心聽到我的消息，也給予我很多幫助。現在我只能靠自己了，但我仍無法相信這一切。

對其他人來說，接受失去摯愛的事實並不是造成壓力的主因，但明顯地影響了他們的生活方式與責任，而這會對他們造成負擔。阿萊亞描述了承擔所有決定的壓力，這些決定過去都不需要她獨自面對。

我現在是一個單親媽媽了。我失去了能討論育兒問題、分擔一半日常瑣事的對象。我希望人們知道，我們不只是失去那個人，還失去了其他許多事物，其中有一些更難承受，因為沒有人可以在這些事情上幫助我們。沒有人詢問變成單親媽媽的我過得如何，也沒有人關心我在經濟上經歷的劇烈轉變。我只能靠自己。

當獨自活著的另一半還在扶養小孩時，他們會發現自己被推入了別無選擇的世界。接下來所有事情都成了他們的責任。

這些壓力並不會在一年後就消失，現在每一個決定都落到他們身上。隨著失去親人所帶來的直接衝擊趨於平緩，其衍生的後果將會持續影響，時間的流逝可能無法治癒因生活變化與逐年出現的挑戰而不堪負荷的感受。

經濟負擔會對壓力與神經系統造成嚴重破壞。無論你失去的是身為家庭經濟來源的伴侶、支撐家庭的父母、因其離世而引發一系列撼動家庭事件的手足，這些都打擊了家庭的基本核心需求，也就是安全與穩定。傑佛瑞如此描述了這種壓力所造成的長期不適：

我不敢相信現在我們全家人只靠一份收入過活，感覺是如此不同。我們能繼續住在自己的房子裡，但生活發生了劇烈的變化。有時，當我睡不著時，我會過於擔憂未來的事，這樣不好。學會一步一步地前進，並相信自己能做得到，是一種修行。

就像在學習時一樣，當我們能放鬆、休息和信任時，才能恢復得更好。你能夠放鬆、休息和信任他人嗎？如果不能的話，讓你感到不穩定或脆弱的原因是什麼？

從所有的疲憊中恢復

我們都知道飛機上的指示：在幫助其他人之前，請先戴上自己的氧氣罩。提到關心其他人之前，我們必須先照顧好自己時，沒有比這個更好的比喻了。試圖維持原本的樣貌，或試圖將失去親人對生活所造成的影響降到最低，都會使我們更為疲憊。事實是：我們的生活已經改變了。從疲憊中恢復的方法之一，就是清楚審視自己的優先事項，以及我們可以放棄什麼。

有時，我們會扮演起那個堅強的角色，一次又一次地為痛苦的人們現身，而不會提出自己的需求或是花時間照顧自己。對那些受苦的人來說，這可能是一種愛的行動，也可能是一種逃避的行為。有時，關注別人比關心自己更容易。這種情況可能會發生在某個失去手足，卻認為自己必須幫助父母的人身上；或是失去了孩子的父母，覺得自己必須照顧他們的伴侶或其他小孩。有時，人們失去了父親或母親，他們必須幫助被留下的父母應付與適應生活。可能會發生的情況是，人們會在這些年失去與自己悲痛的連結，變成那隻代言電池的勁量兔，永遠無法停止幫助他人，而不只是為了自己存在。

你累了嗎？你是否有意識到讓你疲憊不堪的原因？是否該為自己創造更多空間了？不為別人，只為你自己？即使每天只花一點心力照顧自己，也會帶來改變。

相信自己的選擇

在伴侶關係中，許多決定都是雙方共同討論出來的。三年前，海瑟的丈夫過世後，她持續承受著撫養兒子這個完全、沉重的責任，她總是擔心自己的決定會造成不好的後果。

我以前很喜歡和馬特一起做決定。現在全靠我一個人，壓力很大。我不能每次遇到必須解決的問題時都找朋友商量。我知道我必須相信自己，別想著要掌握一切。而且，如果我做的決定讓兒子失望，我會完全感受到他的沮喪，這令人很難受。他已經失去了爸爸，而我很難讓他開心起來。

當你失去了一位在生活中提供寶貴見解並讓你依賴的人，這種失落會讓人感到不安與動搖。悲傷之旅的其中一個主軸，就是找到我們真正的方向，學會依靠自己的判斷、相信自己、拓展自己的支持系統，都是其中的一部分。

你可能會問自己的問題

✦在我感到有壓力、疲倦、筋疲力盡而且不太舒服時，可以從哪裡開始呢？

不管你信不信，提出這個問題就是開始。我們必須從某處開始，而你的任務就是透過確認問題是什麼，然後開始解決這些問題。由於每個人的生活情況千差萬別，我們無法列出所有「如果～那麼」的情境，但以下是一些關鍵事項值得檢視，以及可以採取的應對步驟。

你的睡眠品質如何？你有充足的睡眠嗎？還是睡太少？睡太多？睡眠過程有中斷的情況嗎？你是否有失眠的困擾？或是會做惡夢？

無論你如何回答這個問題，都將決定你想怎麼前進，但認真看待睡眠問題是很重要的。睡眠不足時，就更容易出現情緒問題，包括憂鬱、焦慮、挫折忍受力、慢性壓力以及情緒過度反應。我們也更有可能出現暴食的情況，並面臨與發炎和其他慢性健康問題有關的困擾。健忘與缺乏組織性也可能來自睡眠不足的影響，顯然這些因素會造成更多壓力，讓人整晚睡不著！

如果你有這樣的困擾，可以透過研究或諮詢睡眠專家尋求幫助。請追求良好的「睡眠健康」，讓睡前的規律習慣成為你的優先事項。睡前幾小時避免飲酒、咖啡因或是吃太多食物，改掉睡前盯著螢幕的習慣——拿起那本好書吧！此外，整理你睡覺的地方，把所有不喜歡的東西都移走。如果可以的話，讓睡眠空間成為你的避風港。

你的飲食習慣如何？

毫無疑問地，我們吃的東西會影響我們的感受。有些食物會帶來不舒服的感覺、造成發炎、情緒失調和睡眠問題，有些則能滋養、供給我們生活所需的能量。誠實地思考這些問題是很重要的。過多的糖分、酒精、加工食品和不健康的脂肪對我們沒有幫助，完全沒有。如果你想讓身體的感受好一點，理所當然要供給它所需的東西。如果你不知該怎麼做，或甚至不知該從何處開始，那麼研究一下或諮詢營養師都是不錯的起步。許多家庭醫師都有與營養師合作，能幫助我們追求更健康的目標。

你有在運動嗎？

請誠實回答。同樣地，如果你不知該如何進行，或已有好一段時間沒運動，想確保不會因此傷到自己，請詢問你的醫生，了解該從哪裡開始，並制定計畫。研究結果再清楚不過了：無論是對於身體還是情緒，運動都能幫助我們獲得更好的感受。不只如此，當我們擁有良好的運動、飲食和睡眠習慣時，它們還會增強彼此的作用。當我們好好運動、好好吃飯時，能獲得更好的休息；當我們睡眠充足、身體更強壯時，會吃得更好；當我們擁有充分休息及均衡飲食時，運動起來也會更快樂。

有沒有一些責任是你可以暫時放下的？

請放下一些責任，尋求幫助，休息一下，學會拒絕。讓自己先去做你想做、對你來說很重要的事。當你感覺好一點了，就會有足夠的餘裕去處理額外的事。

你的心怎麼樣？

我們的意思是，你的心靈。請檢查一下自己的狀況。你是否有以任何方式關心自己的心靈？你想關心自己嗎？並不一定要透過宗教或靈性的方式才能關心自己，不過如果你能透過這些方式的話，以自在的方式重新為自己定向會非常有幫助。也可以學習冥想，即使每天只有十五分鐘，也能帶來極大的幫助。書籍和網路上都有很棒的資源。展開冥想練習是一個不會失敗的方法，讓我們得以調節、放鬆自己的神經系統。

✦我該搬家嗎？

搬家是重大的決定，我們往往不容易下定決心。搬家的原因有很多種，但若牽涉到搬離與已離世的摯愛有共同回憶的家，情況就變得很複雜。有時，搬家似乎是一個正確的決定，因為那些回憶太痛苦，讓人難以繼續前進。有時，生活情況迫使我們搬家，但離開所有的回憶，以及曾與摯愛緊密相連的地方會再次引發創傷。要做出這些決定是相當有壓力的，重要的是，要明白我們為什麼做出這樣的選擇。為什麼要留下來？為什麼要搬走？現在，請問問自己：「我正站在這些十字路口上嗎？」

留在這個家是因為我們真的想住在裡面，當我們繼續前進時，可以自在地改變、成長和調整，而不是因為愧疚、未能實現的夢想或遺憾而被綁在這個地方，這兩者之間有很大的差別。在第一種情況裡，意識到前後的轉變仍是有其意義的，我們能利用許多美好的儀式來記錄這個分界點。

然而，如果你的家已變成了經濟或情感上的負擔，像流沙一樣把你往下拖，那麼你可能會想考慮採取一些小步驟來拓展自己對未來的想像。我們可以從查看房地產或租房開始，看看哪一種方式比較適合自己。你可以到附近看看，留意方便管理或符合自己風格的地方，或帶一些房地產資訊回家；上網查看公寓裝潢或縮小居住空間的資訊，也可能會帶來一些想法與想像，我們有很多選擇。最重要的是，愧疚感可能會壓垮我們，干擾前進的步伐。尋求支持以消化這種愧疚感，同時一步一步想像一個屬於自己的地方，是一個有幫助的起點。

✦ 我所想像的未來已經被徹底顛覆了。現在我該怎麼辦？

在經歷失去之後，我們能在生活中展現多少彈性來制定新計畫，對未來至關重要。很多人喜歡建立自己對未來的想像，像是關於事情會怎麼發展、未來幾年的生活會變成什麼樣貌等，然而卻殺出一個程咬金：我們遭遇了失去摯愛的長期哀慟。失去摯愛對我們原本的人生願景產生了多大的影響？對許多失去某人的人來說，那個人在我們對未來的想像裡占據了很重要的地位。所以現在，除了摯愛實質上的死亡之外，我們還要哀悼逝去的夢想。有多少人規畫未來要成為父母，擁有健全的家庭生活，卻失去了一個心愛的孩子？或是計畫與伴侶一起退休去旅行，卻遭逢意外的診斷與死亡？失去親人的影響會在我們生活許多層面中迴盪，我們被迫調整、與這個新的現實難關一起發展。你正處於這趟旅程中的哪個階段？你是否允許自己考慮一個新的人生計畫或願景？

✦我可以感覺到自己與一些人的關係正在消失。我該多努力去維持這些關係呢？

我們在其他部分談到了這個問題，但在此重申以下這一點是很重要的：不是每段關係都能通過悲傷的考驗。不是每個朋友都能忍受看見強烈的痛苦，然後堅守這段關係；不是每位家人都能理解我們，或是以我們希望的方式支持我們。確實，失去親人以後，我們社交的模式可能會有很大的差異，並且永遠地改變了。努力讓自己回到「原本」的狀態對我們有害無益，因為這麼做否認了悲傷會改變我們的這個事實。讓自己在悲傷中成長，可能意味著有些關係也許不會像我們期望的那樣持續下去。儘管不必切斷關係，但我們必須接受現實，這麼做能幫助我們在新的生活與選擇中找到前進的方向。

有幫助的練習與儀式

○我還在執著什麼？

這個練習的目的，是幫助我們找出自己仍有所依戀的事物，這些事物與過去的想法或計畫有關，但它們已無法實現或不再讓我們渴望。一旦弄清楚自己對什麼緊握不放，我們就能清楚表達自己可能做出的改變，並辨識出所有可能的障礙。

我原本的計畫是：在這棟房子裡住到我無法再照料它為止，我想那會持續到我老了以後。我希望這裡能成為我的孩子們帶著小孩一起回來的家。

為什麼這個計畫必須改變：我的收入無法負擔這個房子，我也無法獨自維護這個房子。

放棄這個計畫的難處是什麼？我不想離開。我想念丈夫，無法讓孩子回到這個家讓我感到很愧疚，這裡能讓他們感覺到父親就在身邊。

我的替代方案是：我必須找一個更小、更容易打理的地方。也許我可以利用因此而省下來的錢，開始和逐漸成長的兒女們創造新的回憶。

○財務規畫

開始在漫長旅程中慢慢克服這道阻礙的方法之一，是找個客觀的人討論。無論這個人是財務顧問、銀行或信用合作社裡的人員、熟悉喪親議題的輔導員或是律師，重要的是找個人，坦誠地討論財務現狀與你對未來的期待。這個人也許是你的家人；然而，這個人不應對你的選擇或財產本身有任何既得利益。保持中立是最重要的，這麼做也才最有可能讓我們帶著最小的愧疚感，自由地探索我們的選擇。你一定不希望在規畫自己的財務未來與安全時，還要去擔心別人的感受吧？

信用合作社對償還大筆債務來說非常有幫助。你可以在自己的區域裡看看哪裡提供幫助喪親者做出健全的財務決策、讓生活回歸正軌的資源。請記得，就像哀慟一樣，這是一個漫長的過程，我們不需要在一夜之間弄清楚大部分的事。但你會發現，全面了解財務狀況能釋放許多我們在旅程中所需的能量。

❍想辦法弄清楚，制定計畫

請列出一張包含以下內容的清單

- 你最能自在地討論錢的對象是誰？
- 是家人嗎？（請列出名字，並說明為什麼你信任他們的意見？）
- 是朋友嗎？（請列出名字，並說明為什麼你信任他們的意見？）
- 是財務顧問嗎？如果你已有財務顧問，那麼你的狀況是不錯的。如果你需要找一位顧問，請看看身邊是否有稍微了解這些事情的朋友或熟人，詢問他們是否能推薦一位具有證照的財務顧問。

請列出你的財務目標

可以從確保收入足以應付基本開銷的簡單事項，到進行投資、為退休儲蓄和支付大學學費的複雜事務。弄清楚自己兩年、五年、十年和二十年的財務規畫是什麼。

學習新知

許多人發現自己身處不幸的境地之中，他們必須從頭開始學習如何管理自己的財務生活。伴侶中負責管理財務的一方突然去世時，經常就會發生這種狀況。如果你在與人談論金錢或做財務決策方面沒有太多經驗，這會像是學習一門新的語言一樣，有許多課程和工作坊都能幫助我們學習如何管理財務生活；關於如何了解自己的財務現狀，圖書館也有很棒的藏書可獲取知識，請投資自己吧！

❍家的意義

聽到「家」這個詞，有些人可能馬上就出現一種感受，有些人可能會看到自己最喜歡的地方，有些人可能會想到某個人。釐清家對我們的意義，可以讓我們擺脫情感上的依附，找出自己所珍視的，關於家的核心。

你需要一張紙筆來進行這項練習。請在紙上，由上而下、由左到右各畫出一條中線。把這四個區塊命名為：人物、感受、感知、記憶。

請找個舒適的地方坐下來，讓自己能有一段安靜不受打擾的時間。

現在，請閉上雙眼，吸氣，然後說「家」。接著，吐氣時，請再說一次「家」。你可以在腦中想像，或是大聲地說出來。看哪種方式對你有效。留意自己出現的感受，試著持續這樣冥想五分鐘。

完成後，請看著紙，寫下內心浮現出的任何想法，並將每個想法放入所屬的區塊。如果一個想法不只適合一個區塊，或是有個區塊是空白的、另一個是填滿的，不須太有壓力，體驗家的方式有很多種。

接著，靜靜閱讀自己寫下的內容。你的回答是否承載了對過去時光的回憶？特定的事件，例如節日或徹夜未眠照顧生病的親人？是對某種氣味或溫度的感知嗎？還是舒適、安全、自由的感覺？你的腦中是否浮現了特定的人？

看著你的清單，你是否能想像自己帶著這些人事物，進入新的住所和新的人生階段？這當然不會完全重現過去的生活，但你是否看得出來，自己能寫下這麼多東西，是因為它們早已成為我們的一部分？你的新住所也許不會有一樣多的房間，你可能無法帶著所有東西一起搬過去，但你一定能帶著自己偏愛的東西、回憶與感受，這些都是能帶著走的。看看哪些是你最在意的，也許你會得到一些具體的想法，讓你一抵達新住所就能馬上執行。這些見解應該有助於你加深對家的體驗。

❍屬於自己的空間

重新布置家具、粉刷房間和改變居家裝飾能帶來許多好處。在這個人生的新篇章裡擁有自己的空間，意味著允許自己真正活在當下，與你的居所建立新的連結。

有空時，請在起居空間找個位子坐下來，利用這段時間檢視你住的地方，讓自己感受人生中經歷的一切，反思以下的事實：我們住的地方，無論是長久還是暫時的、寬敞或狹小的、現代或陳舊的，都在訴說著什麼，在某種程度上向世界反映出我們的想法，也讓我們更了解自己。在日常生活的流動之中，我們很容易就忽略身邊的環境，把提供我們棲身之處的屋牆僅當作一座牆壁對待，將我們仰賴的家具僅當作具有功能性的物品。要是我們花一點時間思考自己想如何前進，會怎麼樣呢？我們是否可以做一些調整，改變日常活動中的能量流動呢？你是否一直想把某樣物品換成特定的顏色，或是把它移動到房間的其他區域，但總是找不到時間或沒有精力來完成這件事？給自己一個機會，在療癒的過程中，營造一個真正屬於你的「窩」。我們需要些什麼呢？以下是一些你可以參考的想法：

- 重新擺放家具。
- 粉刷牆壁。
- 仔細挑選你要掛在牆上的物品。只掛自己喜歡的東西！
- 購買一些抱枕或柔軟舒適的毛毯。
- 種植容易照顧的植物。
- 如果空間足夠的話，請讓自己能擁有一個房間、一塊角落或是一張椅子——即使只是一張有小邊桌的椅子，請為自己打造一個空間，讓你可以坐下來閱讀、寫日記、冥想和休息。這個地方應該讓人產生舒適的感覺，如果面對的不是令人感到愉悅的事物（不要對著貓砂！），至少能朝著普通的景象。

○記錄前後的轉變

我們在一生中會經歷一系列的變化點或標誌，無論是看得見或看不見的，這些標誌具有三個關鍵的特徵：變化之前、變化之間以及變化之後。不幸的是，在現代的生活中，人們很容易就從生命的一個時期移動至另一個時期，而未以任何有意義的儀式或象徵來記錄這個轉變。許多微妙的變化經常被忽略，或是人們並未意識到其重要程度。也許在親人去世、完成隨之而來的葬禮與所有法律儀式後，我們很自然地認為所有相關的儀式和象徵活動都已經結束了，現在我們只需要想辦法面對接下來的日子。

如果你擁有信仰傳統，你可以與你的教堂、清真寺、寺廟等機構聯繫，找出你所屬信仰中的獨特轉變儀式。如果你並不屬於特定的信仰，或者即使你有自己的信仰，但希望在過程中加入一些自己的東西，以下是一種我們曾實踐過，並與其他希望為人生轉變賦予更深層意義的人共同進行的儀式。這個儀式也適用於搬入新居時進行：

請拿出一張紙或你的日記本。請在左側寫下一系列的短句，關於你所愛的人離世以後，你的生活變成什麼樣子。你想寫多少就寫多少。

接著，請在右側寫下一個替代的敘述，一個反映這個狀態的另一面，或是完全接納這個經歷的表述。

範例如左頁所示：

摯愛離世後， 我的生活變成這樣	從另一個角度來看我的現況
自從我的摯愛離世以後，我就變得無法集中注意力了。	我讓大腦有機會處理失去摯愛所引發的混亂痛苦。我已準備好再次專注於自己想做的事情上，即使剛開始我只能短暫地保持專注。
我心碎了。	我讓心靈有機會以哭泣來表達痛苦。我準備好學習從這些痛苦中所獲得的智慧來生活，並幫助他人。
我一直在哭。	我和祖先們一樣，以哭泣的方式表達悲傷。我準備好不去批判自己的眼淚，並且明白它們正在澆灌我想過的生活。
我從未感到如此孤獨。	我必須獨自走過一部分的旅程。現在，我準備好要讓連結再次攪動生活，並以開放的態度面對其他人。
我的家感覺空蕩蕩的。	自從摯愛離世後，我的家就不一樣了。我準備以新的生活和新的回憶填滿我的家，即使只是小小的回憶。

○跨越過去，邁入新生活

完成前面的練習後，是時候選擇你要跨越的標誌了。你家的前門是一個理想的地點，但任何地方都可以。以下是進行的步驟：

- 如果你在房間裡，請在地板上放一些細線、繩子、一條圍巾或捲起來的毯子作為標誌。
- 請站在標誌的一側。如果你在門口，請從外面開始（也就是說，如果你住在公寓裡，你會站在走廊上）。
- 請閉上你的雙眼。
- 認可自己經歷了這麼多事。
- 讓自己能深刻了解並尊重自己所經歷的旅程。
- 謝謝你的住處，謝謝它包容了你的人際關係、你的愛與悲傷。
- 請求你的住處承載並繼續支撐即將到來的新生活。
- 請睜開雙眼，跨越你的標誌，然後看看四周。想像一下，讓生命在你家的牆壁間綻放，同時繼續支持你持續成長的智慧。

- 你也可以考慮增加一個元素，在門上掛一個對你有特殊意義、美好的物品。這可以是一個象徵你文化傳承的符號、一幅帶來安慰的圖像，或任何能提醒你這個空間承載著你的生命與故事的物件。讓它成為你獨有的標誌，並自在地擁抱這份歸屬感。

選擇離開你的家是一件重大的事件，然而，在搬遷的混亂與壓力中，這種重要性往往被忽略——你不只是告別過去，還正在邁向全新的旅程。

請在一張紙上或日記裡回答這些問題：

- 你正在考慮或計畫搬到什麼樣的地方？如果你已經搬家了，你的住處是一個怎麼樣的地方？
- 在你的想像中，住在那裡會是什麼樣子？
- 你希望獲得什麼？
- 你對這個新的地方有什麼期待嗎？
- 雖然已與過去有所不同了，但這個新的地方是否能為你帶來其他機會？

我搬到這個新家生活的目的	我如何達成或實現我的目的
為了存更多錢，讓我能和孩子們一起旅行，我搬進了更小的房子。	自從搬家之後，我每個月已省下數百美元，也正在開立旅遊基金儲蓄帳戶。不久後，我就會規畫第一趟旅行。
我正在看的公寓位於市區，在那裡我可以做很多事，也能輕鬆踏出家門去欣賞藝術品或品嚐美食。我的目的是去做更多、看更多讓自己開心的事物。	搬家後，我每週都會安排一次與自己的約會，做一些簡單的事，無論是逛藝廊或是坐在公園裡觀察人群。

有許多人都因為事情沒有順著預期發展而被困住了，讓其他想法扎根、接受事情發展，能讓我們體會到搬遷是這趟旅程中的另一個部分。

現在，就像前述的儀式一樣，你可以跨越標誌，邀請你的新家完全成為你故事的一部分。就算現在的住處只是暫時的，你也可以這麼做。

請在另一張紙的左側，盡可能地寫下你所能想像得到、關於你搬到這個新地方的目的。接著，請在每個目的的右側，寫下這次的搬遷如何讓你達成這個目的，或是你該如何實現這些目的。例如以上的範例。

反思本篇的內容時，你是否能清楚地說出壓力、過度勞累、與家庭有關的重大決定，或是因疲勞而導致的無所作為如何影響你的生活？你是否能為自己找出一些步驟，以確保能擁有自己的空間，使它成為休息、治癒的場所，並在其中成長、進步？請記得考慮，我們經常因為自身的恐懼以及愧疚的模式，而將自己束縛在生活中。如果考量到摯愛會希望我們怎麼做，是否就更容易想像自己採取行動，重新找回那些在生活中停滯不前的部分？處理這些問題時，請試著為自己寫下一個目標吧！

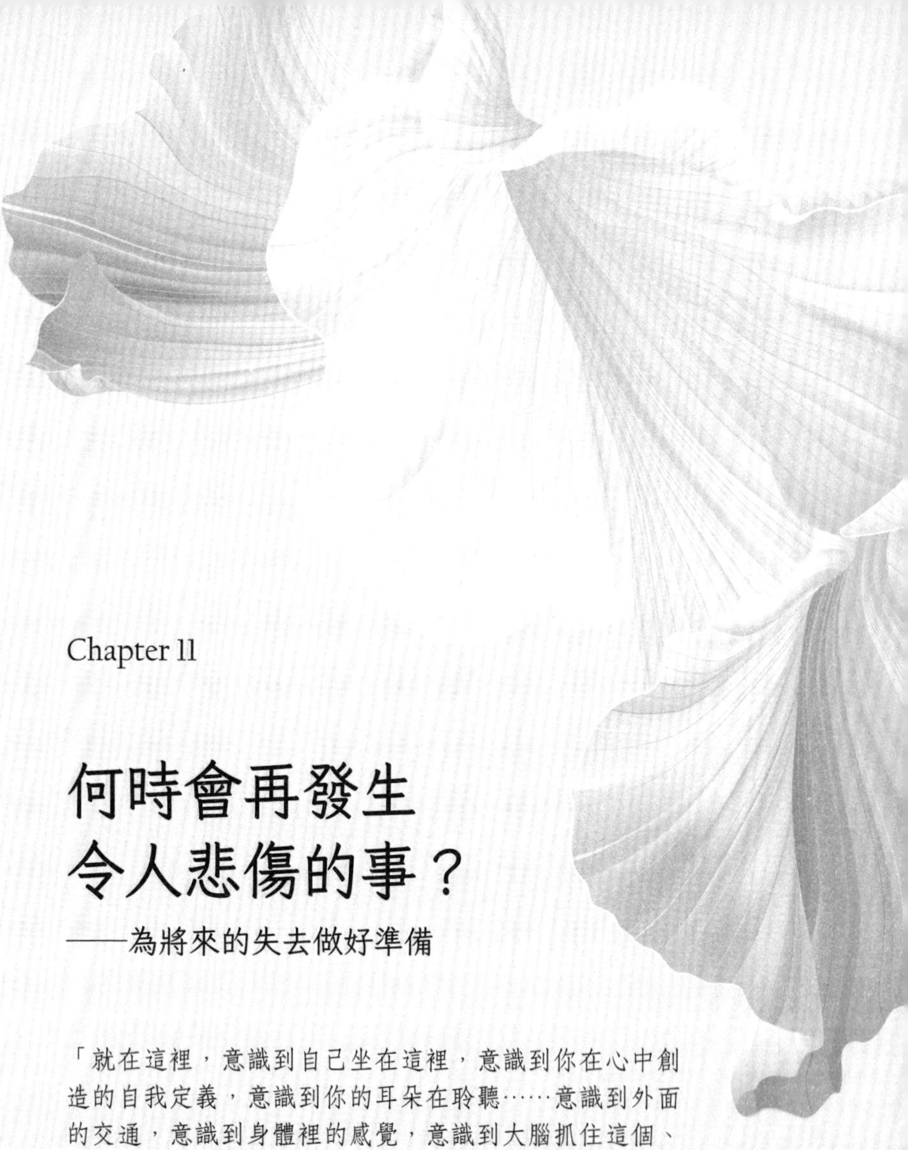

Chapter 11

何時會再發生令人悲傷的事？

——為將來的失去做好準備

「就在這裡，意識到自己坐在這裡，意識到你在心中創造的自我定義，意識到你的耳朵在聆聽……意識到外面的交通，意識到身體裡的感覺，意識到大腦抓住這個、抓住那個——請和我一起坐在這種意識之中吧！」

——靈性導師拉姆．達斯（Ram Dass），

《磨坊裡的穀物》（*Grist for the Mill*，暫譯）

失去親人的經驗，感覺起來就像是一種對生命和整個身體系統的攻擊，可能引發程度不同的壓力，持續時間可能從幾個月到數十年之久不等。身為人類的我們生來就能承受並適應極大的壓力，而在大部分情況下，我們確實如此。但是，有些壓力源會在神經系統上留下恆久的印記，從某方面來說，治癒的過程就是去照顧那些實際上是在「保護我們」的機制。我們做了很多事來回應壓力，有些對我們有幫助，但長期來說，很多可能會造成傷害。

關於傷害，有個簡單的例子就是利用酒精飲品來安定心神。在這一刻，一杯酒確實能讓人放鬆，甚至可能讓人感到愉悅，享受周遭環境並暫時忘卻煩憂。問題是，酒精是有毒的，而且需要耗費大量的身體資源來代謝和處理，同時也具有成癮性，一杯酒可能會變成兩杯、四杯然後更多。酒精對身體的影響可能使人無法維持內在的平靜能量，進而削弱應對當下及未來壓力的能力，導致壓力進一步累積。

你也許會想像未來會再次出現更多死亡與無可避免的痛苦。美國醫學名譽教授、麻薩諸塞大學醫學院「壓力減緩診所」及「醫學、健康照護與社會正念中心」的創辦人喬．卡巴金博士寫道：「最終，我們對壓力來源的習慣性與自動化反應，將在很大程度上影響我們所感受到的壓力強度，尤其是當我們養成了不良的應對模式時。」

對壓力的回應與反應

曾經歷喪親之痛的人，可能會不斷思索：「要是其他我所愛的人死掉了該怎麼辦？如果發生了什麼可怕的事呢？要是我或是所愛的人生病了怎麼辦？」這些憂慮會成為揮之不去的焦慮，讓人無時無刻不處於緊繃狀態，進而導致過度警覺（Hyperarousal），是創傷後壓力症候群的主要特徵。這種狀態通常被稱為「戰鬥或逃跑反應」（Fight-Or-Flight Response），就像任何良好的防禦機制一樣，在適當的情況下完美運作是沒問題的；然而，當這種機制失控，在不需要時頻繁啟動，就會讓我們的身體持續充滿壓力荷爾蒙，並帶來相關的副作用。

托帕茲經歷了多次流產，隨後作出了極為痛苦的決定，提早分娩因醫療併發症而面臨重重困難的寶寶——由於胎兒早產，出生後無法存活。她稱這個寶寶為「沒能活下來的孩子」。托帕茲分享，因為這些強烈的失落，「從孩子們上幼兒園後，每天他們踏出家門時，我都會親吻他們，跟他們說再見——而我總是會閃過一個念頭：『這可能是我最後一次見到我的孩子。』」

你如何看待壓力與憂慮？你最近有想過這個問題嗎？還是你覺得自己就像那隻有名的勁量電池兔一樣，在生活中不斷前行，持續填滿自己的能量，只為了度過這一切？這可能是一個好時機，讓我們檢視自己的擔憂、壓力與恐懼，並問自己：「我可以控制什麼，什麼是我無法控制的？」對於那些我們無法控制的事，你有什麼感覺？在家庭系統療法中，我們經常將焦點放在降低人們的反應上（那些對焦慮和恐懼大部分是立即且無意識的反應，通常沒什麼幫助），這麼做的目的是在個人與壓力源之間製造一點空間，讓我們能有更多時間去考量、思考，並以更周全的態度來處理問題。喬．卡巴金博士將此稱為「應對壓力」（Responding To Stress），而不是「反應壓力」（Reacting To Stress.）。

孩子害怕他們所愛的人會死去時

對許多孩子來說，任何原因導致同齡人死亡，對他們來說都是一種打擊，這打破了圍繞在他們成長的那個強大無敵感的泡泡。孩子們知道很多事情都可能發生，但死亡可不在這個範圍裡。死亡是其他人的事，是老年人的事。知道他們這個年紀的人可能會死，開啟了他們對這個現實的認知：自己也有可能會死。不只如此，大家都會死。取決於他們經歷過多少失去親人的經驗，這可能會變成一種對現實認知的轉變，打擊他們最深層的安全感。

如果你的小孩在失去親人多年以後，仍受類似的恐懼所苦，他們很有可能正試圖理解某些問題，這些問題在那之後一直沒有被好好地處理。許多父母都有一種衝動，想為死亡找理由，以降低其嚴重性，甚至對孩子保證，死亡永遠不會發生在他們身上，或至少在他們變得很老、很老之前都不會發生。父母也常常承諾自己不會發生任何不好的事。但這真是一個可以滿懷自信做出的承諾嗎？儘管我們希望自己可以做出這樣的承諾，但真實的情況並非完全如此。而失去過親人的孩子現在知道真相了。所以，你的職責也變得更為實際。對孩子來說，你現在是他們最親近的人了，將協助他們好好處理心碎與愛，引導他們了解這兩者通常都是相互交織的；並幫助他們看見自己的力量，以及面對勇氣、心碎與治癒的能力。

父母會一次又一次地見證孩子面臨的痛苦與恐懼，重要的是，要避免做出錯誤的承諾，並承認事實：有時候人們會在看似不應該的時候過世，而且方式也可能極不公平。

這裡的重點是要傾聽他們的問題，鼓勵他們說出感受與想法，並向他們保證，你會竭盡所能地幫助他們和你自己，確保你們都能安全、健康地活出充實的人生。你也可以承認，雖然你會盡最大努力好好照顧自己和其他人，但有時，事情就是會發生。然後，你可以和孩子們談談他們擁有的內在資源，這些資源能幫助他們面對任何事。你可以談論勇氣、心碎和愛的感受，並給予他們表達恐懼的機會，讓這些恐懼被接納，而不是以理性化解恐懼。父母可以幫助孩子清楚表達自己的力量，找到通往勇氣的道路。

培養面對未知的韌性

讓我們來弄清楚韌性是什麼。《劍橋辭典》（*Cambridge Dictionary*）對韌性的定義是：（一）遭遇困難或發生不好的事情時，能再次感到快樂或達到目標的能力；

（二）物質受到彎折、拉長或擠壓後，能恢復其原本形狀的能力。當我們談到從哀慟中復原時，這兩個定義包含了那些內化在文化之中、美好和棘手的層面。直白地說，我們比較傾向接受第一個定義，也就是我們希望在失去親人後能變得堅強、健康和成功（不管我們對成功的定義是什麼）。但在失去後，再度恢復我們原本的樣貌可就沒這麼容易了。這就是我們的文化對恢復的既有印象所造成的混淆。現在你可能也知道這一點了——失去親人後，我們並不會恢復成原來的樣子。我們改變、延伸、變成不同的樣貌，被塑造成其他東西，成了一個融合新的體驗、不同的自己，而這並沒有錯。

那麼，我們該如何培養韌性呢？即使我們因失去親人而心碎不已，該如何讓自己在生活中變得更堅強、健康又成功呢？就像我們對想獲得成長而做的事情一樣，我們鍛鍊、練習。哥倫比亞大學的研究員發現，成長型思維策略有助於提升韌性，並列出以下對培養、增強韌性特別有幫助的活動：

- 練習正念。
- 懷抱希望。

- 努力實踐寬恕。
- 培養感恩的心。
- 照顧好自己。
- 按照自己最根本的價值生活。
- 把握機會反思自己與生活。
- 以有意義的方式與他人建立關係。

這份清單或許很長，但值得我們仔細思考。就像所有優秀的鍛鍊計畫一樣，請循序漸進地開始，尤其是當你已經有一段時間未曾練習，如今準備重新啟動時。先挑選一項進行練習，當你逐漸培養出動力與力量後，再逐步增加新的項目，一步步擴展你的訓練計畫。

並且請明白：變得更堅強、更有韌性，不代表我們正在遠離自己所愛的人。我們是在生活中創造更多的空間，讓我們能以自然且真實的方式，與我們對他們的愛以及回憶一起活下去。在力量面前，愛不會消失，只會增長。

你可能會問自己的問題

✦我該如何打破這個摯愛離世後所形成的恐懼循環？

「戰或逃」是自律神經系統對恐懼的自動反應，在失去親人後產生這種反應是可以理解的。如果這個問題引起你的共鳴，請記住，療癒是有可能的，而且並非所有方法都依賴言語——你無法單靠思考來擺脫神經系統對恐懼的反應，尤其是當這種恐懼已經在你的生命中成為現實時。一旦觸發點或導火事件發生，那一刻就無法改變。你的身體無法辨識的是，大多數情況下，你其實是安全的。身體本能地準備應對災難，而現在，它需要新的資訊來平衡這種反應。你不需要時刻處於危機應對狀態，因此，當你沒有被激發或不在「戰或逃」狀態時，你將更能與自己的感官連結。

同時，請溫柔地對待自己和他人。尋求他人的關懷與耐心，讓他們知道你需要幫助。擬定計畫、採取行動，讓自己不會感到孤獨，面對極大的憂慮或恐懼時，花點時間穩定自己是很重要的。

另外，請記得這一點——「相信未來的自己」是個明智的做法。有時，我們會在巨大的恐懼中掙扎，這是因為我們無法想像自己能處理害怕的事情。這種時候，對自己這麼說可能有幫助：「我會面對眼前的一切」，或是「我會處理必須處理的一切」。提醒自身所擁有的內在力量，是讓我們能想像自己處於優勢的一種方式。請不斷提醒自己，如果你真的被什麼事情觸發、陷入恐懼之中，請遠離觸發你的情境，安慰自己，並對自己展現極大的同情。

✦ 自從我所愛的人去世以後，許多人都得依靠我。我該如何降低對自己的健康與安危的憂慮？

任何因為生命安全、安全感、愛或支持而成為親人依靠對象的人，一定都想知道：「如果我發生了什麼事，他們會怎麼樣？」直接面對這份擔憂，不否認可能性或壓抑恐懼，是幫助我們面對這股焦慮的一種方法。這種慢性壓力會讓長期哀慟變得更麻煩，某些時候，面對自己真實的處境就變得很重要了。確保為親人安排好一切是其中一道難關，一旦解決了這個問題，就能有效緩解這些憂慮。以下是一些參考做法：

- 立遺囑。
- 為孩子們找一名監護人，並確認他們都同意這項安排。

- 找一個你信任的人，把遺囑副本及其他相關資料都交給他。
- 與財務顧問討論，如何為你需要撫養的人設立信託。
- 找一個人照顧你的寵物，並確保他們同意承擔這項責任。

你可以在這份清單上加入任何有助於減少憂慮的事項。你會感到很驚訝，一旦我們確定親人不必在傷心難過時，還要處理複雜的抉擇，我們會有多放心。

✦ 這麼多年過去了，我還是無法預測自己何時會因哀慟而情緒崩潰。我不知道下一次的「突襲」何時會出現，該怎麼辦？

這一切都與控制情緒與回憶起伏、學會辨識可能引發痛苦或劇烈反應的事物有關。隨著時間流逝，你可能會注意到自己在一般情況下受到影響的模式。有時，一種特定的氣味、一首歌、空氣中的感覺或聲音，會迅速引發強烈的情緒反應，讓我們無法招架。對那些患有創傷後壓力症候群的人來說，這些時刻就被認定是觸發因素，可能會讓人瞬間回到創傷經歷中，完全啟動戰鬥、逃跑或凍結反應。對許多人來說，環境的特定刺激物可能引發令人意想不到、氣力耗盡的情緒痛苦，讓人懷疑這樣的自己是否沒問題。當你感受到自己的反應比預期更激烈時，你就可以把它視為一個信號，把它變成一個機會，告訴自己：「我這裡有傷口，我必須照料這個傷口。」

布蕾迪分享了這個故事，關於她對毫無預警地出現、急劇上升的強烈情緒感到非常驚訝：

> 這發生在我母親過世大約兩年後。當時我正和家人一起看一部迪士尼電影，多年前，當我還是個青少女時，曾看過這部電影，那是個美好的夜晚。當歌曲響起時，就像迪士尼電影常見的模式，我完全招架不住了。我開始哭，並試圖透過呼吸和自嘲的方式阻止自己，但我就是停不下來。我被情緒淹沒了，完全哭個不停。我的孩子們超級困惑，我也是！這部電影我已經看過很多次了，但我並沒有特別喜歡它，也不喜歡這首歌……只是我的情緒不斷湧現。從那之後我就沒有像這樣哭過了，哭到濕透了，讓人在接下來的幾天裡都疲憊不堪。後來，我想了很多，也疑惑那一刻讓我難受的是什麼。我意識到它讓我回到我媽媽還健康的時候，在某些方面，生活是如此簡單。當時的情境就好像時間被壓縮了一樣，我回到了悲傷的時刻，面對這麼多的失落和心碎。那真是一次令人印象深刻的體驗。

有時，我們就是無法控制自己會受到什麼觸發，但這份邀請的目的都是要我們了解自己，並好奇：「那是怎麼一回事？」

許多人擔心自己在外面能否保持穩定和良好的狀態，擔心某些事物會引發強烈的情緒反應或觸發創傷反應。不難看出這樣的情況可能會演變成其他心理健康問題，尤其是焦慮與憂鬱。這就是神經系統派上用場的時候了，有一些很棒的治療技術也能在生理層面幫助我們處理這些問題。

心理學家沃爾特・布朗斯沃德分享了這段智慧：

關於哀慟，有一個情況經常出現在我協助的對象身上，那就是他們一週裡的大部分時間都壓抑著自己的感受，直到某個觸發點讓情緒爆發。我提倡主動面對哀慟，為哀慟規畫一個時間與空間。這樣做的話，當我們無法控制地被觸發時，身體就不會受到支配，也不會讓我們在任何場合突然潰堤，壓力排解也不會這麼強烈。

你是否能跟自己約定一個時間，給自己一個空間，表達並反思所有感受、悲傷、想法或是憂慮呢？

有幫助的練習與儀式

○放鬆神經，關愛自己

如果你正在經歷慢性壓力或創傷後壓力症候群的症狀，那麼，你的神經系統就需要一些愛與呵護。失去所愛之人，可能會對我們接下來幾年的日常感受造成沉重打擊。受到壓力或創傷後壓力症候群所苦時，我們常常會覺得為了減輕痛苦而做的事情在當下好像是有幫助的，然而，這些行為只是掩蓋問題或削弱了劇烈的感受——酗酒、藥物濫用、沉迷於娛樂和飲食過量，都是這樣的例子。幫助神經系統找回平衡、讓自己獲得治癒的最佳方法，是做出積極的決定，可以讓我們的戰鬥或逃跑反應獲得喘息機會。

以下是一份你可以考慮進行的活動清單，請至少選擇一項看起來最適合自己的活動進行。漸漸地，你也許會發現自己從中挑選了更多項目，或是追求其他讓交感神經系統（戰鬥或逃跑）恢復平靜，並活化副交感神經系統（平靜與放鬆）的方法。

- 每天遵循建議飲水量：這是我們都知道的一點！為什麼我們不這麼做呢？

- 避免飲用含有咖啡因的飲品：也許這是大家都知道的，若我們的神經系統一直處於壓力的狀態，為什麼還要增加它的壓力呢？有很多美味的茶飲和氣泡飲料能滿足我們的口腹之慾，能取代我們渴望從咖啡因中獲得的提振效果。
- 避免飲酒或使用娛樂性藥物：這些物質會擾亂身體的循環，甚至干擾睡眠品質。給身體一個找回自然調節循環的機會吧！
- 充足的睡眠：這一點不容忽視。睡覺時，我們的大腦進行著極為重要的工作。睡前盡量不要使用螢幕，以達成良好的睡眠習慣。睡前幾小時也不要飲用或食用刺激性的食物。避免在睡前幾小時吃大餐。盡量保持睡眠空間不受打擾。如果你喜歡在睡前閱讀，可以試著找一本不錯的紙本讀物，避免選擇那些會引發壓力或焦慮的書籍。但若有入睡困擾，一本令人愛不釋手、引人入勝的讀物可能不是最好的選擇。
- 冥想，即使每天只有幾分鐘：研究顯示，定期冥想會縮減杏仁核的大小、增加腦幹的尺寸。杏仁核是大腦中與戰鬥或逃跑反應有關的部分，而腦幹負責產生讓人感到愉快的化學物質。別擔心，你不會因此而喪失應對緊急情況或危機的能力。你只是能以更清晰的想法、較少的反應性來進行應對。

- 按摩或練習自我按摩：定期按摩的費用可能令人望之卻步，但那不代表我們無法透過自我按摩獲得療效。網路上有很多相關的資源。也許你可以對自己好一點，利用具有舒緩效果的乳液讓按摩變得更舒心。
- 使用科技產品後，請安排固定的休息時間：拜託，這一點非常重要。已有大量研究證明這一點，總結來說——我們必須用自己的雙眼、感官去真實體驗此時此地的生活，而不是和人比較；也要定期休息，讓自己遠離對大腦造成影響的光線與刺激。我們就是守門人，只有我們能為自己調整休息時間。
- 到戶外走走，讓自己留意周圍的環境（如果你住在可以安全進行這項活動的地方）：如果你不住在這樣的地方，但仍想體驗自然，可以在家中找一個舒適、靠近窗邊的地方，播放海洋或雨水等大自然的聲音。可以考慮進行瑜伽、太極（或水中太極）、針灸或指壓、靈氣療法*或其他練習。

*Reiki，由日本人臼井甕男開創的一種替代療法，靈氣治療師透過雙手，將自然的能量傳到接受者身上，讓他們找回身體與心靈的平衡。

○相信未來的自己

不安地等待事情發生，可能會讓我們持續處於擔憂的狀態裡。「如果發生了這種事怎麼辦？如果發生了那種事怎麼辦？如果……」這樣想吧：我們能應付未來即將發生的任何事，因為事情一定會發生，無論能否漂亮地面對，我們都必須處理。此時此刻，我們所面對的只是當下，是的，雖然我們必須因為一個簡單的理由——也就是計畫未來——而在現在與未來之間轉跳，但那與耗費大把的時間與精力、設法讓自己做好心理準備，面對某些不一定會發生的災難事件是不同的。關鍵就是相信——相信自己。

帕蜜拉在她的工作坊中運用一種叫做「洞見未來」的視覺化技巧。她所使用的一些肯定語句包括：

- 我相信我自己；我相信我的人生經驗。
- 我是一個夠聰明、富有創造力的存在。
- 恐懼化為我的老師，讓我勇敢地前進。

○不需要的時候，請放下你的劍

當我們經歷了讓神經系統受到衝擊，或是嚇壞我們、讓我們持續處於壓力與壓迫狀態的事件時，系統就會進入戰鬥、逃跑或凍結反應模式。對許多人來說，這樣的狀態是持續存在的。我們很容易想像，為了不被情緒淹沒、擊潰，長期下來，我們會避免讓自己暴露於過度刺激的情況裡。看起來就像這樣：「我做每件事時，都像是在應對緊急狀況，只想趕快做完，好讓自己能夠放鬆。但我發現，真正的放鬆根本不存在。我不斷追逐那種解脫的感覺，覺得自己像是一頭狂奔的公牛，一路衝撞著我的人生。如果回溯過去，我會發現這一切是從哥哥去世、我們的家庭分崩離析開始的。這些年來，我一直處於極速運轉的狀態，而現在我不知道該如何停下來。」

布蕾迪說，這種情況就像是把一切都當成一場戰鬥。準時抵達目的地、完成家事、準備活動、完成工作；這些都是許多人利用象徵性的劍來征服的日常任務，但實際上，完成這些任務需要的只是注意力，根本沒有這麼急迫，對吧？我們的身體不知道這一點，因為在某個時刻，我們需要借助這把劍，才能度過自己正在經歷的一切。劍消除了恐懼，消滅了疲憊與負擔，殺死了憂鬱、憤怒與絕望。也許這把劍仍持續在悲傷之旅的戰場上斬殺這樣的情緒與感受，但它也殺害太多其他東西了。我們從自己身上提取出的這股力量確實有幫助。我們需要這股力量，但若從未停下腳步，我們就會長期處在壓力的狀態中，這對我們來說並不健康。

請花一點時間思考，自己是如何應對日常的任務與壓力源。是否有任何事是你能卸下武裝應付的？請把這些事情列出來，然後想出替代方法來完成任務。以下是一些能幫助你開始這項練習的範例：

你什麼時候會使用你的劍？規畫一場參加人數變多的家庭聚會時。

你需要為了這種事而使用一把劍嗎？為什麼你要使用這把劍？嗯……可能需要？和整個家族聚在一起，對我來說壓力太大了！那只會讓我想起我失去的那個人，感覺好像必須扭曲自己，才能看起來好像沒事一樣。在這件事情上，我的劍能幫助我。問題是，我變得很生氣，覺得自己從來都無法玩得開心，我認為其他人能察覺到這一點。

你能利用什麼來幫助自己？我確實想享受這些時光，也不想一直生氣。我可以請其他人多幫一點忙，像是請每個人各帶一道菜來，而不是自己烹煮所有的食物。我也可以在家人們聚會時，靜靜地待在旁邊、傾聽自己的內心就好。我還可以確保自己花時間和可愛的孩子們一起共度時光，讓其他人幫忙清理。

呵護自己、照顧你的神經系統和心靈是本篇的關鍵。請花一點時間，透過回答問題，思考你之後想怎麼做。把你自己當成你所愛的人，你會建議你最好的朋友或是親人怎麼做？把這個建議用在自己身上吧！你很珍貴，請你也這麼看待自己。

讀完這一章後，你打算採取哪些步驟來降低對未來充滿壓力的擔憂？

Chapter 12

情況會變得容易點嗎？

——面對節日、人生重大時刻與紀念日

「我擔心父親隨時都會死，我擔心自己會死……
一想到生活完全超出我的掌握，我就感到一陣劇烈的眩暈。」

——臨床心理師克萊兒．畢德威爾．史密斯（Claire Bidwell Smith），《當焦慮來臨時》（*Anxiety: The Missing Stage of Grief*）

親人去世時，我們可能必須面對一次又一次的哀慟。隨著時間流逝，我們也許在許多方面都「繼續前進」了，但可能會發現節日或其他慶祝活動特別難受。你並不孤單。大部分的節慶一年只有一次，所以，即使過了這麼多年，我們也沒有太多機會練習如何面對這些活動。

史蒂芬妮是臉書社群「失去父親的女兒」的成員，她這麼描述自己的父親節經歷：

> 我之前在思考，選擇哪一天來哀悼父親最具破壞性？是他過世的那一天？他的生日？還是父親節？對我來說，這些日子都不好過，父親節幾乎就像他去世那天一樣（不完全但肯定很接近）令我痛苦。我覺得這是因為父親節的氣氛被營造得太強烈了，卡片、廣告、照片、社群媒體貼文都在眼前，讓我們無所遁逃。

紀念日、節日和人生中的重要時刻，會喚醒原本休眠中的記憶與感受。你可能會發現紀念日與特定的時節有關。舉例來說，如果你的摯愛是在秋天過世的，那麼樹葉的變化可能會讓你觸景傷情好幾年。請做好心理準備，因為這些情緒波動是完全正常的。如果你將與親戚一起度過節日或人生的重要時刻，請提前與他們討論以什麼方式紀念你所愛的人，並取得共識。

以下是一些你可以開啟這些對話的方式：

「我知道我女兒已經過世一段時間了，但我還是很喜歡聽你們說起她的事，所以，請不用顧慮，盡量跟我分享吧。」

「我很開心能和你們在一起，但如果因為一些原因讓我在情緒上不太好受，我可能需要提早離開。我知道你們會理解的。」

「如果你們看到我在哭，請明白這是暫時的，在這段時間裡這是很正常的。」

「各位，感恩節快樂。我想念我的丈夫比爾，而今天，我想起自己有多麼感謝我們一起度過的那些年。」

「真希望蘇西在這裡，但我相信她的靈魂與我們同在，因為她一定不想錯過這場盛會！」

我們可以在忌日做什麼

一、去掃墓，在墓碑上放一束鮮花或一小塊石頭；或是去撒下骨灰的地方追思。

二、如果你還留著他們的骨灰，可以考慮將骨灰撒在一個有意義的地方。

三、為他們點一根紀念蠟燭。
四、在日記裡寫一封信或作一首詩給逝者。
五、做一些你們以前喜歡一起做的事——如果你需要幫助，可以找個朋友一起。
六、安排一個短暫的假期，或是離開家裡一、二天。

請接受這樣的想法：緬懷故人和走過悲傷循環是這趟漫長之旅的一部分，也是人類經歷中不可或缺的一部分。

悲傷的循環本質

每年我都會種向日葵，這些來自天堂的種子，是從我失去母親後第一個生日所收到的那朵「特別」向日葵上取得的，這是對她最好的紀念。整個夏天和秋天我都能和家人一邊欣賞這些花，一邊想念她。

——瑞秋

人類是深受象徵影響的動物。數萬年來，我們承認並以象徵方式表現死亡的力量與意義，有些特定的氣味、聲音和環境會讓我們反覆陷入回憶與悲傷的浪潮之中。也許國定節日與紀念日是你的潮汐標記，也許相反，或是不只如此，你所經歷以及在你周圍的這些悲傷循環，與成長和治癒的機會有關。現在，我們知道悲傷並不是一個線性的過程：我們並不是按照一套排定的情緒任務前行、完全恢復，然後繼續往前走。隨著我們所經歷的時間與增長的智慧，我們重新面對自己過去的痛苦，並有機會能更有洞見地、更深入地處理自己的過去。有時，重新面對過去並不容易，也會帶來痛苦。許多人都受到與這些循環變化有關的心理健康問題和身體疾病所苦，了解這些問題與病症、我們可能會遭遇的情況，以及它們可能代表的意義是有幫助的。

為悲傷的循環安排空間與計畫能有所幫助。與其等待特定的日子，也許我們可以在一段情緒容易湧現、方便進行紀念儀式時，為自己爭取一個悲傷的空間。對許多人來說，秋天是一個容易產生這些情緒的季節，那你呢？

你可能會問自己的問題

✦ 我的親人曾是維繫家庭關係的存在。現在他們不在了，我們變得支離破碎，而且好寂寞。我們該如何處理這個情況？

有些人在家族裡確實是黏合劑般的存在，能將所有家人凝聚在一起。他們也許是那個願意且能主辦節日與家族聚會的人；他們也許是家族留傳下來的故事、知識和歷史的擁有者；他們不一定是家族中最年長的成員，他們只是願意現身，並與家庭成員維持著聯繫。失去這樣的成員，可能會對家庭系統造成廣泛且完全出乎意料的影響，尤其是如果沒有人願意承接家庭領導者的責任時。這可能會讓長期哀慟演變成家庭問題，可能會讓每個人變得更親近，也可能讓家庭分歧變得更嚴重。

在經歷這樣的失去後，家庭的運作可能需要很長一段時間才能形成新的平衡。不管對兒童與大人來說，這個過程都可能非常痛苦並引發焦慮，因而開啟悲傷的漫長旅程。你可能會發現，人生特殊時刻或節日來臨時，自己會籠罩在悲傷的陰影之中，或希望自己能待在別的地方。你可能對人事全非感到不安又煩躁，但不太確定自己為何反應如此強烈。

長期哀慟並不是一直都是清楚分明的過程，你也許不會出現如此具體的想法：「自從我爺爺去世後，過節就不像以前那麼有趣了，所以我很難過。」而更像是：「我以前很喜歡過節，但現在這些節日讓我變得憂鬱。我想這就是長大吧？」或是「我承受不了去阿姨家過節，只想自己一個人待著。」

這就是我們對「已不復存在的曾經」的悼念。這些是已被翻過去的那些篇章，唯一能回到過去的方法就是回憶。對許多人來說，這是一個難以接受的殘酷事實，尤其是當家庭的變化複雜又令人痛苦時。

如果你為此感到困擾，也許是時候對你所珍視的傳統做出承諾，以新的方式讓它們回到你的生活中——透過你。請記住，你喜愛和重視的事物就在你心中，你隨時都能觸碰到它們。你能想出為那些你想念、渴望的事物帶來新氣象的方法嗎？也許你以這種方式成了新的家族領袖，只是尚未就任。

✦我的父母都去世了，也沒有其他親近的家人，我總覺得自己是多餘的，受到親友邀請只是因為他們人很好，不是因為我屬於那裡。節日非常難熬，我受夠那種感覺了。該怎麼做呢？

對那些失去至親，且尚未重新建立人際連結的人來說，一年之中，沒有比節日和重大時刻更容易感到深切的痛苦了。談到其他聚會方式時，許多人並沒有立即或明顯的選擇，或對於失去的連結總是感到不對勁。坐在一個身旁都不是家人的美好家庭聚會之中看起來可能很棒，但在那之中，有著深沉且無法觸及的痛苦。

這些時候，我們要以充滿關愛和創造性的方式加倍呵護自己，勉強自己度過那些重要或具有象徵意義的時刻可能不是最棒的選擇。也許做一些儀式，標誌著這段時光以及我們所經歷的一切，會更具療癒效果，而不會帶來傷害。

有時，在安排過節時，採取更積極的行動也有所幫助；與其等待別人邀請（或許那項活動還讓你害怕），不如自己決定如何度過這段時間。也許有些組織需要志工，為人們提供食物是一種滿載愛的行動，充實我們的身體與心靈；坐在失親的長者旁，聆聽他們的故事或只是待在一起，就能在孤獨的世界裡架起橋樑，建立連結並帶來慰藉；或者，你也可以策畫舉辦一個聚會，或組織一個活動，例如冬季健行或志工服務活動。當你開始採取行動應對孤獨感，以自己的方式建立連結時，你可能會發現與他人共度的時光變得更加踏實、滿足。或許你也會發現與自己相處的時間是值得的，事實上，「你」是一個值得認識的人，而你在這段關係中是最重要的。

透過上述的觀點審視你的旅程，並決定下一步要採取什麼方式照顧孤獨的感受，是積極、有創造性又充滿愛的一件事。你能想像自己做出什麼嘗試嗎？

✦我無法再和那些不願談論或提及我摯愛名字的人度過任何一個節日了，我該如何在不引起紛爭的情況下處理這件事？

全家人歡聚一堂慶祝時，如果有一個心愛的人不在了，我們就會覺得有點不對勁。餐桌旁空了一張椅子，不應該是這樣的。在這種情況下，許多人會覺得房間裡好像有一頭大象，旁人小心翼翼地避開那明顯的痛苦現實。即使是多年以後，家人們可能會感受到一股沉重的感覺，這股感覺或許是渴望能輕鬆說出摯愛的名字、渴望他們被記得、被談論、被珍惜。這就是問題所在，對吧？我們能公開地談論摯愛，同時不影響正在進行的活動嗎？當然可以。也許你正是該去做這件事的人。

全家人也許能集思廣益想出紀念逝者的方式。以逝者的名義捐款給慈善機構是一種方式，在餐桌上為他們點一根蠟燭、在禱告中提到他們，這些也都是能展現我們紀念所愛之人的方式。或許所有家庭成員都必須知道，這麼做不僅可行，更是受到鼓勵的；本著這種愛的精神，所有人也許都能享受更深刻的連結。

有幫助的練習與儀式

○為自己安排定期的主動悲傷時刻

無論你在哪裡、生活境況如何、有多忙碌，這個儀式的重點是「不要著急」。花點時間，以規律的方式將紀念儀式融入生活中，能讓我們與悲傷的浪潮一起前進，而不是與之對抗，那樣最後只會以失敗收場；我們的身體與心靈需要消化、釋放正在面對的問題，如果不創造出這樣的空間，這些問題就會以另一種讓人更痛苦、更無意識的形態出現。

找個時間靜靜地坐著，營造平靜的氛圍。有些人喜歡披著披巾或毯子、點一根蠟燭、關掉手機。請寫在日記裡或直接在腦中思考，你在這個季節有什麼樣的感受？讓思緒飄回過去一年的時光，你在每個月之間的感受如何？你還記得嗎？是否有些時候感到開闊與自由，或是被壓力束縛？

當你考慮到接下來幾個月時，你是否能預見有些時刻你可能希望自己有放鬆的空間？不一定是特定的日期，只是那些時刻來臨時，你可能會想騰出空間，照顧自己的心靈。

請把這些時刻標記在行事曆上。

無論是去散步、靜靜坐著冥想、烹煮你最愛的菜餚、寫日記或禱告，讓這些活動成為你專屬的悲傷時刻。你可能會發現自己渴望更頻繁地確認自己這部分的狀態，比你原先允許自己的或所預想的，還要頻繁。

❍大自然的提醒

如果我們需要提醒自己生命與死亡的循環現實，只要看看家門外的世界就足夠了。大自然日復一日地向我們展現她的循環，如果我們認同這個想法，就能感受到自己確實是大自然的一分子。然而，不知從何時開始，我們以為無論一年四季，我們都應該維持相同的精力水平，保持相同的創造力。許多人被時鐘和資本主義社會的要求牽著走，決定了我們該做什麼、何時該休息。然而，大自然根本不在乎這一套。相反，如果我們願意順應她的節奏，她會不斷提醒我們：生活需要韻律。當你望向窗外或是去公園時，你看見了什麼？空氣中的溫度如何？植物與動物們正在做什麼？自然界所展現的一切，是否也向你傳遞著一些值得參考的訊息呢？

❍如何讓逝去的摯愛重返家庭聚會

我們可以透過無數種方式在特別場合為已故的親人保留位子。有些家庭會特別在餐前舉杯致敬，或在壁爐或餐桌上點蠟燭以紀念他們。第一步是要接受這樣的想法，理解這是一個與摯愛維持連結的絕妙方式。

如果你決定這麼做，就盡情地發揮想像力吧！以下是一些你可以參考的方法：

- 在家中慶祝過節的地方設置一張紀念桌。
- 為摯愛點一根蠟燭，在享受他人陪伴的同時，也認可自己對他們的愛。

- 全家一起，以摯愛的名義向他們會支持的組織提供援助。
- 如果有摯愛遺留下來的節慶裝飾傳家寶，可與家人一起談談這些裝飾，並拿來使用。
- 穿上或戴上一件你喜歡、曾屬於摯愛的衣服或珠寶。
- 在繁忙的生活裡為自己保留寧靜的片刻，什麼也不做，靜靜地感受自己，向你思念的人傳達愛意。給自己一個擁抱。

沒錯，節日、人生重要時刻和紀念日當然會特別不好過。問問自己，明年可以如何讓自己更順利地度過這些時刻？我們的摯愛會希望我們有一個怎麼樣的未來？

Chapter 13

有一些關係會改變

——另一種失去

「你會發現你是誰、你想要什麼，然後，
你會意識到自己認識了一輩子的人和我們所想的並不一樣。
所以你選擇保留這些美好的回憶，起身繼續向前。」

——尼可拉斯·史派克（Nicholas Sparks），
《抉擇》（*The Choice*，暫譯）

大自然是我們最好的老師，提醒我們這個簡單的道理：一個地方的改變，往往會產生漣漪效應，影響範圍之廣，甚至超越我們能看見或預測的範圍。或許，這也是為什麼當人們站在水邊，看到四周有石頭時，總是忍不住想要拾起一顆——無論是使其輕輕彈跳於水面，還是用力投擲至遠方，我們總是目不轉睛地注視著那層層擴散的漣漪，直至它消失無蹤。

失去摯愛會帶來關係上的變化或破裂，而這對許多人來說是始料未及的。無論是需要重新適應與家人的複雜關係，還是面對現實——並非所有朋友都能以我們所期望的方式陪伴我們，這些變化往往像糾結的刺，緊緊附著在我們身上，使我們在漫長的哀傷旅程中舉步維艱。這些變化可能帶來額外的哀傷，也可能引發怨懟與憤怒，而這些情緒同樣需要被關照。然而，我們不應忽視，有些關係的變化是富有成長性的。有些關係在心碎的淬鍊下得以深化、成熟，甚至癒合。自從摯愛離世後，你的關係是否發生了變化？如果有，也許現在正是時候，以一種好奇與探索的心態，而非批判的眼光，來反思這些變化。或許，在這其中，你會發現一些珍貴的智慧。

不是每個人都會陪我們走完整趟旅程

我對朋友們在父親過世時給予我的幫助感到相當驚訝。有一些我之前覺得交情沒有特別好的朋友幫了我很多忙，甚至是多年後的現在，他們還會關心我。他們不會特別問我：「嗨，你爸爸的事情還好嗎？」但他們和我說話的方式，讓我知道自己可以放心地談論這件事。其他我以為真的很要好的朋友卻很早就離開了，至今我還是很難過。我沒有說什麼，何必呢？但這讓我變得不那麼信任他們了。他們的行為明顯地表明了我的悲痛對他們來說太過沉重，所以我也不再和他們分享自己這部分的狀況。

沒有什麼比心碎的經歷更能挑戰我們對關係穩固性的看法了。我們曾以為可以無條件依靠的人，或許因各種原因沒有如期而至；而一些我們未曾預料的人，卻在關鍵時刻伸出了援手。在哀傷的旅途中，我們穿越田野、攀爬高山、走過幽暗的洞穴，甚至橫越荒漠，而不同的旅伴可能會在不同的時刻出現，陪伴我們一段時光。重要的是，不要過於執著於我們原本以為事情「應該」如何，而忽略了當下的真實狀況。如果我們只專注於那些讓我們失望的人，或許就會錯過對面那位正對我們微笑、同樣深知哀傷滋味的人。

放下我們認為他人應該幫助我們的期待，還有一個好處，那就是我們可以練習表達自己的需求、分享真實的感受、接受他們真實的一面。人們無法一直穩定給予所愛之人支持的原因有很多。確實，有時一定要親身經歷過，才能理解這種長期哀慟所帶來的痛苦。也有可能是，他們背負著自己的情緒包袱，讓他們很難長時間陪伴在痛苦的我們身邊。重點是，關係是會改變的，如果我們將這一點視為生命自然的一部分，就能讓自己放鬆，坦然接受現狀。

家庭關係也會改變

人際關係的自然變化不僅適用於朋友之間，也同樣適用於家庭。失去一位家庭成員，會改變整個家庭的結構。美國精神科醫師、家庭系統理論的開創者莫瑞·包文（Murray Bowen）曾將摯愛離世後在家庭內部引發的影響，稱為「震盪波效應」（Shockwave）。這也是為什麼「回到正常狀態」這個想法，應該從任何與療癒相關的目標中被淘汰——過去的「正常」已經不復存在，留下的是一個重新演變的家庭樣貌。不同的人對這個現實的接受度、調適能力，以及在新家庭結構中成長的方式，差異極大。當然，每個家庭本身就存在許多複雜的運作模式，但那些能保持彈性、適應變化，並鼓勵誠實與責任感的家庭，通常能在漫長的哀傷旅程中，減少沉重的包袱與過度的情緒反應。

這具體意味著什麼呢？首先，極為重要的一點是，家庭成員必須彼此尊重並理解，每個人的情感強度不會時時相同。家庭的凝聚，與情感上的過度交纏是兩回事——若家人之間的情緒彼此糾結，以至於一個人的感受直接影響另一個人，反而可能加重彼此的負擔。健康的家庭關係應該鼓勵坦誠交流情感與想法，但不強求所有人必須共享同樣的情緒。這樣的家庭，能讓個體在家庭這個有機體中自由地生活與存在，而不會被迫融入單一的情感模式。在經歷喪親之痛時，家庭往往過於關注個別悲傷的成員，卻忽略整個家庭其實都在適應與恢復這場震盪帶來的影響。對於成員較少、缺乏擴展家庭或社區支持的小型核心家庭來說，這種情感壓力尤其沉重，因為所有的悲傷與情緒強度都集中在這個小小的家庭單位內，難以分擔。更令人擔憂的是，這種壓力的影響可能持續多年，並在家庭成員身上以各種形式顯現——可能是身體疾病、心理困擾或行為問題。然而，這些問題往往被視為單獨事件，而非整個故事的一部分，導致人們忽略了它們實際上與最初的失落經驗息息相關。

如果將悲傷視為一種能量，那麼它需要一個出口來釋放、消散，並轉化為某種新的形態。在摯愛離世後，你和家人是如何適應與調整的？你是否得到了充分的支持？那些與逝者關係較不密切的家人是否也提供了幫助？你是否能從社群、朋友或其他群體中獲得支持，以承載並消化這份悲傷？如果你的家庭在失去摯愛後難以找到平衡，那麼不妨問問自己，這其中的原因是什麼。每個人是如何面對自己的悲傷，又是如何回應他人的悲傷的？而在這個過程中，是否有可能讓每位家庭成員（從你自己開始）學會真正承擔自己的悲傷，同時關心他人的感受，但不將他們的情緒背負在自己身上？

我們自然會想知道自己與其他家人的關係是否能回到過去的狀態，簡單來說，「不能」。你們共同經歷了一件事——你們一起失去摯愛，而這段經歷可能會加深你們之間的連結，也可能導致關係出現顛覆性的變化。

誠實地與家人談談，讓他們知道你的感受是沒關係的，也許你能在過程中了解他們在悲傷之旅中的狀況，以及如何幫助彼此。誠實加上善意與理解，是關鍵所在。

你可能會問自己的問題

✦自從摯愛離世後，我就覺得自己變了。我該如何調整，讓自己接受內心的這種變化，以及它對我和他人的關係所造成的影響？

坦白說，當悲傷降臨，我們的生命就改變了。悲傷會重新定義我們在意的事物，使我們在某些方面變得柔軟，而在其他方面變得堅硬；我們與他人建立關係的方式，也可能與從前大不相同。

在思考這個問題時，吉兒如此說道：

失去摯愛讓我在某些方面變得更有同情心，在某些方面則變得沒那麼有耐心。我對他人的困境與喪失擁有無限的同情與耐性，但對於那些感覺上「不那麼合理」的悲傷，我變得較為不耐。這是我的第一個（也是最重要的）人生試煉，讓我更深刻地體會到，有些人的人生是如此艱難。正因為我認識到生命的沉重，有時反而更難去「陪伴」那些相對輕微的煩憂與苦惱。

這是一個很棒的例子，充分考慮了在失去親人以後，悲傷如何以微妙且不那麼隱晦的方式塑造我們。我們始終有選擇的權利——可以選擇封閉自己，也可以決定如何繼續與世界建立聯繫，並向那些重要的人事物前進。

✦我的社交生活發生了很大的變化，現在我該怎麼辦？

獨自生活可能會很寂寞，但問題是，社交並不總是能排解寂寞。你可能會發現，即使是認識多年的人，如果對方無法真正了解我們所經歷的事，或是我們無法在他們面前展現真實的自我，我們仍會感到不自在。如果你已經遠離社交生活好一段時間了，那麼邀請他人進入自己的世界是需要勇氣的，不過，這可以像邀請朋友去打保齡球、散步或看電影一樣簡單，也可以是與其他單身人士一起參加團體旅遊一樣浩大。如果你發現自己渴望以輕鬆社交的方式與人相處，那麼第一步就是冒險一試，朝著你想要的方向前進。

在某些情況下，重新調整那些因摯愛存在而建立的關係，可能格外複雜，牽涉到忠誠、責任感、內疚與情感承諾。

這些問題不會在一夜之間或按照特定的順序自行解決，它們需要時間、深思熟慮，以及對自己當下處境與過往經歷的誠實反思。請對自己和所愛之人保持耐心，並始終記住，摯愛的離世改變了一切，而你無需抗拒這種改變，因為接受它，本身就是一種療癒。

有幫助的練習與儀式

○我希望有人能陪我做這些事

當我們受到傷害或感到失望時，本能的反應往往是封閉自己，不再向任何人尋求幫助或依賴。然而，這樣做的結果，可能讓我們比以往更加孤獨。在走出失落的過程中，我們需要思考如何重新伸出手，與世界建立連結。當你考慮如何邀請人們回到生活時，不妨觀察自己正在做些什麼，或者留意你所愛之人正在做些什麼。這些行動不一定要與悲傷直接相關，而是更廣泛地與生活本身有關。當然，在某些悲傷旅程的階段，擁有陪伴會是一件美好的事。以下是一些值得參考的方式：

- 我想前往摯愛曾經想去的地方旅行。我希望有人陪我一起去嗎？我希望誰陪我去呢？
- 我想紀念摯愛逝世十週年，以及自己一路走來的過程。我認識一位舉辦夢境探索靜修活動的專家，活動聽起來很棒，而我知道該找誰一起參加。
- 我想回去成長的家看看，不知道兄弟姊妹們願不願意陪我一起去那裡散步、聊聊我們的生活。
- 我想參加藝術課程開發自己的創造力，我會詢問幾個朋友是否願意和我一起去。如果他們不能去的話也沒關係，我會保持開放的態度認識新朋友。
- 我一直在關注附近一間修道院的靜默冥想靜修活動。我想為自己安排一個時間去參加，向我的心靈以及我和自己的關係表達敬意。

讓自己想像一下那些你想做的事情，那些你希望誰陪你一起進行的活動。這些想法當然是我們旅程的一部分，即使這些事情與我們的摯愛無關，依然是我們人生道路的一部分。誰會與我們同行呢？

忠於自我地「答應」和「拒絕」，不要有罪惡感

帕蜜拉曾舉辦過一場廣受歡迎、名為「不拒絕就會造成傷害的事」的工作坊。這場工作坊鼓勵參加者深入了解，有哪些活動和人，是他們一直沒有考慮到自己的願望和需求就「接受」的。試試看這個方法吧！列出過去你曾「答應」，但現在已不想再做的事情。也許你已將保齡球聯賽列在你的清單上，還有每天健行兩英里、義務擔任足球隊的駕駛，或擔任教會主日聚會唯一的點心提供者。不用想太多，快速在清單上每一項活動（或人名）旁邊寫下「答應」或「拒絕」。完成後，請確認自己寫了幾個「拒絕」，接著決定把精力投注在哪些其他地方——投注在那些讓我們產生美好感受、在悲傷之旅上支持著我們的活動與人身上。

家庭關係的變化

隨著家庭成員的離世，家庭關係必然也會發生變化。以下這個方法能幫助我們看見這些變化。請閉上雙眼，靜靜地坐著，想像天花板上懸掛著一個掛飾，其中的每個懸掛部分都代表你的家庭成員。現在，輕輕觸碰其中一個部分，留意其他部分如何隨之改變——有些會移得更近，而有些則會漸行漸遠。這種視覺化的方式展現了

家庭系統中有時會出現的痛苦變化，這是失去摯愛後的自然結果。對這個視覺化的過程進行反思後，你是否會想和家人談談角色的轉變，以及他們的感受？

生命裡的變化是不可避免的。在遭遇重大的失落後，生活中的一切，包括我們的人際關係，似乎都再也不會像以前一樣了。這個變化的意義由我們決定。基於你在這個章節裡讀到的內容，你打算繼續前行嗎？

Chapter 14

「我現在和以前不同了」

——認識失去摯愛後的自己

「真正的歸屬感會改變、重塑我們的身分。
當這份歸屬感破裂時，我們最深處的自我也會消失。
敞開心扉意味著承擔失去自我的風險。」

——愛爾蘭詩人約翰．歐唐納修（John O'Donohue），
《永恆的回響：凱爾特人對渴求歸屬感的反思》
（*Eternal Echoes: Celtic Reflections on Our Yearning to Belong*，暫譯）

「失去了你的我，是誰？」這個問題折磨著許多失去摯愛的人。無論我們失去的是配偶、子女、兄弟姊妹、父母、祖父母、朋友或是心愛的寵物，有一些對象與自我身分的認同與摯愛緊密相關，失去他們後，我們就像是拖著部分空虛的自我到處徘徊。

有時，失去的經驗會動搖我們在家庭、社交圈與社群中的身分認同。我們或許需要在適應新現實的過程中，靈活地調整這些認同。摯愛的離去對我們內在深層自我認同的影響，往往決定了我們在往後歲月裡將經歷多少掙扎。我們容易忽略自己的行為模式、生活方式、人際關係，甚至所扮演的角色，皆深植於過去的經歷之中。無論是伴侶關係、親職角色、職場生涯、興趣嗜好，抑或心靈與信仰生活，皆是自我身分的展現。是時候問自己這個問題了：「失去摯愛的我，是誰？」瑪莉深受這個問題所苦。大約在兩年前，她失去了丈夫，她很喜歡他眼中的自己。她告訴我們：

我知道傑夫已經去世很久了，但我真的很想念和他在一起的時光。他很了解我，他看到了真實的我，而且他不會像其他人那樣試圖要我改變。現在，當我和其他人相處的時候，我都覺得自己在假裝。我討厭約會，因為那並不是真實的我！我寧願自己一個人待著。

我們以獨特的方式體驗並展現自身的身分，這些身分既存在於個人關係之中，也屬於更大的群體。例如：「我喜歡長途駕駛」、「我是傑夫的伴侶」或是「我是一名社運人士」。事實上，有些人在失去摯愛後，會吸收更多對方的特質或興趣，將這些展現對方獨特之處的事物融入自身。

找回自己

如果他在這裡的話，我們的生活會因為他在艱難時刻所展現的幽默、生活智慧和果斷力而有所不同。

——荷莉

你的選擇與身分是否與對方緊密相連？你們曾是形影不離的手足，彼此最親密的朋友嗎？你是否與孩子，以及作為父母的身分，在家庭與社群中緊密相連？和伴侶相處時，你是否會根據彼此的行程來安排自己的一天？當你想像自己走進這一扇門時，哪一個你會當代表先進去？是身為伴侶的你？為人父母的你？從事技師工作的你？還是擔任牧師的你？哪一個部分的你會引領自己進入社會？這些都是我們在思考「失去了你的我，是誰？」這個課題時，需要問自己的重要問題。換句話說：「現在踏上這趟旅程的人是誰？」六年前失去丈夫的伊琳，在面對這個問題時陷入了苦戰：「我不該再繼續這樣下去了。失去蓋瑞後，我不知道該如何找回自己。我覺得他提升了我的性格，他讓我看起來更棒、更放鬆。我仍然不知道該如何自在地應付社交場合，我覺得自己好像也死去了，他們只是忘了埋葬我。」

與關係中的「自己」接觸是很重要的一個步驟，但我們需要一步一步慢慢來。我們不必創造一個全新的自己，也不必變成其他人。如果你和摯愛以前喜歡一起進行園藝活動，你現在還是可以這麼做；如果你曾在志工活動或社區服務中發現深刻的連結與意義，那你可能會發現，回歸這些活動會重新點燃你對自我的認同。

從現在的自己開始。布蕾迪會和客戶討論試試看這種方式：當你環顧四周或進行日常活動時，請留意自己什麼時候會意識到某些令人愉悅的事物，並有股衝動想接近那些事物。無論是實際去追求還是簡單地說出來，讓自己靠近那些事物。如果那是廣播裡一首你很喜歡的歌，那就盡情享受，也許把音量調高。如果那是欣賞美麗的日落，就讓自己在那裡停留片刻，沉浸其中。如果是品嚐美味的食物，即使只是一會兒，請細細品味，讓自己享受每一口滋味。所有這些和自己一起度過的微小時刻，都是我們真實、真正重要的一部分！

變得更堅強的自己，設下界線

自從丈夫過世後，我發現了誰能長時間地陪伴我，而誰在這段關係中感到很不自在。我放棄了那些我以為很堅固的友誼，同時也對一些持續下來的關係感到驚訝。

——米雪兒

在被迫面對最大的恐懼之前，我們常常都不知道自己能做到什麼。有時，只有回過頭看，我們才會對自己所達成的事感到驚嘆。請花點時間關注並反思，失去摯愛至今，你經歷了哪些事情？你走過了艱難的路途，是時候稱讚走過這一切的自己了，有時，即使只是起床，都像是跑馬拉松一樣困難。

在痛失摯愛後的幾年裡，人們經常表示自己好像終於學會對一些事情說「不」。他們設下了界線，因為自己已無力完成之前所做到的一切。有一些人告訴我們，哀慟的經歷讓他們意識到生命有多麼可貴，因此決定不再參與那些他們不重視的事情。

取而代之的是，他們選擇追求那些與自己的靈魂更有共鳴的目標。有些人對自己感到驕傲，因為他們在自己最想放棄抵抗、屈服於悲傷和恐懼的時刻，為了孩子而堅持下去，繼續維持生活。

你可能會問自己的問題

✦ **摯愛曾是我的繆思，自從他過世以後，我就再也沒有任何新的創作了。我該如何重新找回那個部分的自己？**

繆思是一個能夠激發他人創造力的存在。人們常將繆思視為浪漫的象徵，但事實並非總是如此。在這個語境中，繆思可以是任何讓我們內在光芒閃耀的人——喚醒我們性格中原本沉睡或被低估的璀璨部分。這位繆思可能是聽到我們唱歌時，眼裡總是閃爍著光芒的祖父母；可能是激發我們無條件的愛、溫柔和耐心的孩子；可能是比任何人都更懂我們、為我們每次成功喝采的兄弟姊妹；也可能是無論何時都會接起電話、傾聽我們煩惱的朋友。

愛是創造力，愛是希望與能量。當我們失去自己深愛的人，我們不只會因為失去他們，也會因為不再有人能激發我們內在的能量流動、讓我們展現出那些閃耀的特質而感到痛苦。這種情況在某些人身上看起來可能會像是重度憂鬱、對什麼事都提不起興趣、毫無生氣、缺乏目標，可能會令人感到害怕且完全迷失方向，也可能會持續很長一段時間。

我們的繆思似乎帶著一把鑰匙，能夠開啟你內在本就存有的某些東西。在他們看到你、為你的天賦而欣喜微笑之前，這些天賦早已存在。而你分享這些才能的理由，值得重新審視——你的摯愛繆思，或許正是讓你重新啟動這份能量的途徑，因為被阻塞的能量、愛與創造力，都需要一個出口。

孤獨也是這段旅程的一部分。當與他人的連結是我們觸及自身創造力的方式之一，繆思的離世可能讓我們感覺與靈魂深處的奔流能量徹底斷開。這種感覺可能會顛覆一切，讓哀慟者在許多年間都面臨著從極度無力到存在性憂鬱的各種感受。

那麼，是否值得思考：你仍然可以用創造的方式來連結這份愛？當你投入創作、付出並分享時，能否將這份創造力與愛的能量，獻給你所愛之人？這可能會呈現出這樣的樣貌：

- 在開始創作或展開充滿愛的行動之前，請給自己一點時間。
- 讓身體安定下來，呼吸恢復平穩。
- 注意周遭的環境並留意小細節，包括聲音、氣味、觸感……等。
- 與你所愛的人們分享你即將進行的創作，邀請他們一起來欣賞。
- 承認自己可能會有點生疏、不熟練、需要他們的幫助。
- 如果你有想哭的衝動，就哭吧，無須阻止自己。

當你第一次嘗試這樣做時，可能會感到非常疲憊，甚至會懷疑這是否值得。我們深信，它絕對值得，因為這將讓你重新將你的天賦帶回生活，只是這一次，它將被最深刻的失落經驗所觸動與塑造。是什麼樣的鍊金術，能將你的天賦轉化為某種嶄新的事物？你願意去探索嗎？

✦

自從摯愛離世以後，我考慮事情的優先順序就永遠地改變了。我該如何釋放想保持原來的自己所帶來的壓力？

這一點前面有提過了，但在此重新說明一次是值得的。在悲傷的漫長之旅上，我們重要的事物經常會改變。幾年下來你也許會發現，以前看似重要的事物現在已不那麼重要了，這是很正常的。有時，重要的事物會因為責任變化而有所改變。你現在是一位單親爸爸或媽媽嗎？你正在照顧喪偶的父母嗎？在你試圖撫平自己失去孩子的哀慟時，是否還要安慰孩子們失去兄弟姊妹的痛苦？你是否突然失去了伴侶，必須處理各種生活決策？這些問題並不會在失去摯愛後的一年間自動解決（還記得那個關於我們要多快從哀慟中走出來的惱人觀念嗎？）——不，這些事情產生了永久的變化，讓我們必須大幅調整優先順序。這可能會對時間分配、相處對象、金錢的花費與用途，以及當我們需要安慰、支持和建議時會向誰求助……等方面產生連鎖效應。從這樣的角度來看的話，重要的事情會改變不是很合理嗎？

✦似乎沒有人理解我正在經歷的事，這讓我很難與其他人建立關係。和認識的人相處時，我該如何不再讓自己像個陌生人？

並非要評判任何人，但的確有許多人無法真正理解哀傷。除非他們真心想理解你的感受，否則在親身經歷之前，他們可能永遠無法明白。因此，感覺周圍的人無法理解你——甚至你也無法理解他們——並不罕見。當你的生活中缺乏真正理解你的人時，這種孤獨感可能會更加強烈。如果你正經歷這種情況，請記得主動尋找那些能共鳴、理解你的人，因為這一份連結至關重要。

說到「評判」，長期沉浸在這種心態中是很糟糕的。受到誤解而生氣的哀慟者經常評判那些讓他們失望的人。可能是與他們經歷同樣的悲傷，但看起來卻不受影響的人；可能是那些曾被我們視為朋友的人，隨著時間經過，卻沒有履行對我們的支持。最終，當我們接受自身的狀態、同理別人的處境，並尊重彼此在各自旅程中的處境時，才能體會到最大的自由與廣闊。

不過，對抗評判心態的祕訣是什麼？是好奇心。舉個例子：「我不明白我姊姊怎麼能繼續生活，好像媽媽離世這件事沒發生過一樣。她繼續各種行程，像是旅行、上傳照片到Instagram——你根本看不出來我們經歷了什麼。她一定不像我一樣受到這麼多影響，她真的有點無情。」現在，稍微翻轉一下思考：「我不明白她怎麼能像這樣繼續過日子。我仍覺得自己動彈不得，不知道該怎麼處理我的悲傷。我想知道她的感受如何，她是怎麼應付這些感受的？我們的處理方式似乎是不同的，我想了解她如何度過這一切。」

我們可以看到一個是斷然批判的角度，這個角度圍繞在人們應該以同樣的方式悲傷的這個想法上；而另一個角度則開啟了一條探詢和好奇的路線，可能會帶來更多的親密與理解。以好奇取代比較時，通常也能讓我們更了解自己與他人。

有幫助的練習與儀式

❍承認自己的改變

摯愛的逝去改變了我們，有時很輕微，有時則很顯著。在日常的進程中，我們經常忘記去檢視或記錄自己的變化。拿出你的日記，花點時間靜靜地反思「我們有什麼變化？」，請將任何浮現的想法寫下來，無論多麼微小。希望這個練習能讓你意識到自己的優勢，幫助你向前邁進。

❍這並不是故事的結局——接下來呢？

暫時假裝自己是人生這部電影的編劇、導演和演員，是一種讓我們對未來保持好奇的方法。作為編劇，我們能創作人生的下一幕；作為導演，我們讓演員和自己融入最能展現故事情節的情境之中；身為演員，你可以決定這是不是一部你想參與演出的電影。我們生來就擁有選擇的能力，我們可以發揮想像力，寫下自己的選擇，或是閉上雙眼，讓自己置身於我們所創作的「電影」之中。下一幕會出現什麼呢？這不是很有趣嗎？

❍找回真實的自己

在漫長的悲傷旅程中，與自己建立連結至關重要。失落帶來的心痛可能會掩蓋那些曾經鮮活的部分。然而，當你開始主動尋找快樂、滿足與意義時，你會逐漸感受到更多能量，而這些能量可以重新投入到與真正自我深刻共鳴的活動中。卡爾·榮格曾寫道：「小時候，什麼事情讓你沉浸其中，讓時間在不知不覺間流逝？這正是你應該追尋的方向。」

請準備一張紙或一本日記，以及一支筆或鉛筆。找個舒適的位置坐下，閉上眼睛，讓思緒飄回生命中的某個時刻——一個你全然沉浸於興趣、嗜好或活動的時刻。停留在那個記憶裡，仔細感受當時的情境：你當時在做什麼？幾歲？那段時間的生活狀態如何？你是獨自一人，還是與他人同行？

現在，請回答以下的問題：

當時的你在做什麼？

你現在還會做這件事嗎？如果會的話，是為什麼？如果不會的話，原因是什麼？

你是否能想像在生活中創造更多時間從事個人的興趣、嗜好或娛樂活動？如果可以的話，那會是什麼活動？你打算如何做到這件事？如果不行的話，是為什麼呢？

即使只是幾分鐘，你是否想到還有什麼事情能給自己帶來樂趣？這可以是像看著窗外的天空或散步一樣簡單的事情。

試試這個方法。為自己安排一個時間來做這件事，把它輸入到你的行事曆上。例如，你可以寫下類似這樣的事情：「星期六早上，我會坐在廚房的桌子旁用水彩作畫」，或是「星期五晚上，我會去一家二手書店逛逛詩集的專區」。具體的描述是很重要的，這樣能讓我們更清楚，也能幫助我們信守承諾，具體化創造了我們付諸行動所需的空間。

當你重新找回自己的生活與在其中的位置，並擁抱讓你成為「你」的一切時，機會將自然而然地浮現，支撐並拓展你的好奇心與興趣。別陷入這樣的思維陷阱：「我無法再做這件事，因為我得先準備所有工具」或「我沒有時間」，先踏出第一步，允許自己去享受，即使一開始只是一小段短暫的時光。

有哪些練習，是你可以考慮應用到自己向前邁進的計畫之中？把它們寫在你的日記裡，敞開心扉、發揮創意，為自己設定一個目標。你永遠無法預測你的故事將把你帶向何方。

Chapter 15

如何幫助孩子面對長期哀慟，同時關愛自己

「在自己也處於哀慟的狀態下，要幫助孩子面對悲傷可能會很困難。關心自己也非常重要……」

——心理治療師、職業臨床社工師艾美・莫林（Amy Morin）

一段缺少陪伴的人生本身就是一種悲傷，對許多人來說，這種感受很難用言語表達。如果你的孩子在年幼時就失去了重要親人，對那個人沒有任何記憶，那麼這趟旅程可能很早就開始了。如果你正在幫助失去至親的孩子，那麼，你已知道自己扮演著關鍵的角色了。重要的是讓已故的至親留在意識裡，透過名字和形象、講述關於他們的故事、流暢且大聲地說出他們的名字。也請考慮這個事實：無論我們做什麼，孩子都會感到悲傷，也會以某種方式消化他們的悲傷。如果我們愈開放，就能為他們保留更多的空間，他們經歷的過程也會更加順暢。

分辨兒童的長期哀慟表現

「失去父母時，那個孩子就會在與他人不同與孤獨的感受中成長。他會在心裡某個不為人知的角落寫下一則故事——一則關於失落、痛苦和戰勝這些痛苦的故事。」——瑪可辛・哈里絲（Maxine Harris），《永遠的失落：失去父母的終身影響》（*The Loss That is Forever: The Lifelong Impact of the Early Death of a Mother or Father*，暫譯）

儘管我們不願太早經歷失去至親的痛苦，但事實證明這是難以避免的。有些人在嬰兒時期就失去了親人，有些人則是一起度過了漫長的歲月後才失去他們。沒有一張所謂的路線圖會詳細地描繪失去親人將如何影響我們的一生，但有一些議題值得我們思考。

在此，我們會把你當成是一位失去至親的孩子的父母或照顧者，但若你在閱讀這個段落時想到了自己，請為自己保留一個空間，回憶起那個年紀的自己，以及你當時的想法與需求。孩子在經歷自己的哀傷過程時，往往是由同樣正在哀悼的人來支持，這些人對於不同發展階段的需求與特徵可能有著不同程度的了解，而處於強烈哀慟階段的人通常沒有多餘精力去照顧其他人。

無論你在幾歲時經歷失去，讓我們從長期哀慟的共同經驗開始。一開始，常見的感受與反應包括：憤怒、矛盾心理、渴望以及努力不懈地想找回失去的那個人。年齡往往決定這些情緒反應的表現方式，以及它們如何受到理解與表達。一般來說，與兒童相比，成年人擁有更多的生活經驗，也有更多能辨識感受、提出需求的參考。孩子們往往都對感受感到很困惑，甚至連說出那是什麼樣的感覺都很困難。對他們來說，憤怒可能更像是一種衝動，他們可能會透過強迫行為和神奇思維來展現自己對摯愛執著的渴望。失去父母、手足或是其他珍貴的至親，對幼童的影響可能會持續數年，尤其是在未獲得其他重要成人的支持，讓他們得以表達並處理所有的感受與恐懼的狀況下更是如此。麥可描述了孫女是如何在父親過世的這五年間持續消化她的哀慟：

我的孫女有數百個絨毛玩具。她的床邊圍繞著這麼多玩具，數量多到她根本上不了床！她堅持要以相同的順序排列這些玩具。現在她十歲了，看起來似乎不會這麼快放棄她的泰迪熊。我們只能接受這件事。

對於照顧者、老師和其他成年人來說，知道以下這一點是很重要的：孩子在失去至親，尤其是失去父母或兄弟姊妹，仍有可能在幾年後出現像是焦慮、憂鬱、注意力缺失、自閉症、強迫症和學業表現落後等問題。失去至親改變了孩子生命裡幾乎所有事物的形狀、質地、流動和規律。這並不代表他們就不能繼續過著精采豐富的生活，但確實意味著生活中與他們有關的重要成年人，需要留意他們的潛在問題。

永恆是一個難以理解又令人感到害怕的概念，尤其將這個概念運用於我們已故的摯愛時。年紀較長的孩子和成年人知道時間與終結的概念，但嬰兒、幼兒與兒童都還無法理解。我們很容易能觀察到，當孩子試著與一個不在身邊的人建立關係時，立即的悲傷反應可能會演變成長期未解的哀慟。即使是在親人離世多年以後，許多人都說他們曾在車輛裡或人群中「看見」親人，各種年齡層都有人曾遇過這個情況。帕蜜拉發誓曾在父親去世的十八個月後，看見他坐在一間餐館裡：「我從停車場看見他坐在窗邊，戴著他最愛的那頂棒球帽，我差點就要過去找他了！」這種尋找已故至親的行為，在各種年齡層都可以觀察到。

無論是在幾歲失去重要親人，孩子都有可能出現行為退回發展階段的情況，且持續一段時間。已學會上廁所的孩子可能重新出現尿床的情況；青少年可能會想睡在父母的房裡，或是不願意外出；此外，太過沉重又充滿壓力的責任，可能會讓成年人期望將生活瑣事交給別人打理。這裡潛藏著一場需求之間的複雜鬥爭。我們很容易可以想像，如果一個成年人長期處於哀慟造成的痛苦之中，需要釋放壓力，卻還要照顧那些不只是突然陷入悲傷，還會做出無法預期、不成熟甚至是干擾他人行為的孩子，可能會更加困難。長遠來看，照顧者對這些退化行為的反應，對悲傷的排解有很大的影響。這也是為什麼尋求支持、增進理解孩子的表達方式，會如此重要。

失去摯愛對人生重大階段的影響

伊恩在十二歲時失去了父親。二十歲時，他問說：「如果爸爸還在的話，不知道我會成為什麼樣的人呢？」現在，他四十一歲了，他告訴我們：「我每天都還是很想念他。」

——帕蜜拉

另一件要記住的事情是，在每個發展階段或重要的里程碑上，我們都會重新定義自己的人生。畢業、新工作、更獨立自主、穩定交往、成為父母——這所有的一切，都會變成另一件父母無法親眼見證的人生大事，成為另一個悲傷的時刻。代謝這種失落感並將其融入自身，是我們這一生的目標。

那些年輕時就失去至親的人，可能無法自在地談論他們，有些人覺得提起他們的名字好像會讓其他人不舒服；有些人則是對其他人擁有的親密、緊密的關係感到難過又嫉妒。這種經歷帶來一種與眾不同的感受、一種「格格不入」的存在感，這種標記會伴隨一生，使特別的時刻充滿複雜情感，最好的情況是苦樂參半，最壞的則可能讓人難以承受。似乎社會對於「失去的時間長短」有所評判，失去的時間愈久，談論的空間就愈少。同時，那些在年幼就失去親人的人可能會認為，這件事是他們人生的開端，往後的人生都受到其影響。

無論我們是在療癒自己的內在小孩、處理我們成年時所受到的傷害，還是在另一個人的漫長之旅上幫助他們，了解一個人在遭受強烈失落時所處的人生階段對我們來說都是有幫助的，這也讓我們能以溫柔和疼惜角度來關心自己。

你可能會問自己的問題

✦ 我該如何幫助仍難以走出哀慟的青春期孩子？

對青春期的孩子來說，憤怒是很常見的情緒，與此同時，憂鬱、焦慮和強烈的反應也經常出現。當面對一個表現出這些情緒的人時，保持專注和陪伴可能會變得困難。因此，尋求自己的支持是個不錯的做法，特別是當自己也正經歷哀傷時。

我們不必知道所有的答案，不需要解釋所有的原因，或是試圖理解死亡。我們的職責是和他們一起坐下來，包容他們的各種感受與恐懼，回想自己在他們這個年紀的經歷，在人生崎嶇的部分引導他們。誠實地表達你如何經歷悲傷、你如何維持情緒上的平衡，以及長遠來看你是如何考量這些事情的，這些都可以。在前行的路上為他們提供一個成年人的思考方式，是非常有價值的——青少年需要導師和指導者。莉亞是一位青少年的母親，她的孩子失去了父親，她分享自己如何處理這個令人痛苦的問題：

> 我只是試著多待在他身邊，如果他需要的話，我盡量都在。坐在餐桌旁，不專注於什麼事，只做一些簡單的事。我一直希望兒子能主動開口，但情況並不如我所期望的那樣發展，不過他有時候會和我待在一起，把頭靠在我的肩膀上。我知道如果我強迫他，他會拒絕，所以我正在學習等待適當的時機，希望有一天他願意談論任何事情時，我不會錯過。

✦我們失去了一位家庭成員，這對其他家人造成了嚴重的影響，我的孩子也注意到了。我該如何確保孩子不會被其他人的情緒淹沒？

親人過世會對整個家族帶來衝擊，特別是如果這個人是家族的重要成員——父母、子女、兄弟姊妹或祖父母，他們的離世所帶來的衝擊會蔓延到家庭成員的內心深處。

舉個例子：一個孩子失去了他的祖父母，但由於他們並不熟識或相處時間不多，雖然他明白這是一件令人難過的事，也有一些難以形容的感受，但整體而言，這個失去並沒有對他產生深遠的影響。然而，這個孩子的母親因為失去父母而悲痛不已。在接下來幾年裡，這位母親的狀態從極度焦慮變成慢性壓力，因為她必須處理喪親所要面對的一切，同時應付持續性的哀慟。這個孩子則經歷了母親從原本的樣子變成幾乎完全不同的人，這種變化持續了好幾年。所以，理論上來說，這個孩子可能不是因為祖父母離世，而是為了母親的變化而感到悲傷，同樣地，年紀會影響這個孩子表達這件事的難易度。這個孩子的行為看起來可能很像焦慮。我們可能會觀察到退化行為，在學校可能會出現壓力或分心的狀況，或是產生其他的問題。我們可以看到人們很容易說出：「哦，強尼有焦慮症，他需要治療。」或是「露西患有注意力不足及過動症，讓我們來安排相關的事情，檢查一下用藥。」然而實際上孩子正承受著巨大的擔憂，也或許是恐懼，他們無疑需要投注精力以維持安全感。

完全停擺←――――――――――→開啟溝通

在某些情況下，親人離世可能會引發持續出現的新壓力。如果親人死於遺傳性疾病，家族裡的成員現在可能需要定期接受檢測。根據接下來幾年情況的發展，這些問題很容易對孩子造成巨大的壓力，甚至是令人懼怕的感受。他們可能會想：「我會死嗎？我的兄弟姊妹會死嗎？我的爸媽呢？」我們必須意識到，也要有所警覺，孩子會像海綿一樣吸收家庭裡的壓力。儘管有時我們無法改善實際情況，但主要照顧者確實肩負著保持自身穩定以支持孩子，以及保持開放及通暢溝通的重大責任。

✦我該如何在關心孩子們的同時，也處理自己持續性的哀慟呢？

失去至親後，許多責任落到父母肩上，他們還要處理自己的長期哀慟。這確實無法避免。重要的是須明白：沒有人能完美地處理這件事。在這件事情上，完美並不存在。我們可以看到它更像是上圖那樣的連續過程；愈接近這個連續過程的右側愈好。一般來說，當成年人可以照顧好自己，有方法能處理、整理、克服情緒時，也能把這件事處理得更好。這通常意味著成年人為了騰出空間給孩子而努力控制情緒，他們會尋找更多方法來管理焦慮、減少反應，在大部分情況下也不會疏於照顧孩子。接受治療、尋求朋友與家人的幫助，以及加入能以鼓勵和有效的方式處理、發洩情緒的悲傷社群，讓自己了解不同發展階段的意義，都是我們能採取的有效方法，幫助控制情緒並履行職責。

此外，請記住，溫柔地照顧自己也是這個過程的一部分。我們常常誤以為自我照顧必須是奢華或耗時的。按摩很好，靜修也不錯，這些當然都很棒，但你知道嗎？它們通常價格昂貴，也不總是實際可行。如果我們總是在等待「完美時機」來做一件大事來照顧自己，那麼我們就會錯過許多日常中能愛自己、減少壓力與負擔的小機會。你不必參加一堂一個半小時的瑜伽課——你可以在家裡做五分鐘的拜日式*。你不用去預訂一整天的水療服務，在一個你回到家就失去效果的治療上花上數百美元。你可以在早上多花十分鐘精心地準備、享用一杯熱可可，或是注意到，每天早上望向窗外時，天空都是不一樣的。你每天都過得像在處理緊急情況嗎？如果是的話，你是否能花點時間放慢腳步、看看四周、讓自己單純地存在於當下？

✦我很擔心孩子們的身心健康，我認為他們還處於哀慟的情緒之中。我何時該向別人求助？

你是否注意到孩子的行為有出現任何可能需要專家介入的重大變化？在孩童的身上，這些變化看起來可能會是持續且強烈的分離焦慮、學業困難、無法專心、憂鬱、有強烈的控制欲、抽動或儀式化重複行為等焦慮習慣，或是強烈的情緒起伏。在年紀大一點的孩子身上，我們可能會觀察到更多叛逆的行為、疏離家人、嘗試使用或增加藥物和酒精的用量、成績下滑、不再參與過去喜愛的活動等情形出現。這些對父母來說都是令人憂心的問題，也很難控制因此而產生的焦慮。

如果你很擔心，可先與兒科醫師及你的治療師談談。根據孩子的年齡，對父母來說，有時，在為孩子安排治療前先尋求幫助，處理自己焦慮與擔心的情況會比較好。即使孩子已經在接受治療了，繼續這樣做也是很有幫助的。盡量確保孩子不會獨自面對哀慟的過程，這一點非常重要。

＊Sun Salutation，起源於古印度，是一組由十二個動作組成的瑜伽伸展，藉以向太陽致敬。

對年幼的孩子來說，若能以適合發展的方式處理會非常有幫助。年紀較長的孩子和青少年能從各種治療方法中獲得幫助，這當中包括團體治療，他們能與其他經歷過喪親的孩子交流。畢竟，他們現在是特別的一群人，了解其他人所不知道的悲傷。

如果你觀察到孩子陷入掙扎，阻礙了他們享受生活、參與基本日常活動的能力時，就該是時候找人談談了。

✦我的孩子失去了一位親密的朋友。我該如何幫助他們度過這個難關？

如果你正在幫助孩子處理失去朋友的哀慟，以下的建議值得參考：

- 傾聽，但不要試圖解決問題，或是做出你無法確定自己能否兌現的承諾。
- 照顧好自己的情緒。留意自己是否因孩子失去朋友而受到影響，採取必要的步驟以獲得自己所需的支持，才能陪伴孩子度過難關。有時，父母如果沒有處理好自己的情緒，可能會在無意間將痛苦與焦慮傳染給孩子。
- 父母遭遇不測往往是孩子們最懼怕的一件事。自然地提起那些能「保障」他們安全的人、無論發生什麼事都會陪在他們身邊的人，這麼做能對他們有所幫助。有些父母會把這些人的名字和電話貼在冰箱上，或是其他能時常看到這些資訊的共同空間。這麼做增強了孩子的保護網，也提供了基本的安慰。生活裡什麼事都可能會發生，知道有人會照顧我們令人放心許多。

- 與孩子一起討論，詢問他們是否想做些什麼來紀念朋友的生日或忌日。他們可以去一個有意義的地方獻花，捐錢給與朋友過去生活有關的組織，或是到該組織進行志工服務，也可以帶禮物給朋友的父母。

有幫助的練習與儀式

❍善用搬家的機會

失去伴侶或孩子的照顧者後，我們可能會需要搬到一個新的家。無論年齡大小，搬家對孩子來說都很困難。如果你們是在至親離世後搬家，即使他們已離開許多年，這件事也可能十分困難。你的孩子也正在經歷悲傷的漫長之旅，而搬出原本的家是這趟旅程中的其中一段路。他們對這一趟艱苦的路程會有自己的反應、想像、恐懼、焦慮和需求，需要有力的指引來幫助他們度過這個階段。

以下這些練習可以在你和孩子準備離開舊家時進行，也可以在抵達新家後繼續進行。根據孩子的發展階段與年齡，亦可進行適當調整。

❍是時候拍一些照片了

就像翻閱舊家庭相冊一樣，我們有時會喜歡回顧過去，與親近的人分享共同的回憶，獲得安慰，那麼，何不把你的家當作靈感來源，來記錄這段重要的時光呢？

在開始收拾打包之前，先為你的家拍些照片吧！記得捕捉你最喜愛的角落，無論是室內還是戶外。還可以從窗戶向外拍攝，留住那些不同視角的風景。這些照片將成為珍貴的回憶，未來可以隨時重溫，尤其對孩子來說，當他們長大後，或許對舊家的記憶已變得模糊，這些影像將幫助他們回想起曾經生活的地方。

❍跟重要的地方與人道別

你們可能會想拜訪一些人與場所，好好地跟他們說再見，尤其是當你們要搬離原本居住的城鎮時。在搬家的一、二個月之前，請和孩子們一起列出對你們來說都很重要的人與地方。也許你們已安排好聚會，準備與親密的朋友與家人道別，但那些你們經常見到，卻不一定會邀他們來參加送別派對的人呢？像是雜貨店老闆或在郵局工作的人們？這些面孔和個性為生活增添了色彩。至於場所，也許是你們當地的玩具店？或是附近轉角的公園？和孩子們一起規畫拜訪這些地方與人，看看你們想在那裡做些什麼事。可以是一些簡單的事情，例如說一句再見與謝謝、送一朵花給他們，或是餵松鼠。為這些特別的地方與人物拍一些照片，這樣我們就可以隨時回顧。發揮創意吧，如果你的孩子在進行這項活動時出現許多情緒，也不用感到驚訝。有時，搬家是令人如此難以承受又充滿壓力，以至於我們忘記給孩子們消化情緒的機會，導致他們只是被捲入成人的壓力洪流中，最終被拋入一個全新的環境和生活，卻沒有任何儀式感。

❍和孩子們一起設計搬家行事曆

兒童對時間的感受與成人不同。在感知上，隨著歲月流逝，時間從非常即時的體驗變成一種對於過去、現在與未來的感受。透過時間為搬家建立基礎，能幫助所有年齡層的孩子了解現在正在發生的事，以及未來即將發生什麼事。你會需要：

- 一份夠大的行事曆，讓你們有足夠的空間可以為每天寫下幾項活動。

- 不同顏色的細麥克筆。
- 小貼紙（特別是給年幼的孩子）。
- 能把這份行事曆掛起來的顯眼之處，例如廚房。

和孩子談過搬家這件事後，就可以引導他們了解時間規畫與該做的準備。請一起在行事曆上寫下搬家的日期，如果可以，請將新家照片放在行事曆上。也請寫下具體的事項，包括搬家那天會發生的事，以及可以讓他們幫忙的事，例如打包碗盤、跟鄰居道別、收拾房間。請在孩子打包或協助任何跟搬家有關活動的那天（雖然去商店買紙箱可能不有趣，但孩子的參與是必要且重要的），在行事曆上貼上一枚貼紙，以讚揚他們的努力。孩子都很喜歡確認今天是哪一天，你可以讓他們劃掉朝著搬家日邁進的每一天。讓原本看似超現實和抽象的經歷，變得更實際也更容易辨識。

❍搬家的願景板或相簿

「你是認真的嗎？我快要搬家了，你還要我做一本相簿？」你可能會這麼想。但別擔心，這不需要是贏得最佳創意獎的相簿。這可以是一本相冊、一個布告欄、一大張貼在冰箱上的白紙，上面有著整齊排列的照片。我們的想法是：讓孩子看看搬家實際上是怎麼一回事。你想回溯到多久以前都可以，如果你在孩子出生前住過某個地方，你可以放上一張那裡的照片，然後依序加入你們後來居住過的地方，最後放上即將搬去的新家照片。你甚至可以放上你童年居住過的地方。這樣做的目的是透過圖片讓孩子看到「搬家」是人生的一部分，幫助他們建立對變化的信心，讓他們明白，地點會改變，但人可以適應並繼續前行。盡可能讓孩子參與這個過程，也許還可以增添幾頁，讓他們記錄自己喜愛現在的家哪些地方，以及對未來新家的期待。

❍在舊家留下自己的標記

對任何年紀的孩子（和大人）來說，離開曾與摯愛一起住過的家可能會非常痛苦。感覺好像是把他們拋在了後頭一樣，我們很難將這種感受與實際情況調和在一起，實際情況是，不管去到哪裡，我們都會帶著他們的回憶，以及我們對他們的愛。而以具體的方式標記自己曾去過的地方，對所有年齡層的孩子都有幫助。

問問他們和自己：「在離開此地，前往別處展開人生新篇章前，你想以什麼方式留下自己的印記？」以下是一些我們的想法，也請你盡情發揮想像力！你可以根據自己獨特的生活情況來調整這個練習。

- 在院子可能會被閒置的地方，種植一棵堅韌的多年生植物。
- 撒下一些野花種子。
- 寫一張紙條，或只是一個字，然後把這張紙條埋在院子裡。
- 留下瓶中信給新的屋主或租客（孩子們通常都會好奇將來搬進來住的是誰，也喜歡與他們建立連結，即使這不一定是一段實際的關係）。
- 讓孩子在櫥櫃、衣櫥後面或其他隱蔽處寫下名字的縮寫。

享受這個過程，給予自己和孩子足夠的空間去感受情緒。選擇一個不匆忙、不因最後一個房間還沒打包而感到慌亂的時刻，來進行這些活動。請慢慢來，因為你自己也正在經歷這段過程。

敬奉祖先

敬奉意味著極大的尊敬與崇敬。就敬奉祖先來說，我們指的是一種特定的習俗或儀式，目的是向我們已故的家人表達尊敬之意。在某種程度上，世界各地的人們都會這麼做，原因有很多種，包括向祖先尋求當前問題的解決之道、幫忙確保死者來世的安寧，以及維護連結與家庭的秩序。

有許多方法能做到這一點，遠超出我們在此能描述的範圍，但如果你發現自己對與祖先建立連結的儀式有興趣，有很多可以參考的資源。瑪洛莉·沃杜瓦絲（Mallorie Vaudoise）寫了一本很棒的書：《敬奉祖先指南》（*Honoring Your Ancestors: A Guide to Ancesral Veneration*，暫譯）。她在書中分享：「敬奉祖先所指的，可以是任何能讓我們重新與祖先產生連結的儀式或靈性實踐。研究家譜、煮祖母最喜歡的菜餚、學習自己文化中的民俗歌謠與舞蹈、在夢中與逝去的親人對話，這些都是敬奉祖先的例子，讓靈性的途徑變得更多元。」

這些方式能為因失去親人而陷入哀慟的孩子帶來極大的慰藉，因為敬奉祖先所強調的意義是，我們的前人都屬於這個宏大又悠久的故事的一部分。

逝者的象徵

人類是象徵性的物種。從在洞壁上作畫、在沙上留下印記以來，我們就一直以圖像展示那些對我們重要且有意義的事物。當我們為已逝的親人這樣做時，無論大人或小孩都能從中獲得慰藉。有些人會將已故的親人與某種動物、一組數字或時鐘顯示的時間連結起來。有些人的家裡、壁爐上或皮夾裡都有摯愛的象徵性圖像。我們可以鼓勵孩子這麼做，幫助他們意識到能以什麼方式讓摯愛出現在生活裡。以下是一些例子：

- 給孩子那些曾屬於他們的摯愛、富有意義的物品。
- 留意你的周遭有哪些野生動物，並思考某些動物象徵性的意義。
- 如果家族與某些地方有淵源，可以考慮將源自那個地區、適合已故摯愛的習俗或儀式融入家族裡。
- 準備摯愛在特殊場合上喜愛的食物，不避諱地談論這件事。

無論你做什麼，都請盡情發揮創意、充滿靈活性，甚至有些古怪也無妨。這個象徵的美好之處，在於它讓我們感受到摯愛與我們同在，讓我們無論身在何處都可以想起他們，並傳遞我們的愛。

○留意自然的規律變化

這是一個有點抄捷徑的想法，能幫助孩子和我們更立基於自然、生活以及實際的生命循環。愈與大自然的流動保持同步，我們就愈能擴展對於自身也是生命循環一部分的理解。大自然既美麗又賦予生命，同時也擁有強大的破壞力。根據你所居住的地方，與四季的關係和儀式可能有所不同。我們的社會高度資本化，節奏快且持續不變，但如果我們退後一步，仔細觀察背景，就會發現有另一種節奏在運行。透過感受每個季節獨特的氣味與變化，我們能更加融入這個充滿動態的整體。我們從中獲得許多好處，其中之一便是讓內心和思想有足夠空間去感受生命節奏。有時，我們充滿能量，樂於向外探索；有時，我們需要安靜下來，內觀自己，照顧內心的疲憊與傷痛。大人們可以透過放慢腳步，讓孩子認識到我們也是自然的一部分，幫助他們在自己身上找到這個開闊的空間。

幫助孩子們度過漫長的悲傷旅程是一件艱鉅的工作，在幫助他們的同時，你是如何照顧自己的呢？如果這個章節裡有任何對你有所啟發的建議，請花點時間把它們記下來，並擬定執行計畫。幫助一個正在經歷悲傷的孩子，永遠不會太晚。

Chapter 16

如果這曾是一段令人感到痛苦的關係

「儘管悲傷源於某種形式關係的結束或失去，它也能開啟一趟更偉大的旅程——一段探尋生命意義的旅程。」

——薩米特．M．庫馬爾（Sameet M. Kumar），
《正念哀悼》（*Grieving Mindfully*，暫譯）

有時，最令人痛苦的關係，也是最難讓人哀悼的。這是有原因的，如果這是你所遭遇的情況，那麼你並不孤單。光是面對一段沒有衝突的關係所帶來的哀慟就已經不容易了，當痛苦成為你與某個人感情連結的主軸時，那麼你失去的就不僅是你所愛的人，也失去了一個你可能想達成某種和解的對象。即使這段關係痛苦到必須結束的地步，這也不代表這段關係不存在。事實上，我們還是在一段關係之中，只是這段關係被中斷了，安瑪莉分享了這段故事：

我的丈夫外遇，死的時候還和她在床上。當然，我對他的背叛感到非常受傷和憤怒，但我仍然為他的死感到悲痛，我的家人覺得我簡直瘋了。

家庭系統理論顯示，事實上，情感上已中斷的關係，往往比那些不健全但個體間仍有連結的關係承載更多能量。也就是說，沒有人能毫髮無傷地擺脫哀慟這件事，若是有些人的關係裡充滿未解的問題，那他們必須做很多額外的努力，因為從關係中獲得治癒也是這個過程的一部分。

在哀慟中治癒受傷的心

不管過去或現在，無法在母親在世時向她表達憤怒，讓我悲傷不已。但這樣的一個人，也給了我許多有趣、美好的回憶，即使這當中有許多問題都是她缺乏自覺或否認現實情況的限制所造成的。

——瑪雅

快速走過書店裡陳列自我幫助和心理學書籍的走道，我們會發現各種涉及父母、兄弟姊妹和祖父母等複雜關係，以及與家庭成員的成癮問題；精神疾病、人格障礙；生活環境，例如貧窮、離婚、重組家庭等問題的書籍。為什麼會這樣呢？因為人生就是這麼難。因為家庭只不過是一群一起生活的人，透過承諾或ＤＮＡ結合在一起。愛、情感、承諾、希望、依賴、信任、養育和陪伴——這些都是家庭關係裡的一部分，這些功能的差異，展現了世上各式各樣的家庭生活。

沒有人能保證我們會誕生在一個功能健全的家庭。有些人的家人脾氣極為暴躁，有些人面臨成癮問題，有些則有極大的情感需求，需要依賴家人或其他人來滿足這些需求。

當失去與我們有著一段複雜、痛苦或創傷關係的至親時，我們往往必須處理一系列令人混亂的情緒。這趟漫長之旅中有許多出口，這些出口有時會把我們帶進死路，有時則會通往沒有顯示在地圖上的有趣小路。死路，是指那些標示著「放下吧！他們在傷害你」或是「他們走了，你終於可以過屬於自己的人生了」的道路。我們也許可以在這些路上閒逛一下，但對很多人來說，有一股自然的力量會促使我們回歸通往真正療癒的那條道路，希望我們回頭尋找另一條名為「學會面對現實，哀悼過去，哀悼那些我希望有做到的事」的道路上。

布倫娜的父親因長年酗酒和藥物成癮而離世。這個漫長而拖延的過程令她非常痛苦。他在世時，她為了抵禦痛苦而築起的各種防備，現在成了必須拆除的高牆，只有在拆掉這些高牆之後，她才能真正開始療癒自己。當她移開每一塊圍繞在她柔軟、脆弱的痛苦旁的磚石和木板時，她發現她有多努力不讓自己再次遭受到那種心碎的感覺。在療癒自己的過程中，她的父親在她心中再次變回一個完整的人，那個為她的誕生感到欣喜若狂、小時候陪她玩耍、深愛家人的父親。重要的是，他曾有許多面貌，包括那個受制並死於成癮問題的人。她如此描述：

在父親去世前，我和他的關係非常緊繃。我已經有三、四年沒跟他說過話，因為我對他還有他對我們家的所作所為感到非常生氣。我清楚地記得，有時我會在哥哥和弟弟的棒球比賽上，或是祖父母硬拉著我們所有人去參加的彌撒儀式中看到他，他會試圖跟我交談，或是告訴我他很愛我，但我甚至無法直視他的雙眼。他過世時，我感到非常愧疚。如今已經不可能再跟他說話了，我最想做的莫過於告訴他我有多麼抱歉，還有我愛他。我花了一些時間消化並擺脫這個沉重的負擔。最終，我認為這件事讓我意識到修復重要關係的意義，因為我們永遠不知道對方會發生什麼事。

處理失去親人的痛苦，一個我們對其感到憤怒、怨恨、恐懼或承載創傷回憶的親人，是一種持續的自我憐憫行為。對許多人來說，已不可能與對方和解，沒有機會一起受到治癒或是為自己平反了，所以，持續的悔恨就成了常態。如果那些被留下來的人相信，只有親人還活著才能撫平這種傷痛，那麼這種感受對他們來說就會像是一種負擔。帕蜜拉如此描述她的經歷：

我的父親在我四十多歲時過世。我們的關係很複雜，大部分是因為他的酗酒問題，還有對我母親的虐待行為。他病死於癌症時，我出現了一股複雜的感受，我為他從病痛中解脫感到寬慰，但也為可能永遠無法完全解決我們之間的問題而感到悲傷。經歷多年的治療，我才了解這段艱難的關係。

有些人在關係中受到嚴重的虐待和忽視，需要耗費一生，才能從威脅和有毒的言語、身體攻擊和毀滅性的忽視所造成的瓦礫堆中爬出來。與持續強烈的悲傷感受不同，有些人描述他們什麼感覺都沒有，沒有解脫，也沒有悲傷——只是無感。莫琳分享，她的父親幾年前去世了，她很難跟其他人談論這件事，因為人們似乎期望她能有某種感受，她寫道：

> 我收到了通知，然後繼續過我的日子。他是一個很糟糕的人，我已經有十多年沒見過他了。我絕對不會讓他見我的孩子，他完全不屬於我人生裡的一部分。他的離世對我來說不是解脫。我覺得這只是一個消息，一個讓我們極度不安的消息。

這些故事都反映了以下的現實：無論我們和逝去的摯愛有一段怎麼樣的關係，有時，為他們哀悼都會變得複雜又棘手。你可能以為自己在悲傷之旅上表現得不錯，但某些情緒突然湧現，讓你掉入一片荊棘之中，需要花上一點時間才能拔除所有尖刺。摯愛不僅教會我們什麼是愛與連結，也讓我們明白失去、痛苦、憤怒與悲傷，不只在他們去世之時，而是持續存在，一次又一次地融入未來的生活之中。

我們繼承的悲傷與創傷

我的外婆是在我媽媽八歲時過世的。我二十幾歲時，我媽媽告訴我她在浴缸發現外婆屍體的事。從那之後到長大成人前，她一直住在一所天主教孤兒院裡。外婆逝去所造成的影響也傳給了我。媽媽要如何向她不太熟悉的母親告別？我們該如何向「缺席的人」說再見？外婆的離世，無形中塑造了我母親為人母的特質，而這樣的特質又經由她傳遞給我。

——瑪雅

在某些家庭中，悲傷與創傷像河流一樣在世代之間流傳下來，對關係與健康造成各種錯綜複雜的影響，往往也會對親子的相處方式造成影響。如果上一代的人沒有覺察、充滿同理地處理他們的悲傷與相關的創傷，這些經歷所造成的影響就可能會傳給後代子孫，造成家庭功能失調。父母可能因為承襲而來的心理創傷而產生強烈的焦慮，導致他把孩子看管得太緊。孩子會透過潛意識的線索或他們可能聽過的故事而察覺到事情有些不對勁，但父母尚未理解他們自身焦慮的原因，因此孩子也無法將這些線索與父母的焦慮連結起來。舉例來說，一位母親曾分享，她的父親在遊樂園的遊樂設施上不幸罹難，因此每當她帶孩子去遊樂園時，她潛意識裡受到這段創傷的驅使，總是不自覺地阻止孩子盡情玩樂，甚至連最溫和的遊樂設施都不讓他們嘗試，只因內心深處的恐懼作祟。

跨世代的治癒與成長

我媽六個月大的時候，我的外婆因為產後憂鬱症而自殺了。失去母親這件事影響了我媽的一生。我從事臨終關懷工作前，在一個家庭與兒童有關的計畫中服務了十八年，為懷孕的女性及新手爸媽提供育兒第一年的支持，這是我一生的志業。我覺得我能運用父母給我的愛與慷慨來治癒我媽、我自己以及上個世代的痛苦……我能辨識、放下並整合我們從失去祖先、失去外婆的悲劇中所獲得的禮物。我了解並能識別出家庭系統中精神疾病的普遍經驗。

——珍妮

我們並不總是知道自己正在治癒世代的創傷，但是，進入那股強大進化之力的我們非常幸運。這並不容易，但我們可以稍微跳出這段歷史，以宏觀的角度來檢視家族所經歷的一切。成癮問題可能是一個簡單的例子，有多少人曾在家族裡面臨成癮或藥物濫用的問題呢？我們能以完全個人的角度來看待這些故事，主要聚焦在一個人的行為如何影響我們個人。但很多時候，如果我們退一步，再退後一步，以更宏大的視野檢視家族裡發生的事，我們往往會發現成癮問題源自另一個成癮問題，而成癮本身又源於某種形式的創傷，這些創傷可能又來自其他創傷或哀慟。接下來，我們就可以聚焦、專注於自己的生活與行為。我們可以自問：「我還要繼續跟著陷入這種成癮、創傷或哀慟的模式嗎？或是做出一些改變，更有意識地覺察此時此刻的生活，治癒自己、讓自己成長，繼續前進？」這些都是家族裡的重要時刻，它們往往會改變後代子孫經歷這個世界的方式。

理解這件事的其中一種方式是，別讓所有的痛苦與心碎白費。即使某個特定的問題不屬於我們的旅程，我們仍然可以利用摯愛經歷痛苦所換來的智慧，將其運用在自己的抉擇與生活中。

你可能會問自己的問題

✦ 我與親人之間有許多未癒合的傷口，我該如何在關係裡存在這麼多傷痛的情況下繼續前進？

如果我們有機會在親人離世前好好處理彼此之間的問題，那我們便獲得了一份珍貴的禮物。如果我們從來都沒有機會解決這些事情，情況就比較棘手了。如果你想靠自己處理這些未解的問題，首先要明白這一點：你正在做一件重要的事。這件事是真實的，就像親人坐在你面前，和你一起討論解決問題一樣。在這項重要的工作中，我們要面對自身的心靈，處理因過去所發生的事件、與我們緊密相關的主題和發展情節。當你做好準備時，你可以嘗試某些形式的治療、靈性指導、家族研究、寫日記或寫信，幫助我們走過這段旅程。

✦ 為什麼我仍會為這段如此複雜的關係感到悲傷？

簡單來說，我們之所以還會感到悲傷，不是因為悲傷這件事本身還未結束，就是因為我們還在處理這段關係所造成的痛苦。哀悼那些我們曾經深愛，但彼此有著一段糾結、痛苦、虐待、有毒或忽視關係的人是非常困難的，因為我們之間有太多情緒需要釐清。有時，想起這個人時，可能會讓我們產生愛與渴望的感受，有時，則可能會讓我們跌入痛苦的回憶中。相關的感受、創傷時刻的記憶、一閃而過的憤怒、後悔與傷心的巨浪也可能隨之而來。死亡就是死亡，我們再也不可能與逝者一起解決這些問題。莎拉精闢地描述了這一點，她說：

> 哀悼一段痛苦的關係是我們與逝者之間的事。那是一個極為孤獨的境地，因為身邊的其他人無法真正了解我們內心深處的情感，也不知該如何幫助我們。這麼多未解決的問題與疑問，永遠也無法獲得解答或解決。隨著歲月流逝，痛苦逐漸減少，我們也更能接受悲傷的狀態。我們會開始重新掌握自己的生活，變成自己心目中的樣子。

這確實是一項你與自己內在進行的工作，與你所愛之人相關，而這並不容易。

有幫助的練習與儀式

❍我從這段關係中學到的事

失去摯愛後，為複雜的關係收尾需要時間。不過，這並沒有一定的做法。收尾聽起來像是我們把特定問題處理得一乾二淨，拍掉手上的灰塵後就能繼續前進；然而，所謂的收尾，更像是理解並代謝現實的全貌後，讓自己不再無意識地受到從關係發展出來的模式所控制。過程中，我們會獲得新的智慧，這些智慧可能會被織進我們這幅更大的人生掛毯之中，為我們的生命增添色彩、質地與真實感。隨著每一個新獲得的智慧，適應這樣的真理，便是收尾。

釐清我們從這段關係裡學到了什麼，能幫助我們完成這個過程。試試以下的方法。

請在一張紙的頂端寫下這些內容：

我和摯愛之間的問題是：

我從這個問題中學到：

我正在努力的方向是：

接著，請寫出你們之間的真實情況。無論有多痛苦，釐清你透過這段關係完成了什麼樣的事。範例如下：

我和摯愛之間的問題是：我的母親疏於照顧我。

我從這個問題中學到：我學會如何照顧自己、滿足自己的需求。

我正在努力的方向是：對我來說，依賴別人是一件非常困難的事。我正在努力學習，在信任他人的同時，也始終明白我可以照顧好自己。

思念我們已故的摯愛，渴求我們曾擁有或希望擁有的，也是持續哀慟經歷中的一部分。渴望是一種無法完全消退的痛，與其試圖壓制這股疼痛，不如考慮擁抱它。維持與已故摯愛的關係，是一種讓愛延續的方法。將這股渴求轉化成你們之間的一種新關係，是一種讓我們可以繼續前行的方式，能帶給我們新的觀點與更大的安慰。

○將自己的渴望化爲現實

明白這一點是很重要的：與我們有過一段痛苦、傷心、創傷關係的摯愛離世後，我們的傷口仍舊非常脆弱，可能會成為未來痛苦的根源。這可能會令人非常沮喪，尤其是當你覺得自己已經歷了很多事，也對你們的關係有更多的了解。但有些傷口會留下疤痕，儘管我們可以繼續前進，找到出路，但當傷疤隱隱作痛時，我們就需要照顧自己的情緒。

我們這輩子已不可能解決彼此之間的問題，至少無法一起解決了——這是死亡最令人痛苦的原因。為這個事實感到悲傷，是我們旅程中必要的一段路，你可能會比自己預期的還要頻繁面對這種傷痛。另外一點也很重要的是，我們可以在生活與內心展現出我們對摯愛的渴望——我們永遠都能面對內心的問題。該怎麼做呢？說出來。說出你對摯愛的渴望，說出你希望擁有、渴求的，然後看看在目前的生活中，是否有簡單或有創造性的方法能滿足這些需求。這個練習看起來可能會像這樣：

> 我所渴望的是：在家裡不再感到害怕，不再總是如履薄冰。
>
> 我該如何在生活中實現這件事：我可以投注時間、資源和精力來學習如何控制憤怒與挫敗感，讓孩子免於遭受同樣的感受。我可以成為我希望自己能擁有的那種父母，也可以追求富有創造力與同理的友誼關係。

○放下不屬於自己的課題

有時，悲傷會令人這麼痛苦，是因為我們把這整段關係都攬在自己身上，就好像變成這樣都是我們的責任一樣；也或者是我們一點也不覺得自己有錯，把所有責任都推給逝者。但在那些明顯涉及權力濫用的情況下，雙方通常都有責任，而弄清楚這一點能讓長期哀慟變得更容易理解與消化。

布蕾迪經常引用她的表親曾說過的：「我要放下，因為那不是我該承擔的。」這句話真有道理！我們必須承擔自己該承擔的，放下不屬於我們的責任。那麼，究竟該怎麼做呢？試試這個方式：

陷入困境的關係與原因：我的母親太冷漠了。她讓一切都變得枯燥乏味，並掌控了一切，家裡沒有任何彈性。

他們需要承擔的責任是：心理健康問題以及對失去控制的恐懼。

我需要承擔的責任是：我最終要為我對她的態度負責。我從未學會如何以尊重的方式和她溝通，不是膚淺地應付她，就是對她很暴躁。我總是避免回家過節，也從不知該如何與她相處。

我不該繼續承擔的責任：我不該為關係負起所有的責任。我們都不願改變，而她也有自己需要面對的課題，只是她從未去處理。我可能永遠也不會知道原因，但我知道她這樣的性格不是我該承擔的。

這是一個非常有啟發性的練習。你可能會發現自己一直背負著不屬於自己的額外包袱。透過放下這些包袱，你會發現我們有更多機會去審視生活與內心，也能完全掌控自己在這個世界上的生存方式。最終，這是一種解放，讓人產生勇氣。這是值得的。

當你細想自己在這趟悲傷的漫長之旅中所經歷的一切，特別是當你正在消化某個人離世的事實，而你們之間有著複雜或痛苦的關係時，你是否能從本篇汲取任何關於如何前進的想法？請記下這些想法並練習接納這些想法。對許多人來說，這是一個漫長卻值得的過程。當我們接受一切複雜而混亂的真相時，也奪回了掌控權，讓自己活出經過充分思考後的人生。

Chapter 17

罪惡感與懊悔

——挑戰與回報

「從來都沒有人告訴我，悲傷和恐懼如此相像。」

—— C · S · 路易斯（C.S. Lewis），
《卿卿如晤》（*A Grief Observed*）

我們內心更深層、黑暗的部分，都藏著某些故事，想到這些故事時，我們都會被這些深切的悲痛擊倒，希望自己過去做出不同的選擇，或是希望我們與所愛之人的關係會有不同的發展。對有些人來說，這些故事就像巨石一樣，壓垮我們的肩膀，讓這條路變得更加艱難。

如何理解自己這些層面是需要思考的重要問題，這在一個強調「不後悔！」和逃避痛苦的文化中，經常被輕描淡寫地帶過。這些文化承諾造成了極大的傷害，因為往往不會有明確的指引告訴我們該如何處理罪惡感與懊悔——這兩者都是人類經歷中的重要元素，需要受到重視。因此，當我們在面對悲傷、在前進的過程中做出選擇時，就會遭遇極大的困難。

罪惡感與懊悔的差別

「『如果當時……』是一場罪惡感的遊戲，不斷折磨著許多生者……當我們渴望理解那些無法理解的事物時，我們能做的往往就只有責備自己……努力放下這種感覺，請不要對這種罪惡感妥協。」——帕蜜拉．D．布萊爾，《我還沒準備說再見》

在我們釐清這些重要的議題時，罪惡感與懊悔之間存在著一些值得討論的明確區隔，但它們也有重疊之處。經典的《韋伯字典》告訴我們，罪惡感指的是：「違反行為準則的事實，尤指違反法律並涉及懲處的情形；一個人犯罪後的狀態，尤其這項行為是出於意識為之；自覺應受責備的感受，特別是因想像中的罪過，或因自身能力不足而產生的感受。」另一方面，懊悔的意思是：「為失去或死亡哀悼；非常思念的情感；因無法控制或修復的情況而引起的悲痛；表達一種令人痛苦的情緒。」

難怪這些情緒經驗只存在於生活隱密的裂隙之中。這些感受能帶來正面的效益，也有破壞性的一面，我們的目標是讓大家留意這些情緒需求，在自己的旅程中運用這些情緒。同時，認識到自己何時與這些情感的破壞性元素產生聯繫也至關重要。羞愧、自我攻擊、承擔本不屬於你的罪責，或是不允許自己向前邁進——這些都是我們可能與這些情感建立的破壞性關係。這或許也是為何文化試圖削弱這些情感的影響力。然而，關鍵在於學會明辨是非。

所以，罪惡感通常指的是我們做了某些違反規定的事。這些不一定都是我們有意識到的，但經常與一些我們未能及時察覺的道德或倫理準則有關。有時，我們需要為這些罪過道歉，有時則需要承擔後果。為了讓自己獲得真正的自由，我們幾乎總是需要承認並誠實地面對，即使對象是我們自己。

懊悔則是更沉重一點，觸及罪惡感、自責甚至是渴望的感受。它涵蓋了我們對特定事件與選擇的反應，這些事件與選擇在某種程度上是我們能掌控的，但也有我們無法控制的時候。即使無須為對方的行為負起任何責任，我們也可能會為這段痛苦的關係感到懊悔。我們總是後悔選了這條路，或是沒有走那條路，懊悔說出口或是未表達的愛。過失並不是懊悔的必要條件，它通常是罪惡感的組成要素。

這些情緒在悲傷之旅上看起來會是什麼樣子？我們該如何區分這兩種痛苦的情緒阻礙？讓我們來看看一些例子吧！

懊悔是我們的老師

這段記憶經常浮現在我的腦海裡，我記得我不耐煩地把我母親的手從我兒子身上推開。當時，我對她的憤怒幾乎到了無法言喻的地步，而在那最短的一瞬間，我那小小的動作似乎傷到了她的靈魂。我們從沒談過這件事，但在她去世後的這些年來，我依然背負著這件事。我一直為自己的無禮和對她的傷害而向她的靈魂道歉，我希望能回到那時候，改變自己的行為。希望自己能對她更有耐心、更溫和。

——瑪姬

這是懊悔。這裡描述的是關於面對事件真相的故事，這個故事提供了一個讓懊悔成為老師的機會。瑪姬可以抓住這個機會，不僅是希望過去的自己能做出不同的舉動，而且現在也能重視這些與人相處的態度。她能在自己目前的人際關係中培養耐心與溫和的態度嗎？是否需要做一些努力來治癒她和母親的傷口？是否能反思自己如何透過雙手和表情流露出憤怒與怨恨的情緒，並因此而進步、成長和哀痛？無論是大是小，我們都可對任何懊悔的情緒進行反思。只要我們還活著，將每一天視為一個新的機會，好好利用我們從懊悔中學到的教訓。

如果只關注懊悔本身，我們就會陷入麻煩。如果我們現在不培養耐心，對那時候的不耐煩感到後悔又有什麼用呢？如果現在不將感受告訴身邊的人，後悔沒能在他們在世時傾訴又有什麼用呢？利用這位老師來幫助我們打造現在的生活吧！事實上，我們會發現，懊悔所產生的痛苦也許會轉變成對自己與他人的溫柔、善良，以及對所有人展現出的深刻同理心。

關於罪惡感

讓我們舉個例子，有個人因酒駕而害死了另一個人，根據法律規定，這個人必須承擔後果，這是一個明確的情況。然而，對於人心來說，罪惡感並不會隨著懲處的結束而消失。我們該如何擺脫自己製造出來的地獄，進入從錯誤中獲得的智慧所打造的生活？如果是意外又該怎麼辦？根據一個名為「意外衝擊」組織的創辦者表示，在美國，每年約有三萬人因意外事件而對他人造成傷害，有時甚至導致對方死亡。

如果罪惡感確實存在於悲傷之旅中，你可能會懷疑自己是否有悲傷的權利，或是自己能否承受這種人類共同經驗的所有重擔。當然，沒有人可以逃避悲傷。不過，你在旅程中將面對贖罪，也要深切地接納已發生的事實。這確實是每個人都要正視的，但有時我們所面對的痛苦過於龐大，以至於我們選擇逃避。如果你在這條特別的道路上還沒找到明確的嚮導，那麼最好找一位來陪伴自己。合格的治療師或值得信賴的宗教、靈性顧問都是可以考慮的選擇，因為他們通常習慣陪伴他人，也不會簡化人性的複雜程度。

放下你不該承擔的罪惡感

也許你感受到的罪惡感是沒有道理的，因為你確實對親人的死沒有任何責任，你也從未想傷害他們或故意讓他們遭受痛苦。在這種情況下，你的課題可能就圍繞著一個核心模式，也就是你總是將那些不屬於自己的責任攬在身上。或是，也許你會利用神奇思維來解釋，要是當初自己做了什麼不同的事，你的摯愛就不會死去了。這是一項脆弱而重要的課題，關於那些「如果當初……」的念頭——停留在這種折磨人的境界，會阻礙我們現在的生活。

有時，家庭會讓一個人承擔集體的罪惡感。有些人深信自己就是問題所在，如果當初他們做出不一樣的選擇，就不會造成今天的局面。要小心那些總是責備他人的家人。問問自己：「我是否承擔著不屬於自己的指責？」如果是的話，原因是什麼？如果你決定不再背負過去的某些事件，會發生什麼事？例如：「如果我表現得更好一點，父親就不會變成酒鬼了。」或是「如果我不把這麼多重心都放在家人身上，就能注意到朋友有自殺傾向，也能阻止她做出那樣的選擇了。」

其實，我們都只是因為不知該如何哀悼，或是害怕面對悲傷而試圖讓自己承擔那份責任。

你可能會問自己的問題

✦ 我受到像是處罰和批判的侵入性思維所苦，該如何擺脫這種壓力？

自我關懷，這是唯一的方法。

當罪惡感只會帶來懲罰、羞愧和批判時，就沒有成長的空間，因為罪惡感只會讓我們停滯不前。我們往往會因為覺得自己不值得，而限制自己的成長和進步。有時，我們完全知情，有時則完全沒有意識到，只能透過罪惡感所產生的影響來辨識。這看起來可能導致生活處處受限，也可能會出現成癮、孤立或創造力枯竭的情形。此時，允許自己充分展現脆弱，接受並面對我們生命的課題能有所幫助。

我們無法擺脫這樣的事實：如果能重來，或再次遭遇類似的情況，我們不一定會做出一樣的選擇。這就是人生，不是嗎？生命中各種因素在特定時刻會形成一系列的條件，讓我們更容易做出某個決定，更容易做出一系列的選擇。弄清楚自己在特定時刻是受什麼因素影響，讓我們有機會能回顧人生，從我們所做出的決定和錯誤中挖掘智慧，讓我們更了解自己，更有方向。

✦我的眼前有這麼多條路，要怎麼知道自己做出正確的選擇？

當你邁向意義與完整的旅程時，可能會發現自己停滯在不同的十字路口或各種崎嶇的地形上。這些十字路口或許會有指示牌，引導你朝著相反的方向前進，例如：

這條路通往新家←→留在原地

把小孩的房間改造成手工藝室←→保持原樣

個人興趣←→熟悉的日常

你會怎麼選擇？要怎麼知道該往哪條路走？許多人面臨十字路口時都會感到掙扎，因為我們鮮少在悲傷中談到如何做選擇。當我們朝向一方前進時，自然就會遠離另一方。當我們轉身離開某人、某事、一個機會或渴望時，就會產生悲傷的情緒，而這並不容易。

在日常生活中，這種情況總是以微小、看似不重要的形式出現。想像一下你坐在一間第一次造訪的餐廳，你知道這裡的食物應該非常美味，而且你也聽說主廚擅長以令人耳目一新的方式融合食物的風味。你拿到一份長長的菜單，裡面有太多選擇，你想試試幾樣看起來不錯的餐點，卻又擔心：「如果我不喜歡呢？如果我覺得朋友點的比較好呢？如果我對我的選擇感到後悔該怎麼辦？」所以，你點了一定不會出錯的漢堡。你知道自己喜歡漢堡，而且每次都點漢堡——選漢堡，問題就解決了。現在，你不用擔心自己犯錯或是選錯，或者更重要的是，你不必面對可怕的懊悔情緒。

這個關於在十字路口上做選擇的例子有點不正式，這只是為了反映我們人類一直在做這樣的事。當我們談到因為死亡而改變人生那些更大、更深刻的選擇時，如何面對選擇與懊悔的情緒就格外重要了。

遺憾與哀傷如同親密的表親，它們彼此緊密相連，這也是為什麼這些十字路口不容小覷——它們充滿了力量與複雜性。也許你曾有過這樣的經歷，在你嘗試做出重大的決定時，事情並沒有按照期望那樣發展。也許照顧者不允許你自己做決定，你必須遵從其他「更了解」狀況的人，聽從他們的意見與選擇。也許你一直都很幸運，完全不需要做決定，只要對發生的事情做出反應，而無須掌握方向盤、決定自己的方向；或是你這一生都是做決定的那個人，但你已經累了……無論如何，我們和選擇之間存在著某種關係，因此在某種程度上，我們也和懊悔脫不了關係。

也許某部分的你可能會說：「但有時候我就是想吃漢堡！」沒錯，有時我們只想待在自己熟悉的環境裡，如果這正是你在這趟悲傷之旅中所處的狀態，那也沒關係。或許明天你就會想選那道從未嚐過的香料菜餚，或是從未聽聞的水果甜點。我們收縮，又擴展；收縮，又擴展，就像一把手風琴；這種節奏，就如同呼吸一般自然。當你感受到內心的召喚時，請允許自己擴展——即使這個召喚來自你手中地圖上一個遙遠而陌生的角落。

✦ 罪惡感、責備和沉默主宰著我們家。我該如何擺脫它們的影響？

有時，事情發生得如此之快——如果我們能及時回到過去阻止災難發生，我們一定會這麼做；這樣的故事有幾百萬則。當我們的作為或無作為影響到親人的生命時，就會產生一種特殊的哀慟，這種哀慟可能會影響到後代子孫。

布蕾迪的故事說明了這一點：

在父親出生以前，我的祖父母曾有過一個兒子。他的名字是詹姆斯（吉米）。我知道吉米的存在，但並不是真的認識他。他就像是一個故事中的幽靈，但我當時不知道發生了什麼事。

後來我才知道，吉米兩歲時，我奶奶為他換了聖誕節的服裝，準備出門拍照。但她突然發現忘了幾樣東西，於是在確保院子大門是關著的狀態下跑回屋裡，把吉米放在院子裡。當她從房子裡出來時，看到大門是開著的，她趕緊跑到池塘邊，卻發現吉米溺死了。據說，當晚奶奶就發現自己懷了我父親。

家人將吉米那起悲劇意外歸咎於她，這影響了她撫養我父親的能力。雖然她確實有盡到養育責任，但累積、未處理的創傷、究責與罪惡感所產生的毒性，以及原生家庭的痛苦，讓她的人際關係陷入了困境，也限制了她表達愛、脆弱與軟弱的能力。我經常想起奶奶，也想知道，如果吉米還活著，或是如果她沒有受到責備，而是在愛、支持與滋養中度過悲傷，她會變成什麼樣子？作為一位成年人和母親，我實在無法想像她是如何克服這一切。我想，這取決於我們對「克服」這個詞的定義。

這是你的生活或家庭中曾出現的情況嗎？罪惡感、非難和沉默如何影響你的悲傷經驗？你是否能想像有什麼方法可改變這個模式？關鍵是，找個信任的人，讓他了解我們的痛苦，即使對方不是我們的直系親屬也沒關係。

✦ 我意外失去了親人，我不禁想，如果當時做了不同的事，他們現在可能還在這裡……我該如何走出這種罪惡感？

任何曾經歷至親意外逝去的人都會同意，生命中有些事情如此猝不及防又悲慘，在我們心中烙下了永恆的印記，劃開事件發生之前與之後的生活。在這樣的情況下，我們不只要面對驟然失親的哀悼過程，還可能經歷額外的難題，也許是目擊意外發生、親眼面臨至親過世、必須通知他們的家人，或對某些人來說，還有一種罪惡感，如果他們當初做了不同的選擇，至親現在可能都還活著。

在一個週末小旅行中，康納和朋友在東岸的海邊游泳。那時是觀光淡季，海灘上沒什麼人，也沒有救生員在值勤。這群人對這片水域相當熟悉，但他們沒有察覺到有一股強烈的離岸流，結果被拉到了更遠的海域——其中一位朋友沒能回到岸上。多年後，談起失去朋友的那一刻，很明顯地，那些畫面、感覺依然鮮明——他有時仍會被困在悲傷、恐懼、憤怒和罪惡感中。每當有任何美好的事情發生，或者哪怕只是有可能發生，康納就會變得焦慮，心想：「我怎麼能擁有這一切，而他卻不能？他的父母會怎麼想？」因為自己活下來，而朋友卻未能倖存，他無形之中成了自己人生的審判官、陪審團與劊子手，被困在內心那股可怕的悲傷與內疚的暗流之中。

有許多人都有類似的經歷。如果你曾經歷過這樣的事情，並且在重拾自己的生活時感到困難，不妨想想，你正走的這條路上或許立著這樣的標誌：「通往接納之路」或「意外事故無可避免——這不是你的錯」。試著尋找那些寫著「珍惜生命來緬懷摯愛」或「通往智慧」的小路。你會選擇先踏上哪一條呢？記得四處看看，沿途拾起任何寶貴的智慧。這段經歷已深深影響了你的人生，那麼，是否有可能讓它成為一種創造性的力量呢？對你而言，那會是什麼樣子？

你之前可能聽過這句話，但真正的「活著」，意味著完全去經歷愛、失去、心碎和無窮的喜悅。人類經歷的深度和廣度是很遼闊的，持續保持開放的心可能不容易。

慢慢來吧，先打開一扇小門，然後踏步向前；這或許意味著去一個美麗的地方來一場短暫的旅行，讓自己盡情享受當下，並試著將喜悅感染給朋友們，向他們表達愛意。你可以同時體驗這一切，讓自己擴展至一個所有情感都真實存在的空間。然後，你可能會發現，自己已走在全然接納生命的一條路上。

有幫助的練習與儀式

❍從懊悔中獲得的智慧

在至親去世後的幾年裡，我們需要做很多決定，如果我們對自己與逝者的關係感到懊悔，可能就會被困在原地。以下這個練習，能幫助你釐清自己的遺憾，以及從這段創傷經歷中學到的寶貴智慧。

請拿出一張空白的紙，或是翻開日記空白的一頁。畫出相等的兩欄——請在其中一欄寫下「我感到後悔的事」，在另一欄寫下「我從中獲得的智慧」。看看自己是否能想到十件你在生活中感到後悔的事，將它們列在後悔的那個欄位裡。接著，請在每一件事的旁邊，列出你從中學到的教訓或智慧。

我感到後悔的事：我後悔對媽媽很不耐煩，我那時對她很生氣，卻沒有告訴她原因，而是以其他方式表現出來，我知道那對她造成了傷害。

我從中獲得的智慧：我學會了更坦率，不再因為對某些事生氣卻不表達，而以間接的方式懲罰某人。這改善了我的人際關係，即使有時還是很難誠實地表達感受。

你看見了嗎？在我們感到遺憾的同時，也有機會觸及我們與生俱來的智慧。這些是我們在人生起伏、選擇和十字路口中，辛苦獲得的珍貴力量。

❍ 展現真實的情緒

我們遭受那些不被承認的痛苦，這些痛苦被強行壓抑進我們隱藏的深處，最終傷害了我們。以為將罪惡感或懊悔的感受隱藏起來，它們就會消失，這是一個錯誤的想法。事實上，情況正好相反。我們愈是允許自己展現、表達真實的感受，這些感受所承載的潛在能量就愈少。不要誤解：我們知道這並不容易。我們基本上是在建議你做一件任何人都很難做的事——將我們最大、最脆弱的痛苦赤裸裸地展現出來。

如果對你來說現在感覺無法承受，沒關係，只需思考它。當你準備好讓真相進入你的內心與靈魂時，這裡有一些你可以採取的步驟：

- 思考一下你想以什麼方式分享真實的感受。你想先從書寫或用錄音記錄想法和故事開始嗎？還是透過尋求治療師、靈性或宗教導師的幫助？如果你想和另一個人談論罪惡感與懊悔的感受，找一個冷靜或客觀的人是很重要的。你不會想找一個會給自己帶來額外壓力的人。我們只需要一個能接納我們的故事，在一旁見證我們旅程的人。
- 當你發現自己很難說出某些事，或是承認自己真實的感受時，請記下來，那些事情蘊藏著力量。你擔心會發生什麼事？
- 避免找藉口、合理化或輕描淡寫地帶過某些事情。這只會讓我們更不容易達成目標，難以將自己從未化解的罪惡感和懊悔的束縛中解放出來。
- 讓自己學習，並將所學轉化成日常生活的智慧。我們每個人在一生中都必須從抉擇中學到許多教訓與智慧。

我不需要這個

有時，當我們不斷想到自己的掙扎、過失和錯誤時，腦中的噪音可能會大到令人難以招架。這些噪音可能是侵入性的想法、自我譴責甚至是羞愧感。我們建議你拿出日記，問自己以下問題：

- 這些想法出現的目的是什麼？
- 這些想法對現在的我來說有什麼幫助？
- 我需要不斷重新審視自己的罪惡感與懊悔嗎？
- 當中是否存在著我需要消化或可以運用的憤怒？

請掃描你的身體，釋放那些你所承受的痛苦，並從這段故事中汲取智慧。

記住，生活並不在於達到完美，而是在於成長與進化。你有什麼成長呢？讀完這一章後，也許你對罪惡感和遺憾有了些新的見解。問問自己兩個重要的問題：你現在能做些什麼？你的摯愛希望你怎麼做？

Chapter 18

災難發生的時候

「讓我透過講述那些根深蒂固的生存迷思，成為其他人的燈塔。為我正在經歷的新生活賦予目的與意義。」

——佩克希．萊特侯斯（Pixie Lighthorse），

《紀念悲傷禱告之書》（*Prayers of Honoring Grief*，暫譯）

有些人堅信，如果我們計畫得夠縝密，準備得夠充分，或甚至禱告得夠多，就不會遭遇災難；有些人認為，無論我們做了多萬全的準備，總是會發生一些讓我們無力承受的事情，讓我們感到焦慮；有些人則透過親身經歷，知道直接面對恐懼和絕望是什麼樣的感受。災難性事件發生後的幾年，有一些重要的問題會浮現出來，而當中也存在著特定的挑戰，讓我們更難找出新的生活方式。

在這裡，我們討論的是失落——無論是個人的還是集體的——並且往往是創傷性的、令人震驚的，需要進行異常的調整，甚至在接下來的歲月裡帶來持續的壓力。自然災害、戰爭、大規模槍擊、流行病、恐怖行為、暴力犯罪——這些失落中都包含了讓悲傷體驗變得與眾不同的現實；在悲痛者的世界裡，這使得療癒變得更加具有挑戰性。有些人在悲傷旅程中可能會覺得有幫助的事物，對其他人來說，可能不僅無助，甚至會感到冒犯和有害。

在這個章節中，我們會透過當前的研究與個人的故事，來探討失去至親的經驗，這些至親離開的方式令人難以接受，讓我們覺得自己不可能再繼續前進。我們談到與現實和平相處會是什麼樣子，以及如何處理持續存在的壓力，以找出那股難以實現的解脫感。我們也分享了一些實務上的建議，有助於找回自己的生活。

模糊性失落

我的丈夫生前是一名治療師。他患有週期性的憂鬱症，但現在想想，他所經歷的其實不僅僅是憂鬱症。病發時，他無法與現實接軌，他會做出某個決定，並認為那就是事實，儘管那並不是現實的真相。我們的婚姻因為他的心理疾病而遭遇許多挑戰，我面對失去他的過程是非常複雜的。他曾出現過自殺傾向，但他甚至無法處理擦傷的小傷口——這顯示他有多麼怕痛……所以，我實在難以理解他會開車到公園，朝著自己的腦袋開槍這件事。有時，我仍會想：「他真的死了嗎？」

——阿萊雅

波琳．博斯（Pauline Boss）教授是一位心理學家與研究員，她撰寫了大量關於模糊性失落的文章，其特徵是沒有明確的結局。這種失去可以是心理層面的，也可以是身體上的；我們主要討論的是後者。

當有人因「沒有死亡證據」而消失時，就會造成身體上的模糊性失落。二〇〇四年所發生的南亞大海嘯奪走了超過二十萬人的性命，許多人的親人被高漲的海水捲走，未能尋獲。地震、颶風、龍捲風和洪水，這些自然災害在世界各地許多地方突然奪走人們的性命，讓他們從家庭與社群中消失。發生在紐約和賓夕法尼亞州的九一一恐怖攻擊事件也是代表性事件，許多人的屍體未被尋獲，家屬們被迫公開哀悼，卻沒有結論。

在許多情況下，人們不僅要面對這種失去至親所產生的模糊性失落，還同時面臨失去家園、社區和社會結構。二〇〇五年的颶風卡崔娜摧毀了密西西比州、路易斯安那州和佛羅里達州的社區，據報導造成了七個州的人員傷亡；兩年後，仍有一百三十五人下落不明。在獲得足夠的時間穩定自己、再次增強力量之前，接連而來的創傷會對我們造成極大的痛苦。

了解這種失去經驗與某些現實密切相關是很重要的，無論是這些經驗所產生的影響，或是在我們將這些經驗融入自身經歷的過程中，哪些部分有助於恢復我們的生活。首先，不知所措、動彈不得是非常正常的反應。面對這樣的失落和壓力，如果未經文化和社會儀式、互動和細節支持的明確引導，遭受這種失去的人就會處在一種停滯不前的狀態。

在這樣的狀態中持續過久，會對人體的功能造成損害。為什麼呢？關於結束，我們自然想到一種非常人性且自然的期盼。結束並不意味著「克服」、「繼續前進」或不再感到悲傷。結束是句末的標點符號，是一種體驗，明白什麼是真實的，這樣我們才有可能決定下一步要做什麼、該往哪個方向前進。

嚴重特殊傳染性肺炎（COVID-19）就是一個例子。剛從高中、大學或研究所畢業的年輕人原本已準備好展開新生活，有些人有具體的計畫，但被取消或延後了；有些人雖然還不太確定自己想做什麼，但他們知道自己要去哪裡、想和誰一起、想找哪些工作或是培訓。但當時，整個世界都處於這種永無止境的等待中，他們覺得自己被困住了。許多人回到老家，或待在他們的租屋處，沒有工作、也沒有前景——只能不斷地等待；而同時，數百萬人正處於哀慟與擔憂之中。在撰寫本書的此刻，全球已有超過六百一十萬人死於 COVID-19 *。憂鬱、焦慮、失眠和成癮行為是許多人經常面臨的問題，而這些問題也變得愈來愈嚴重。可以說，當時世界上大部分的人都處於一種心理上的模糊性失落中，而數百萬人則同時承受著摯愛離世的痛苦，以及與他們共同擁有的未來已然逝去的悲傷。

同時出現的壓力與創傷

持續性、廣泛性哀傷的一個已知成因，是在失去摯愛後的數年間，經歷接踵而來的壓力事件。這種情況可能發生在任何正在哀悼的人身上，但在經歷災難性或創傷性失落後，幾乎總是無可避免。

在自然災害（包括流行病與大流行）發生後，糧食短缺與失業等問題成為主要的壓力來源。當人們因這些災難或其連帶影響而失去摯愛時，他們不僅要面對親人離世的悲痛，還可能失去原本賴以支撐哀悼過程的社群、日常習慣與儀式，進而使哀傷更加複雜。

若是多名家庭成員在同一場災難中喪生，這種「同時性壓力事件」的衝擊更為劇烈——一瞬間，整個家庭的結構發生劇變，突然出現無法填補的空缺。

＊截至二〇二四年底為止，人數已逾七百萬。

在戰場上作戰的人，以及被夾在戰火中的平民，極易罹患延長性哀傷、憂鬱症、創傷後壓力症候群與焦慮症。從另一個角度來看，戰爭受害者與被迫害的群體，同樣承受著戰爭帶來的創傷。戰爭留下的傷痕不僅影響當代，更會延續至後代，因為當生存成為首要任務時，悲傷往往被迫延宕、擱置。

總而言之，在經歷災難性失落時，人們的感受往往是錯綜複雜的。這樣的經歷需要深入內省，以挖掘出內心深處的同理心、耐心、善意、慈悲與寬容，而這些特質不僅能用來安慰自己，也能延伸至對社群的關懷與支持。重要的是，要拋開「哀傷是線性進程」的想法。事實上，哀傷往往是非線性的，它會以出人意料的方式表現，尋找出口。有時，哀傷表現為對摯愛離世的悼念；有時，則展現在參與社群、提供支持或埋首於辛勤工作中；有時，它化為行動與勇氣，推動改變；而在某些時刻，它可能是私密而溫柔的。請記得，悲傷不只有一種面貌，也沒有固定的時間軸。

無法舉辦的儀式與典禮

每天都有人獨自離世，或是在沒有家人的陪伴下死去，但在某些嚴峻的時刻，這種情況會更大規模地發生。作為一個重要的人生禮俗，自古以來，我們就透過祈禱、出席和儀式等方式將死亡神聖化。一想到至親在沒有家人的陪伴下離世，可能會令人感到極度痛苦。葬禮是人類社會結構中另一個深層部分，人們將葬禮編入神話、故事、宗教文本、音樂與藝術之中。我們在許多方面都仰賴這些儀式，不只是為了引導逝者進入來世，也是為了幫助生者踏入失去至親後的新生活。葬禮是重要的儀式，通常都受到具有特殊意義的規範、傳統與習俗約束。當我們無法舉辦這些儀式時，會發生什麼事呢？COVID-19 大流行的期間，尤其是在第一年時，所有集會都受到限制，我們必須以與平常截然不同的方式進行哀悼。許多人都盡量維持他們習慣的做法，但誰會想到我們必須透過線上會議的形式來舉辦葬禮呢？誰會想到我們無法擁抱、實際安慰親人和其他悲傷之人，也無法從他們那裡獲得安慰呢？

世界各地都有人因為不同的原因而遭遇這些痛苦，試想那些因衝突而無法自由實踐信仰的人，或是在內戰中失去親人、被迫逃離家園的人。他們的傷痛不僅來自失去，還層層疊加著創傷。這些傷口的癒合需要不同的時間，也需要特別的照護。

個人與群體的回應

自從我在九一一恐怖攻擊事件中失去丈夫以來，已經過了快二十年了。我每天都會想起他，也會在腦海裡重播那段可怕的時光。當我看到世界各地其他恐怖攻擊的畫面時，我全身都會有強烈的反應。

——J.

在許多情況下，那些在集體事件中失去至親的人，他們個人的哀悼過程是受到公開且政治化的。不像大多數以家庭或社群為中心的喪親經驗，喪親的過程通常是個人層面的，在恐怖行動、大規模的槍械暴力事件、引發公眾關注的殺人案件、戰爭或是 COVID-19 大流行期間失去至親，喪親者必須在一個更大、更暴露的情況下面對喪親之痛。這對許多人來說就像是一種侵犯，在自己最脆弱、最心痛的時刻，有許多雙眼睛注視著他們。

媒體對特定或群體死亡事件持續進行的社會和政治評論，讓個人的哀悼過程變得公開。這種情況導致許多人覺得公眾對事件的討論，與事件對於個人家庭和未來的影響之間，是所有脫節的。

事件發生後的那幾年。研究人員和當事人發現，沒有一種單一的方法可以治癒這種哀慟。有些人會參加每年紀念已故摯愛的活動，有些人則認為這種活動引發了強烈的悲傷和失落感，反而有害無益。有些人從團體治療中獲得慰藉，其他人則認為這樣的治療方式會觸發他們的感受，令人難以承受。

在這些集體性的創傷經歷中，盡我們所能地兼顧個人哀傷與社群哀傷，對於療癒而言，既重要又有意義。

你可能會問自己的問題

✦ 我的家庭因親人過世而受到嚴重的影響。我們該如何作為一個完整的家庭逐步走出陰霾？

這種劇烈的痛苦會對家庭造成極大影響，整個家庭系統必須重新組織，尤其是在剛失去親人的那段時間裡——這是一種反應性的重組。我們的反應是強烈的震驚與哀慟，所以，過一段時間後做出調整是合理的，這樣可以讓這些反應轉變為成長。

以下的例子能解釋這樣的想法。有個家庭因為一位年輕的成員遭到謀殺而受到嚴重衝擊。父母因震驚、悲痛、絕望和憤怒而無法自已，他們艱難地在法律問題和各種正式事務中摸索前行，關係也在這場極端壓力的衝擊下搖搖欲墜。家中其他孩子過去一直依賴父母作為堅強而可靠的支柱，然而現在，父母已經崩潰。這些仍與父母同住的孩子，無論是有意識或無意識地，開始承擔新的角色，以適應家庭中的壓力與焦慮。有些適應方式是健康的，有些則不然。不過，即使多年來這個家庭一直處於這種受創的狀態，反思這段旅程也永遠不嫌晚，認識到這一切是如何發生的，以及每個家庭成員如何努力在風暴中維持生存。賦予這段家庭故事意義、討論未來的方向亦永遠不嫌晚，也許可以允許自己放下那些曾經扛起、但如今已無須承擔的角色。你明白了嗎？我們始終可以繼續對話，持續深入理解那些影響我們生命的事情，並找到一起前行的方式。

✦ 無助的感受讓我變得動彈不得。我該如何開始前進？

引發創傷後壓力症候群的一個重要原因，是經歷災難性事件後所產生的強烈無力感以及令人難以承受的無助感。如同我們之前提過的，這樣的事件幾乎會對生活所有層面造成影響，即使我們已努力建立起一些「正常的狀態」，也還是會出現一種揮之不去的感覺，覺得事情不太對勁。透過研究，我們得知無論用何種方式，找到我們的能動性——也就是按照自己的意志進行決策與行動的能力，能有所幫助。無助的感受會滋長恐懼；能動性則會讓人產生勇氣。你能想像自己採取哪些小步驟，增強自己的力量嗎？這可以是很簡單的事，例如捐錢給與親人離世相關的組織，也可以是複雜的行動，像是加入該組織，參與倡議行動、為說出真相而發聲。每一小步都會帶來更多的行動。也許你會在過程中發現新的夥伴，以及治癒自己的方法。

✦我不斷在腦中重播摯愛的離世，該怎麼做才能阻止這些想法，不讓它們摧毀我？

複雜性與長期哀慟的另一項特點，是侵入性的想法與畫面，反覆在腦海中回想曾遭遇過或想像過的情景。有時，這是大腦試圖理解發生什麼事的一種方式；有時，這代表我們努力以不同方式來處理痛苦；有時則是因為在某個特定的時刻，我們的大腦被一種令人震驚的痛苦灼傷，就像是大腦中有一部播放器，重播著那個時刻的畫面。有時，這些想法是我們嘗試釐清，自己不在身邊時，親人經歷什麼樣的情況而產生的想像。我們試圖在腦海裡補全整個事發經過，卻變成一種自我折磨。

無論有多痛苦，大腦在受到創傷時就會產生這樣的狀況，這是很正常的。有許多方法能幫助大腦擺脫這些反覆的想法，而其中有很多都不是透過認知思維的方式。我們需要幫助大腦與神經系統恢復正常狀態，擺脫創傷時刻與其後果所帶來的影響。眼動減敏與歷程更新療法（Eye Movement Desensitization and Reprocessing, EMDR）、身心歷程更新療法（Somatic Reprocessing）、輕敲穴位情緒紓解療法（Emotional Freedom Techniques Tapping, EFT Tapping）以及針灸，都是十分有效的技巧。我們並不是要削減透過說出經歷所帶來的益處，但是，當神經系統和大腦的恐懼中樞已被創傷控制時，我們就需要幫助它們重新找回平衡，如此一來，其他情緒功能才能繼續正常發揮而不受波及。

有幫助的練習與儀式

❍找到自己的力量

研究人員發現，即使是在自然災害中失去至親好幾年後，當我們盡自己所能地去幫助他人、創造意義和改善情況時，往往會改變我們的狀態，生命的歷程也會有所不同。透過訂定目標與稍微改變焦點，我們可以調整思維與行為，為治癒創造新的機會。漸漸地，我們便能將焦點轉移到別的方向。

辨識並重新掌握自己的力量有助於做到這一點，而這需要練習。說出自己的優點是這項練習的一個必要環節，對某些人來說，這非常困難。這可能是自我意識的問題（有些人就是不知道自己的優勢是什麼），或是不願爭取自己的權益並為自己感到驕傲。在日常生活中，我們以許多看似平常的方式展現優勢，我們正在經歷一段耗費力量的艱難旅程；在所有的英雄故事裡，英雄都會遇到一個時刻，必須深入挖掘自己的力量、持續前進的意志，並且投注努力，才能讓這趟旅程繼續進行下去。在認識並發揮優勢的過程中，我們會找到重新踏上旅程和尋回自我所需的力量。

請仔細思考以下問題，並盡量保持正向的回應。例如，如果你想到的答案是：「我很固執。」你可以把它改成：「一旦我下定決心去做某件事，就不會輕易放棄。」

- 我是一個能幹的人，因為________________。

‧人們曾說我是一個＿＿＿＿＿＿＿＿＿＿＿＿的人。（只能填讚美的話）

‧這輩子我最自豪的是＿＿＿＿＿＿＿＿＿＿＿＿。（你可以自誇）

‧促使我完成最自豪之事的個人特質是＿＿＿＿＿＿＿＿＿＿＿＿。

‧我克服過的最大困難是＿＿＿＿＿＿＿＿＿＿＿＿。

‧為了克服這項困難，我透過的方式是＿＿＿＿＿＿＿＿＿＿＿＿。

‧我希望人們知道我其實＿＿＿＿＿＿＿＿＿＿＿＿。

‧我的白日夢是＿＿＿＿＿＿＿＿＿＿＿＿。

‧那些看得見我的優點、支持著我的人是＿＿＿＿＿＿＿＿＿＿＿＿。

‧我可用來培養優點的方法是＿＿＿＿＿＿＿＿＿＿＿＿。

‧生活中需要我發揮優勢的場所與情況是＿＿＿＿＿＿＿＿＿＿＿＿。

○將反芻思維轉化成智慧

如果你正在反芻思維（過度思考某件事，通常是負面的）或迴避型情緒中掙扎，請把這樣的情況視為一種信號，代表你需要消化或代謝某些事物。我們之所以一遍又一遍地陷入相同的思緒、回憶和經歷，是因為我們試圖掌握某件事，或希望在面對類似情境時能以不同的方式應對。你是否曾經這樣做過——不停回想與某人的爭執，反覆想像自己應該這樣回應、那樣表達？這其實是我們試圖以不同方式處理某件事的本能表現。那麼，你正在練習什麼呢？

試試這個方法：請在你的日記裡畫出三個欄位。從左到右，依序寫下：反覆出現的想法或爭執、我想像自己當時做出的反應是、我練習的目的是什麼？

看起來可能會像這樣：

反覆出現的想法或爭執：我不斷重新經歷女兒去上學卻再也沒有回來的那天。我在腦海裡反覆回想自己當時有多生氣，因為我們都快遲到了，所以我來不及親吻她和說再見。我不斷地想起這件事，這對我來說簡直是地獄。

我想像自己當時做出的反應是：我試著想像自己抱著她、親吻她，而不要那麼在意會不會遲到。我想像自己聞她的頭髮，充滿關愛地看著她。我希望那是她最後一次看到我的樣子。

我練習的目的是什麼？我努力讓自己記得我們有很多這樣的時刻，而且她深深地被愛著。我在練習原諒我自己。我在練習要記得活在當下，與我所愛的人一起。

這個練習的目的，是要蒐集我們對自己重複性或反芻思維的一些觀察。展開你的雙臂擁抱這些觀察，試著釐清你要努力弄清楚什麼。這個練習能讓我們更清楚主要的問題，就能將這些問題融入到現在的生活裡。有沒有什麼事是你想做但會害怕的？有沒有什麼話是你必須對某個人說，卻不知該如何開口的？

社區紀念物

社區紀念物是一種美好的方式，紀念我們摯愛的一生。你可能會想把這個實體的紀念物設置在他們生前常去的地方。這個紀念物可以是以他們名字命名的公園長椅，或是一座社區花園。你也可以選擇為學校的獎學金或其他用途發起募捐活動。

爲逝者舉辦你理想中的儀式

並不是只有在特定時間裡才能舉辦儀式，如果你覺得自己並沒有為摯愛舉辦你理想中的葬禮或儀式，你可以再辦一場！事實上，有些人每年都會為了紀念他們的摯愛而進行一些活動，做這件事永遠都不嫌晚。也許我們可以等到自己好過一點、安全一點的時候再來做這件事。

❍讓自己發揮創意、參與其中

研究顯示，在生活中培養積極的應對機制和自我效能的人，能表現得更好。這是因為他們傾向去尋找能讓自己懷抱著意義與希望、活在當下的方法。那麼，該怎麼做呢？有各種方法能幫助我們，請思考一下自己的能量在哪裡，並留意自己對下列任何一個想法是否有共鳴：

- 擔任義工，幫助重建那些受到自然災害破壞的家園與組織。
- 學習一項新的技能，例如編織、一門新的語言，或是練習繪畫。
- 如果你精通某項技能，請將這項技能傳授給其他人。
- 加入那些與我們摯愛逝世有關的組織，在組織中發聲並分享我們的智慧。我們擁有這些智慧，而且我們的意見很重要。
- 在花園種植花草，或在室內栽植盆栽。
- 參加社區活動，如果社交會對你造成太大的壓力，可以選擇在幕後擔任義工。

● 與別人談談自己的情況，問問他們過得如何。真實一點。這樣比每天都試著戴上一副面具好。即使過得不好，我們也可以誠實地面對。

● 如果你的生活方式適合的話，可以考慮養一隻寵物。照顧另一種生物、撫摸動物，能產生極大的撫慰效果。

● 說出已故摯愛的名字。在談論自己的生活或回憶往事時，請允許自己講述那些關於他們的故事，讓其他人了解你的生活與經歷。這可以是很小的事情，例如：「我兒子以前喜歡這個巧克力」，或是「每年下第一場雪時，我爸都會穿著他的保暖長褲到外面跳滑稽的舞」；也可以是和信任的朋友或知己邊喝咖啡邊分享長篇故事。

在這個章節裡，我們談論的是，如何在面對無法控制的災難時找到並發揮自己的力量。如果我們終將應付這些難題，那現在就是最適合的時刻。透過研究我們得知，當我們直接面對、處理眼前的難題，找出與之相處的方法時，就會變得更強大。這裡是否有任何能引起你共鳴的想法？或是在閱讀的過程中，你是否有產生任何想法？請寫下來，具體說明你想怎麼做。

Chapter 19

陪伴他人
走過他們的漫長之旅

「對於那些處於深切的哀慟之中、沒有理解自己的社群和大家族的陪伴，但可能有一位真正的朋友，能在他們穿越那混亂、狂喜、通往美好的哀慟過程中守護著他們的人來說，最好的方法是讓你們一起去海邊。」

——馬丁．普雷希特爾（Martín Prechtel），
《塵土上，雨的味道》（*The Smell of Rain on Dust*，暫譯）

有時，我們必須為某些人現身並給予他們幫助，儘管我們沒有受過相關訓練，也沒有指引手冊可以參考。我們受到邀請，陪伴一個被悲傷擊倒的人。我們被要求在一旁見證、不移開視線或淡化情緒，為最劇烈的痛苦騰出空間。這對任何人來說都不容易，但這就是生活與關係的一部分。

在人們失去至親多年後，你可能會發現自己仍須提供他們支持，儘管你可能覺得累了。他們表達出的感受與強度可能不如剛開始劇烈，但在你們一起享受美好時光的同時，問題可能會意外浮現。也許你正在支持一個自己很在乎的人，但自從摯愛離世後，他們就變了許多，彷彿是一個完全不同的人。在幫助他們整理摯愛的物品時，也許你會感到很絕望；或許你正在試圖幫助配偶走出失去孩子而陷入的沉重憂鬱，或者幫助你的朋友在失去一位共同的好友後繼續前行，但當你與這個人相處時，有時你只是想談些別的話題。

如果你發現自己正處於這樣的情況，有一些我們可以思考的主題，可能會對你有所幫助。

我們的摯愛可能永遠地改變了

失去深愛的人，對任何人來說都是最痛苦的經歷。而且，不只是親身經歷，目睹這種痛苦也同樣令人難受，因為我們是如此無能為力。對喪親的人來說，只有深愛的人回來才能帶來真正的安慰……無論是對成人還是兒童，作者在討論喪親所產生的影響時，往往會低估這些影響有多麼令人痛苦、讓人無法正常生活，以及這樣的影響通常會持續多久。

——約翰．鮑比（John Bowlby）*

至親離世後，一切都跟以前不同了，這是一個談到哀慟議題時會反覆出現的主題。餐桌旁有一張永遠空著的椅子；沙發上有一處沒有人想坐的地方；以及那張現在總是鋪好的床。我們正在幫助的那些人，在他們的漫長之旅中承受著這些差異，而這會對某些人造成傷害。失去另一半的父母可能會整天以淚洗面；失去兄弟姊妹的孩子可能難以在新的家庭結構中找到自己的位置；失去孩子後的朋友，可能無法接受與你以及你的小孩待在一起。有時，不管是對你還是對他們來說，面對現實都是最艱難的部分。深刻且持續的哀慟留下了印記，我們最好不要視而不見。

這時，進行一些深入的自我探索能有所幫助。你是否能接受摯愛身上出現的轉變？你能與這個不一樣的他們相處嗎？陪伴仍深陷哀慟中的人可能會非常痛苦，特別是當我們已走出自己的失落時。這種情況在家庭中十分常見，尤其是當一些人仍極力掙扎，而其他人卻似乎過著一如往常的生活時。為了緩解這些痛苦的感受，即使最有耐心的人，有時也忍不住大喊：「你能不能放下這件事，恢復正常！」

人們會尋求治療，往往是因為身邊的人已無法再應付他們的行為。這種情況在哀慟中也會發生，我們聽過無數次這樣的話：「我愛她，但和她相處是一件非常困難的事，因為她總是這麼傷心。」

定期和自己進行心靈交流是一個好方法，我們可以問問自己，面對親人的痛苦是否會讓我們很難受，原因是什麼？你是否覺得讓他們好過一點是自己的責任？答案是：這並不是你的責任。你是否覺得如果你有魔力的話，就能施展魔咒消除他們的痛苦？事實上，這是不可能的。

＊英國精神科醫師與精神分析學家。於一九五〇年代提出著名的依附理論，曾獲頒大英帝國勛章。

面對他們的悲傷，是否讓你回想起自己的痛苦並激起過去的傷痛？如果是的話，你可能要思考自己支持他們的方式，考慮尋求額外的幫助。無論你們面對什麼問題，都要確認自己的狀況，了解自己有什麼感受。如果你出現怨恨、不耐煩、憤怒或愧疚的感受，請允許自己抽出一些時間來照顧自己。你並不是消除他們痛苦的解藥。

緩解他們的痛苦

即使是失去至親十多年後，帶給我最大安慰與平靜的，就是有人跟我分享他們有多想念我那位摯愛的時候。我不確定這樣是否有意義，但那些偶然碰到我，說他們因為這樣和那樣的事而想念我父親的人們，帶給我很大的幫助，讓我覺得比較不那麼孤獨。

——阿里

既然我們已確定自己無法滿足所有人的需求，那麼，讓我們談談自己能在悲傷之旅中為他們做些什麼。以下的建議是我們從多年會談蒐集而來，能幫助他們走過那條悲傷之路。

- 記住逝者的忌日。你可以透過一通電話、一張卡片、一則簡單的訊息來表達，例如：「只是在今天想到了你，送上我的關心。」或是邀請他們一起去掃墓。
- 如果合適的話，也請記得他們的生日和紀念日。布蕾迪總是會在她祖父的生日和結婚紀念日那天打電話給她的祖母，只是為了表達關心，她知道對她的祖母來說，這可能是會產生許多情緒的一天。
- 提及逝者的名字。不要避諱在談話中提到他們或講述關於他們的事。即使再也見不到面了，心中仍掛念著，許多人都很喜歡聽到他們摯愛的事。
- 避免用比較的方式鼓勵正處於哀慟的至親邁向不同的生活。與那些面對哀慟時能處理得「更好」，或是很快就能走出來的人比較，容易讓人產生羞愧感。
- 如果他們開始說出一些令人擔憂的話，請留意，如果你擔心他們的人身安全，請務必諮詢心理健康專業人員。
- 幫你能幫的，做不到的不要勉強。不真誠的付出會滋生怨恨，破壞你們的關係，也會在不知不覺中讓喪親者感到羞愧、難堪。無法幫忙的時候，只要誠實地表達出來就可以。
- 定期、具體地關心他們的情況。讓他們談談感受以及目前的困擾。

- 主動幫忙他們進行大型任務（如果可能的話），例如清理儲藏室、臥室、衣櫥或房子。如果被「拒絕」也不用感到訝異，但不用因為這樣就猶豫是否該提供幫助。
- 示範如何處理悲傷。如果你也處於哀慟之中，請與他們談談你的心路歷程與困境。有時，幫助他人也能讓我們擺脫痛苦。

你有任何能夠補充這份清單的想法嗎？請把這些想法寫在你的日記裡。

幫助與縱容的差別

幫助和支持是一回事，找藉口、掩蓋真相、容許不健康的行為模式是另外一回事。在成癮的群體中，我們把這樣的現象稱之為縱容，這種現象經常出現在依附關係中。

我們可以這樣想：幫助是為那些無法靠自己完成事情的人做某些事；縱容是替那些有能力做到，也應該自己完成事情的人代勞。有時，這兩者的界線會變得模糊，我們以為自己是在幫忙，實際上卻是在鼓勵他們以一種不健康、自毀的方式生活。

帕蜜拉記得一個特別棘手的案例：蘇珊不願搬回她與丈夫席德生前一起住的公寓，自從他因心臟病發而過世已經九年了。這期間，蘇珊一直住在同一棟大樓內女兒那間非常狹小的公寓裡，她並不介意睡在客廳中央的沙發床上，而她的女兒還需要照顧一位成年的身心障礙孩子。在此期間，蘇珊仍然在為那間她與席德一起住過的公寓繳房租，席德桌上的一切都還與他去世時一模一樣；他當時正在讀的那本書還翻開在同一頁，他所有的衣服和鞋子也都還在衣櫥裡。

蘇珊的女兒可以做些什麼，來幫助她的母親繼續前進呢？她該如何停止成為縱容者呢？

很多時候，當我們為那些正在受苦的人做出一點妥協時，往往都會像這樣——從一些小事慢慢開始。席德過世後，蘇珊在女兒的公寓裡住幾晚是很正常的事。面對難以忍受的悲痛時，我們往往都會希望與家人待在一起，但這樣的情況卻一直持續下去。也許蘇珊想留下來的理由非常有說服力，或許女兒一開始並沒有那麼介意，因為她自己也很難過。但是，幾年過去，情況依然沒有改變。由於她的女兒無法表明自己的立場，家庭系統逐漸變得僵化；不只是一個人，而是三個人的人生都停擺了。

是時候做出改變了，但該怎麼做呢？

蘇珊很有可能需要協助，至少是治療方面的協助，甚至可能需要成人社會服務的幫助。接觸具備基本服務、能給予多種層面支持的系統不是壞事，事實上，這是一種有彈性的聰明做法，尤其是在沒有其他家人能幫助蘇珊重新找回生活的情況下。

你明白我們的意思了嗎？我們不必單打獨鬥。政府機構、臨終關懷組織、治療師和宗教組織都能提供我們所需的支持。有時，透過尋求幫助，稍微敞開家庭系統，就是讓我們前行的道路再次暢通的關鍵。

你可能會問自己的問題

✦ 為什麼我還不夠格幫助他們？

當人們深深陷入持續性哀慟之中時，沒有人能真正安慰他們，因為沒有人可以替代他們已故的所愛之人。這就是為什麼，有時支持哀慟者是如此地具有挑戰性。在這種情況下，擁有能支持自己的人是很重要的，我們可以和他們談談感受、聊聊為什麼我們也感到很痛苦。我們需要在完全不愧疚的情況下，表達沮喪與憤怒。

弄清楚我們能做什麼、不能做什麼也很有幫助。這是一場我們與自己的私人對談，也是我們的基石，讓我們在能力所及範圍內提供幫助，而不過度付出。在這樣的基礎下，我們面臨的情況可能會像這樣：「我非常希望能確保父親每個週末都不孤單。我想邀請他參與我們所做的每一件事，但我知道這對他或我來說都不好，也不是長久之計。所以，我會邀請他這週日來看足球賽、一起吃晚餐，之後也會在適當時機提出類似的邀請。」你坦承自己想要成為摯愛之人一切依靠的渴望，但同時，你也適時拉回界線，避免做出無法實現的承諾。試著想想看——當你是那個主動過度付出的人時，若最終感到不滿，這對彼此來說其實並不公平。

我們也可以藉著這個機會和他們認真談談，像這樣的溝通能產生很大的幫助：「我知道我不是你兒子，也明白自己永遠無法代替他。我絕不會想取代他，但我愛你，我會陪著你。」透過說出這樣的話，我們承認了他們已故的摯愛是無可取代的，但他們需要時，我們會在一旁陪伴、支持著他們。

✦我發現我很難陪伴正處於哀慟中的摯愛，因為我自己也正在經歷人生中一段艱難的時期。我該如何在關心自己的同時，繼續陪伴他們？

不要忘了你也可能正在經歷悲傷。你也可能和摯愛一樣，因為失去同一個人，或是失去一個在你的人生和家庭中占有一席之地的人而感到哀傷。你必須後退一步，先照顧自己。是的，你也值得被關心。

生活的其他部分不會因為我們正在經歷哀慟而停止。也許你正面臨離婚、失業，或在孩子、經濟或健康方面遇到困難。或許，只是或許，你已經累了。在這些情況下，我們可以為自己爭取空間，以照顧自己的需求。我們可以透過愛與憐憫之心來達成這件事。你可以這樣說：「我愛你，我知道你不好受，但現在，我覺得自己不夠堅強，也沒有多餘的精力可以付出。很抱歉我無法繼續每週跟你見面一起吃午餐。我必須集中精力處理健康（或是家庭、哀慟、離婚等）問題。」或是，你也可以這樣說：「對我來說，在你經歷哀慟時陪在你身旁是非常重要的一件事，但自從失去我的姊妹後，我就被徹底擊垮了，我需要照顧自己。」

也許現在，換你的摯愛幫助你了；也許他們不能。但無論如何，你都有權為自己保留空間，來處理你的痛苦與生活。

✦ 我發現我對摯愛感到很失望，因為他們在失去至親後似乎就被困住了。我該如何避免對他們感到不耐煩呢？

以下這一點很重要，請記得：即使不理解他們為何會那麼想，我們也能以支持、寬容的態度對待他們。我們真的不必理解，你可能是那種「靠自己振作起來」的人，難以體會那些無法靠自己克服困難的人所遇到的阻礙。那也沒關係！關鍵是不要批評，那會讓我們陷入比較沼澤、八卦小溪和精力枯竭沙漠。在支持他們的漫長旅程中，請避開這些地方。不要拿你多年後仍為離世愛犬感到悲傷的姊妹，跟前一隻狗去世後很快就養了另一隻的鄰居進行比較；不要跟姑姑談論奶奶與她死去兒子說話的習慣；也不要將疲憊歸咎於你所愛的人。控制自己的行為，這樣我們就能在適當的時機給予自己能付出的，同時允許其他人按照適合他們的方式生活。我們不需要和他們擁有相同的觀點，只需要陪在他們身旁，保持真實的自我。

永遠要記住，擦乾他們的眼淚、創造一個不會讓他們流淚的環境，並不是我們的責任。事實上，在大多數的情況下，我們最好少管別人，多控制自己。你過得如何？

你有好好照顧自己嗎？你是否允許自己的愛與悲傷自然流露？愛護自己往往會轉變成對他人深切的關愛，因為我們讓他們按照自己的方式生活。如果能做到這一點，你就是一個值得尊敬的人了。

有幫助的練習與儀式

○爲自己的感受創造空間

有時，陪伴陷入掙扎的至親多年以後，我們可能會覺得自己好像永遠都無法抵達悲傷隧道的另一端。隨著時間流逝，許多人都會面臨愈來愈多的愧疚與怨恨。

請花一點時間問自己：

你耗盡自己的心力了嗎？這看起來可能會像強烈的不耐煩和惱怒，有時會感到徹底憤怒和怨恨。

你是否覺得不滿，因為你也為失去同一位親人感到悲痛，卻沒有機會表達自己的痛苦？

你是否忘了照顧自己的方法？如果你忘了，請至少寫下三件你能做的事，讓你能將注意力集中在自己以及自己的需求上。

脫下超級英雄的披風

要提醒自己的是，我們無法消除其他人失去摯愛的痛苦。與其試圖從某人的心中強行奪取悲傷，不如試試看這樣的方式：每次和他們交談或是陪伴他們時，先告訴自己：「我無法消除他們的感受，我只能陪伴他們。」

你可以陪在他們身旁，不干涉或改變他們；如果發生了某些具體的事，你可以詢問他們，什麼對他們來說可能會有幫助；你可以記住重要的日子，聽從內心的指引主動聯繫他們。不管你信不信，在這個依然希望人們盡快走出悲傷的文化中，這些行動實際上具有很大的意義。這些舉動可能不像超級英雄讓世界翻轉，好讓他能及時回到過去那樣戲劇性，但涉及內心的感受時，這些依然是深刻且英勇的舉動。讓自己擺脫解決所有問題的束縛，如此一來，我們就能坦然面對一切。

設下界線並不自私

簡單來說，界線就是讓一個人停下來，讓另一個人前進的空間。從情感上來說，這意味著我們認真看待，與他人相處時什麼是自己能接受與無法接受的行為。這意味著我們能遵從自己的意願說「不」，而不會為了讓某人開心，就必須犧牲自己重要或不可缺少的事物。當我們的界線受到遵守和重視時，就會產生尊重、責任與公平。

無論如何，我們都不可能一直陪著某人。或是，即便可以，我們可能也不願意。這與愛或承諾無關，只是我們有自己的生活，即使我們所愛的人正承受著痛苦，我們都有權去過自己的生活。當這個簡單的事實受到忽略時，怨恨與憤怒就會滋長──這些才是對關係更具有破壞性的因素。

你是否覺得界線一直是你與某個正感到哀慟的親友之間的問題？請利用以下的提示釐清目前的情況，以及該如何做出調整，以保有自己的空間。

讓我感到不滿的是：每次他們遭遇困難時都會向我求助，但我已經沒有力氣了。

我現在的做法是：我會放下手邊正在做的任何事，因為我知道他們需要幫助，如果不跟他們講話，我不知道他們會做出什麼事。

我可以這麼做：我可以接起電話，告訴他們我現在無法通話，並告知我方便通話的時間。

我擔心會發生的情況是：他們會認為自己對我來說不重要，或我總是太忙碌，他們會感到很孤獨。

我該如何處理這個問題：我可以告訴他們我有多愛他們，同時讓他們知道我希望自己能幫忙他們，但我無法每次都為了跟他們通話而丟下手邊的事情。我也可以和他們一起集思廣益，思考他們可以採取哪些方法來照顧自己。

你剛剛讀過了一些想法，關於在幫助其他人度過悲傷之旅的同時，也關心我們自己的狀況。當中是否有任何想法能引起你的共鳴？請花一點時間在日記裡寫下你的感受，並制定計畫，就像對待那些你正在支持的人們一樣，請給予自己等同的關愛與尊重。

Chapter 20

邁向新的一天

「呼喊吧！別對你的痛苦無動於衷、默不作聲。
哀悼吧！讓充滿愛的奶流入你的體內。
狂風暴雨是雲朵照顧我們的方式。
保持耐心。
回應每一則激發靈魂的呼喚。
無視那些讓你恐懼、傷心，
那些使你回到疾病與死亡的聲音。」

——摘錄，伊斯蘭教蘇菲派神祕主義詩人魯米（Rumi），
〈在軟弱時呼喊〉（Cry Out In Your Weakness，暫譯）

在美國小說家桑頓・懷爾德（Thornton Wilder）所撰寫的《聖路易之橋》（*The Bridge of San Luis Rey*）這部作品中，我們讀到十八世紀時，祕魯有一座橋樑倒塌，進而造成五個人死亡的故事。當時，一位正要踏上這座橋的修道士目睹了這起悲劇，這起悲劇在他們心中留下了疑惑——正如我們在遭遇不幸時，經常會出現的想法——「這起事件的背後有什麼目的？」或是「這只是偶然嗎？」真相總是更為複雜，敘事者最終得出的結論是：

> 但很快地我們也會死去，關於這五個人的所有回憶都會從地球上消失，我們自己也是，被短暫地愛過後就會被遺忘。但這些愛已經足夠了；所有愛的衝動都會回歸到創造它們的那份愛。愛連回憶都不需要。在生者之地與死者之地之間有一座橋樑，這座橋樑就是愛，愛是唯一的生存者，也是唯一的意義。

愛會持續，悲傷會持續，生活亦然。我們希望能在告別後創造意義、繼續前進，卻發現這是一段漫長的旅程——比我們預期的還要長，因為我們要先學會爬行才會走路。我們夢想進入廣大的世界，提升自己，讓自己對這個世界獲得更深刻的理解。回顧這段漫長的旅程時，我們開始看到，人生中每個階段都是從一個決定性的起點展開，每一個起點都記錄著我們的變化。在經歷了所有的哀悼與失落之後，你的世界、自我意識，都蘊藏著讓你拓展至新可能性的希望。能否將這些痛苦與悲傷視為一種機會，取決於你自己，因為悲傷擁有巨大的潛力，可以在心理與靈性層面帶來深刻的轉變。

悲傷會隨著時間而成長和改變，我們對悲傷的反應會持續塑造我們。在這趟旅程中，愛將持續與我們同行——每一天，每一步。這段旅程的珍貴之處在於，我們因悲傷的經歷而不斷成長，而哀悼摯愛的離世只是這趟旅程的起點。

悲傷永遠地改變了我們，這一點毫無疑問，而悲傷也提供了我們選擇，去開創一個更開闊、充滿智慧的人生。許多人在悲傷旅程的某個階段，會開始質疑為什麼還要繼續前行，因為療癒與成長的過程往往充滿痛苦與恐懼。但你所經歷的一切——每一次愛與喜悅的爆發，每一次心碎與苦痛的折磨——都是完整人生故事的一部分。自古以來，人類不斷經歷誕生、生存、逝去與哀悼，周而復始。因此，我們被召喚去尋找意義，以及隨之而來的智慧。

現在，你在哪裡，需要什麼幫助呢？

回顧摯愛離世後的時光，你是否能分辨出生活中有哪些層面進展得更順利？當我們把車子送到修車廠時，如果能告訴對方我們在開車過程中聽到的聲音、看到的情況、聞到的氣味或感受到的狀況，那會很有幫助。如果我們做不到，或者更糟的是，如果他們分辨不出來，他們最後可能會修理那些原本就能正常運作的部分，而並未發現真正的問題。

由於長期哀慟，你可能曾努力找尋自己的個人優勢，例如運用你的應對技巧、在混亂中找到自我、獲得力量、勇氣或信念。或者，也許在回顧過往時，你會發現家人在處理你的哀慟這件事情上做得很糟糕，也許他們都把自己關在悲傷循環中，以至於每個人都成了一艘孤立的小船，獨自面對猛烈又可怕的情緒，而不是和那些像你一樣了解、愛戴逝者的人一起面對。或者，也許是你所處的社會和文化環境讓你失望了。你現在在哪裡呢？在這趟旅程中，你想往哪個方向前進？你是否準備踏上那條標誌著重視勇氣與力量的道路？在理解自己的經歷時，你是否有發現尚待治癒的部分？你是否準備重新發現可能被悲傷混亂壓垮的部分？在接下來的旅程中，你是否將對自己的原生家庭進行深刻的反思，並且弄清楚你和摯愛在經歷失落時發生了什麼事？也許當你釐清自己的故事後，你們會更能理解彼此。也許你會和治療師、靈性導師合作，或者透過日記和寫信來進行反思。

你可能會問自己的問題

✦ 尋找意義和重拾目標能緩解我的痛苦嗎？

當你逐漸從各種形式的抗拒中走出，朝著尋找意義的方向前進時，你可能會發現自己有更多精力投入對你而言重要的事物上。意義可以透過多種方式展現，有些深刻而震撼，有些則微妙而細膩。

以下是《尋找幫助者》（*Find the Helpers*，暫譯）作者佛瑞德．古騰伯格（Fred Guttenberg）描述他走向尋找意義的過程，他十四歲的女兒潔米（Jaime）在帕克蘭高中校園槍擊案中遭到殺害：

除了確保我會到墓園去探望她以外，我還能如何回應發生在我女兒身上的事？很簡單，透過為她發聲，我起身對抗那些遊說團體和立法者，他們共同削弱我們的槍枝法案、將我們的孩子和親人置於槍枝暴力的危險之中……透過成為潔米的聲音，潔米和我將一起努力推動槍枝安全法案立法，並打擊那些將遊說團體的需求置於公共安全之上的立法者。

我們也許會因為親人離世而失去一部分的自己，但也很有可能在努力迎接新的一天的過程中，接觸到自己從未知曉的一面。深刻的痛苦會為我們打開大門，我們窺見了自己的勇氣、熱情、憤怒和對和平的渴望；學到了愛與希望、力量與憐憫；慟哭時，我們會在祖先的回聲中呼喊。當我們走出黑暗時，便能以全新的視角看待一切。

這是否會為我們帶來意義，完全取決於我們。

黛安告訴我們，她對生命有了新的體悟。在原本應該是女兒十七歲生日的那天，她寫下了這段話：

失去你是我經歷過最艱難的事，把我摧毀得體無完膚，但我知道你並不希望我停留在那個又黑又痛苦的地方。我希望自己能懷抱著熱情與目標活下去，成為像你一樣仁慈的人。

靈感與意義有很多種形式。有一位演員在十二歲時突然失去了父親，多年後，每當他被要求扮演一個需要表達這種痛苦的角色時，他都會善用自己失去和悲傷的經歷。又如某位音樂家因母親癌逝而寫下美麗的音樂，這些作品是她對母親的獻禮。

✦如果我無法繼續前進該怎麼辦？

也許你還沒採取一些必要的行動，結果讓悲傷旅程停滯不前，並帶來了一種強烈且令人疲憊的困頓。或許你對自己過於苛求，誤解了「繼續前進」的真正含意；又或者是因為你還沒從失落的經歷中汲取到意義。無論如何，這個過程需要時間，並且經常是極其微妙地演變著。就像隨風飄動的旗幟，長期的悲傷隨著時間推移而改變。如果對於「走出悲傷」這一自我設限的期望，讓你感到沉重，它無疑會阻礙自然的演變過程。如果你認為自己在悲傷中失敗了，這種想法就會對你面對失落後的歲月產生負面影響。最簡單的解決方法就是設定一個目標——無論是大是小，請記得，每一天的生命都是一份禮物。

來看看布倫娜的例子。對布倫娜來說，意識到她「是如何對待自己的」是一個新的開始。「我花了很多時間，不只處理悲傷的情緒，還有我對待自己身體的方式，這些有害的方式源於我個人灰暗的心理。我來自一個有成癮問題的家庭，我的父親不是唯一一個屈服於成癮的人，但我不需要成為下一個。」意義可以扎根於此刻此地。打破家族的行為模式，將她從失去中所獲得的智慧運用在自己的健康和選擇上——這就是她在當下所找到的意義，對布倫娜來說，這將改變她未來的發展。

✦我想繼續向前邁進，那會是什麼模樣？

跨越門檻，踏入新的一天，這意味著你可能需要將過去的自己留在身後，並擁抱「全新的自己」——一個不同的、更加成熟的版本，一個從失落的灰燼中重生的自己。學會如何擁抱這個新的自己，是邁向未來的重要關鍵。你已經改變了，在許多方面都不同於從前。這些改變是什麼？現在的你，對於與悲傷共處，是否比過去有了更多新的理解？那些得來不易的智慧，現在可以如何帶入你的生活與人際關係中？

請記得以下這幾點：

- 悲傷與失落可以成為成長、改變與轉化的催化劑，它能促使我們成熟，推動我們前行，成為生活的燃料。
- 如果你能專注於從失落中尋找意義，你的努力將有助於提升身心健康。
- 你的內心變得更加敏銳，能察覺他人身上的悲傷，更深的同理心與憐憫心亦隨之而來。你是否曾有過這樣的經歷：與某個人在一起，他不需要過多言語，卻能完全理解你？他能真正「看見」你，從內心深處感受到你的情感？我們內心的破碎能與他人的破碎相連結，當這種共鳴發生時，孤獨便會消散。

有幫助的練習與儀式

❍ 摯愛留給我們的禮物

如果你有時間，且身處一個安靜的環境時，請花一點時間讓思緒飄蕩。在你放鬆、深呼吸的同時，請想想你的摯愛，以及他們在你生命中所增添的特別光芒。請讓自己平靜地接受所有浮現出來的畫面。是歡笑、保護、連結還是冒險？是安慰、美好、支持或是觸動？請盡量寫下你所想到的事物。當你針對這張清單進行反思時，請挑選二或三項你最有共鳴的特點，並請仔細思考，你如何利用這些力量，將其運用到生活中？

用愛釋放壓力

對於每個人而言，「意義」並沒有固定樣貌。而且，從失去的經驗與痛苦中找尋意義，在不同時間點看起來也會完全不同。我們在尋找意義、智慧和治癒的過程中，會不斷延伸、調整和成長。關鍵是要慢慢來，我們無法強迫治癒發展的過程，我們只能為它留出空間。

新的開始並沒有一個完美的「公式」。壓力往往使悲傷變得難以承受，因此，是時候檢視內心的狀態——確保沒有過度施壓於你不願承受的地方，同時，也確保那些你渴望流動的地方暢通無阻。

我們該怎麼做呢？請透過書寫回答這些問題，檢視自己的情況。

我是否感受到來自其他人的壓力，要求我改變自己、以不同的方式感受或悲傷？

如果是的話，請列出你所感受到的這些壓力。讀起來可能會像這樣：「家人希望我能再次享受寒假，表現得像以前的我一樣。」或是「朋友們似乎漸漸疏遠我了，我想這是因為我變了。我不再喜歡以前會做的事情，可能也變得沒那麼有趣了。」

我能將壓力轉化成希望嗎？我們的意思是：以上述第一句話為例，「我的家人希望我能再次享受寒假，表現得像以前的我一樣。」透過關懷，我們可以將這種壓力轉化成一個願望或充滿愛的希望。想像一下，如果這句話變成：「我愛你，我知道假期對你來說很痛苦。放假的感覺永遠都跟過去不一樣了，我希望你能在思念摯愛的同時，也慢慢能享受那些愛你、希望你一切安好的親朋好友的陪伴。」透過這種方式，我們也許可以觸碰到人們內心深處的願望，並且擺脫自己做錯了什麼的想法。

我是否在評判自己？這些評判是什麼？同樣地，請在每則評價旁寫下一段替換的陳述，反映出你對自己的愛而不是批判。

❍望向地平線

無論你居住的地方是視野遼闊，還是高樓林立，我們每個人心中都擁有一條地平線，以及那條線之外的未知世界。有人閉上眼會看見大海，有人看見群山，有人則望向無邊的天空。凝視地平線，甚至超越它，能讓我們暫時跳脫自身的經歷與情感，看到更廣闊的世界。

當你開始覺得搖搖欲墜，事情似乎無法順利解決時，請望向地平線（無論是在現實中或在你的想像裡，或甚至是透過圖片），並請深呼吸。允許自己停留在那個空間，讓目光游移，細細感受眼前的一切。請永遠記住這一點：地平線上總有新的一天在等待著你。這是另一個醒來的機會，讓你能夠照顧自己、滋養內心，並重新擁抱生活。

嶄新的一天

悄然降臨
開始了無止境的
失去與獲得
伴隨著哭聲
伴隨著痛苦
迫使我們屈服
敞開心扉
無法說出口的心痛
吶喊著
那些沒有答案的問題
邀請我們
「來吧，走這條路。」

我們在黑暗中前行
朝著從絕望中誕生的
希望之光
新的一天正等待著我們

——帕蜜拉・D・布萊爾

Chapter 21

失去不同對象的應對之道

「當悲傷來襲時，情況永遠超出我們的預想。」

——瓊・蒂蒂安（Joan Didion），
《奇想之年》（*The Year of Magical Thinking*）

在《我還沒準備說再見》這部作品中，出現了針對特定的對象與經驗所撰寫的主題。我們希望能為其中的一些主題保留空間，希望每一個悲傷的人——無論你失去的對象是誰、他們離世的原因是什麼，還有你身處在旅程中的哪個階段——都能在這本書裡找到適合自己的內容。

失去父母

這些年來，我的哀慟發生了變化。我確信自己永遠都會保有對她的回憶，這份確信取代了悲傷。能成為她的女兒讓我感到自豪也充滿喜悅，而我的孫女便是以她的名字命名。

——布麗塔

失去父母，無論是預期還是意外，都會造成不同程度、不同發展進程的哀慟。若是預期中的死亡，你可能還有機會說再見並建立支持系統。理想情況下，你們能說出彼此心中最重要的話，也許還能在父母臨終時，與他們共同面對即將到來的失落——這既是一種恩賜，也是一場痛苦的生命儀式，對你們雙方而言都是如此。

然而，當死亡來得突然且毫無預警時，最先襲來的是震驚。這是一種情感與心理上的巨浪，使人無法思考、無法理解當下的現實。根據許多失去摯愛之人的描述，震驚讓人無法看清周圍的一切。它讓我們暫時脫離「當下」，這是一種心理機制，保護我們不被突如其來的悲痛壓垮，以至於無法恢復。在母親突然離世後，索蕾爾這樣形容：

有一個專門為了那些遭逢親人意外離世的人而組成的團體。根據我個人的經驗，這個團體通常都是祕密、臨時的聚會，議程的內容很鬆散，例如「可恥的怨恨」等，儘管我們覺得自己有這樣的想法很糟糕，但你會因為自己竟然嫉妒那些能握著摯愛的手、在他們最後一口氣時說出「我愛你」的人而感到內疚與痛苦。但說到底，你不需要解釋自己……因為這裡的每個人都懂。

無論你個人的情況如何，期望自己能在特定時間內就從失去的哀慟中走出來，是不公平的。黛布十六歲時就失去了母親。現在，四十六年過去了，我們詢問她對於這麼早就失去至親有什麼感受。「那股劇烈的疼痛會隨著時間流逝而減輕嗎？是的，但是，即使是在將近五十年後的今天，我幾乎每天都還是會想起她，希望我們有更多相處的時間。」

影響深遠的悲傷往往會內化成某種訊息，許多人在多年來的哀悼過程中，都曾對自己說：「這是自然的生命順序，我的父母本就應該比我先離世，而他們確實如此，所以我應該處理得更好。」或者，「我的父母離世時已經年邁、病重。我知道想讓他們回來是自私的，但我還是這麼想。」無論是好是壞，父母塑造了我們的環境；在我們年幼時，他們為我們示範了如何與這個世界互動，有人選擇反抗他們的影響，有人則如鏡像般複製了他們的行為。而當我們逐漸年長，或許仍未能完全走出父母的影子。

不需要再堅持這樣的想法：克服哀慟意味著我們不再感到悲傷。相反地，請接受現實，也就是深刻的失去經歷會改變我們，促使我們轉變成不同的自己。請讓自己對這些變化的意義保持好奇。你有哪裡不同了？父母的缺席對你的人生產生了什麼影響？悲傷如何讓你在其中看見人性、我們的世界以及你所處的位置？

你可能會問自己的問題

✦成年後的我所做的決定，是否有可能受到早年失去父母的經驗影響？

是的，這一點毫無疑問，我們所做的一切都會受到生命經驗的影響。童年失去父母這樣的經歷，會徹底改變一個人的生命藍圖；不僅如此，成年人如何回應這種失落同樣也會影響結果。你的悲傷是否得到支持、接納與處理？你的悲傷是否被其他人過於強烈的哀慟所覆蓋？父母的去世是否引發了其他壓力因素的連鎖反應，讓你和家人不得不面對？在沒有父母支持的情況下，你經歷了哪些發展性的里程碑？這些反思的問題，可以幫助你理解早期失落如何影響你的生活和決策。

另一個主題是，童年就失去父母的人與那些沒有相同經歷的人之間有著疏離感。這對許多人來說是一種創傷，要與那些父母健在、沒有經歷過類似人生事件或壓力的人相互理解可能會很困難。就像彼此生活在不同的星球一樣。布蕾娜分享了她的經驗：

我覺得年輕時經歷過的悲傷讓我很難與伴侶建立關係。我曾與沒什麼創傷經歷的人約會過，他們通常無法理解我的處境。這讓我感到極度沮喪，我覺得自己被孤立了，彷彿這些人無法理解我所面臨的困難。

很容易想像，在這樣的背景下，會出現難以處理的關係模式、反應性行為，和無法化解的孤獨。這些後遺症很多，直到悲傷得到充分處理和理解之前，這些模式可能會不斷重複。

我們常常會在不完全察覺的狀態下，從內在某個地方做出決定或對事情做出反應。我們試圖治癒傷口，並掌控那些曾擊倒我們的事件。在人生的每個十字路口，我們內在的許多部分都會浮現，參與決策過程。通常，我們的決定或對事情的反應所帶來的後果，會讓我們意識到某些問題的存在。當我們一次次地問自己：「為什麼我總是這樣做？」或「為什麼這種事情總是發生在我身上？」這就是一個線索，提示我們應該深入探究更深層的原因。而許多時候，真正的根源正是悲傷。

接下來的練習是為了讓你與父母建立連結，並填補他們去世時所留下的空缺。無關年齡，無論你是在幾歲時失去父母的，所有人都可以進行這項練習。

✦我仍在世的父親或母親開始約會或再婚了，對此，我產生了很強烈的感受。我該如何處理這些感受？

生活中有許多事是我們根本無法提前準備的，例如，控制那些未曾預料到的感受——那些當仍在世的父母決定去約會、和伴侶同居或再婚時所出現的感受。

將已故的父母理想化是很正常的，在我們的眼中，他們甚至是近乎完美的存在。這種對哀慟的自然反應，可能會讓我們覺得沒有人可以取代他們。成年子女可能會對自己面對一位闖入者所產生的複雜情緒感到訝異。我們或許可以在理智上告訴自己：「我的父親值得擁有愛與伴侶。」或是「我不能成為我母親的全部，我當然知道她可以愛上另一個人。」然而，有一些煩擾、糾纏的想法與感受是與邏輯完全無關的——這些是對生活變化的反應，這些變化迫使你再次去適應。

喪偶父母的成年子女，和仍與父母同住的孩子所面臨的處境有相當大的差異。當他們在世的父母決定進入一段新的關係時，家庭動態、家庭成員情緒與心理狀態，以及父母去世以來所經歷的時間，這些因素都會對整體情況產生巨大的影響。

如果你難以接受父母展開一段新關係，可以試試這些方法：

- 練習讓感受像水流過篩子一樣自然地通過。
- 對自己的感受感到好奇，而不是批判。
- 坦率地談論那些你對在世父母所感受到的衝突；若能跟專業人士或某個能和你一起處理這些衝突感受的人討論會更好。
- 允許自己自在地談論已故的父母（或者，如果你正在幫助孩子們適應新的環境，請讓自己能輕鬆提起已故的配偶）。
- 將生活與家庭故事視為不同的章節，而這只是一個新的章節。
- 請從長遠角度來看，接受這個事實：你有你的旅程，而父母也有他們的旅程。
- 最重要的是：知道你有權慢慢適應、消化新的資訊與關係。

有幫助的練習

○寫信給已故的父母

與父母分享生活近況的細節，是一個與他們保持連結的好方法。你能找時間寫信，或直接大聲地告訴他們，那些你認為他們可能會想知道，關於你生活中所發生的事情嗎？這麼做反映了與他們保持連結的理念。一開始你可能會覺得不太自在，但慢慢地你就會發現自己能輕鬆向他們更新近況。範例如下：

親愛的媽媽：

我決定嘗試你的燉菜食譜，我要很自豪地說，成品非常成功。當香味充滿整個廚房時，我想起了你。我愛你。

失去伴侶

「繼續前進的關鍵是：接受死亡這個事實、經歷悲傷的痛苦、適應沒有他們的

生活，並紀念所愛之人。」——帕蜜拉．D．布萊爾，《老了，更好》（*Getting Older Better*，暫譯）

失去伴侶會對情感和關係造成複雜的影響，孤獨、憂鬱、寂寞、愧疚和懊悔的感受，可能會持續超過文化上為悲傷所劃定的時間。生者與已故伴侶之間持續存在的關係，是一個在長期哀慟中比較少受到討論的主題。克服、走出失去的哀慟不代表要切斷這段關係或忘記對方。許多人仍不斷與他們的伴侶對話，也持續感受到彼此之間的關係與連結。這種狀態會延續到日常生活裡，也會進入新的關係與婚姻中。我們是否能在積極生活的同時，與已故的伴侶維持一種連結？我們是否必須將這種連結視為祕密或是隱藏起來，或是讓這位重要的伴侶融入我們現實的生活之中？多年的共同回憶、身體上的親密關係、養育孩子或其他充滿意義的互動，創造了一種深刻的連結，也在不同程度上塑造了我們的身分。當這種關係中斷時，就有可能會動搖生者的生命意義與存在目的。

你可能會問自己的問題

✦ 我一直都認為自己是一個獨立的人，但現在，失去伴侶的我感到很孤獨。怎麼會這樣？

獨自一人和孤獨這兩個詞之間有很大的區別。身為一個獨立或自力更生的人，伴侶在世時，你可能偶爾一個人也沒關係。你享受獨處的一天、喜歡在好天氣時長途步行、和朋友一起旅行或從事自己的嗜好。有些人在獨處時反而變得很有創造力，內向者在此時往往能發揮最好的表現。在這些情況下，我們能選擇如何度過自己的時間——但摯愛的死並不是一個選擇。在摯愛離世前選擇獨處，與我們現在感受到的孤獨是不同的。這是可以理解的。我們並未失去獨立的本性，只是深深地感到孤獨。

我們可以把自己放進一個二十人的團體中，但若無法與他們建立連結，我們仍會感到孤獨。與他人建立聯繫可能是一項挑戰，因為它需要你變得有些柔軟並保持開放。然而，努力尋找方法實現這種連結是值得的。你依然可以保持獨立，同時依靠他人的支持，在這個過程中獲得勇氣，逐步敞開心扉。

社會支持和關係擴展，在與你珍視的事物建立聯繫並提供幫助時，能對療癒產生積極效果。在經歷過長期哀慟的人面前，政治觀點、宗教理想甚至是人格特質可能就沒那麼重要了。布蕾迪回想起一位客戶，在失去伴侶多年後，她選擇繼續參加失去和喪親支持團體，她和那個團體的成員建立了連結，如果不是因為參加這個團體，他們可能永遠也不會認識。悲傷打破了界線，這些界線往往是文化所設下的。

✦即使有了新的伴侶，我仍為已故的前任感到哀慟。我該如何在不傷害現任的情況下，與已故的伴侶保持連結？

如果你與前伴侶有著深刻、緊密的關係，請不要因為你仍會感到悲傷而批評自己。也許你覺得已故的摯愛是你的靈魂伴侶，或者仍相信只有他能讓你體驗到那樣的愛。我們要告訴你的是，你可能再也無法以同樣的方式去愛人，但你可以再次去愛！每一段關係的強度、緊密程度和期待都是獨一無二的。此外，如果你們曾共同養育孩子，根據孩子年齡不同，你仍然會在生活中經歷某種程度的哀悼與思念。

如果你和現任伴侶有著一段信任、支持的關係，也許你可以試著與他溝通，告訴他維持與前任的連結對你來說是有幫助的，而這不是因為你更愛已故的前任，而是因為你們共同經歷的一切。此外，你可以利用日記私下與已故的摯愛溝通，特別是對你們的孩子感到擔憂時。

✦ 我是個老年人，我失去了我的伴侶。感覺上，我比起那些我認識的失去伴侶的年輕人，更難走出這段悲痛。真的是這樣嗎？

你可能是對的。你們曾處在一段長期的關係中，多年來你們產生了深刻而緊密的關係，也十分依賴彼此。你也可能會出現不安的想法，認為自己永遠不會再遇到其他人，必須獨自度過晚年。

無論是否有結婚，出於各種原因，包括健康與財務因素，在晚年做出重大的改變可能會面臨更多的挑戰。這當中的矛盾之處在於，超過五十歲以後，改變會變得更困難，但似乎也更加緊迫。也許你的生活更為穩定，行為模式也已固定。也許你已經在同一棟房子、同一個城鎮裡生活多年，也跟同一個伴侶共度很長一段時光，持續做著同一個領域的工作。或者，就在退休的念頭開始出現在你的未來規畫時，伴侶的離世讓你的計畫偏離了軌道。

五十歲以上的人們可能正在經歷空巢症候群（Empty-Nest Syndrome）*，雖然他們大多已卸下養育子女的責任，但同時也為伴侶的離世而哀慟。約翰與安德魯共同養育兩個美麗的孩子。在他們送第一個孩子去念大學兩週後，約翰被診斷出罹患一種侵襲性癌症，並在一年內就離世了。從一起撫養小孩的伴侶變成獨自面對這樣的處境，這種突如其來的身分轉變很容易讓人失去平衡。

有幫助的練習

○安靜的紀念儀式

在對你來說具有特殊意義的日子裡，享受寧靜的紀念時刻吧！你可以點一根蠟燭來緬懷你的伴侶、擺放具有某種象徵意義的花、在生日或紀念日享用一頓特別的餐點。為這些事情保留空間，能讓我們感到踏實安慰，這不需要得到他人的同意。

*形容子女離家後，父母展開獨居生活而經常出現悲傷、焦慮、沮喪或憂鬱等負面情緒。

失去子女

事實上，許多人比預期的更早離世。正值壯年的時期，有人因疾病、暴力或意外而離開人世。無論是嬰兒、孩童、青少年還是成年人——這些死亡都足以讓我們心碎。當死亡並未按照自然時序發生時，我們就必須花更多心力來面對。因為這個世界有時可能就是這麼不穩定又不公平，年輕生命的消逝就屬於這個失序故事的一部分。疾病、感染、出生併發症、遺傳因素、嬰兒猝死症候群以及意外，都可能成為孩子逝去的「原因」。然而，對於父母和家庭來說，有個始終得不到解答的疑問：「為什麼是我的寶貝？」

失去成年子女的人也有相同的疑問。親子關係會隨著時間流逝發生變化，也許你一直都是提供孩子建議與支持的角色；也許你們曾像是朋友般，一起享受充滿樂趣的時光；在人生的這個階段，你可能在身體和情感上都依賴著成年的子女，期望他們照顧自己。這種角色反轉對年長的父母來說尤其困難，導致他們的憤怒與悲傷變得更為強烈。

多年以後，在經歷如此巨大的失落後，你仍可能在努力尋找平衡。你如何談論自己，或在更廣闊的社會中看待自己？你是否將這份失落藏起來，不知如何坦然談論你的孩子？在家庭慶祝時，孩子是否仍被記得？當有人問你有幾個孩子時，你又如何回答？這些人生時刻，往往會讓掙扎中的父母感到絕望。而當其中一位父母的感受與另一位出現脫節時，就可能引發關係上的緊張，將夫妻推向對立的兩極。

你可能會問自己的問題

✦ 有人說再生一個孩子會對我們有幫助。真的是這樣嗎？

對許多夫婦來說，最終可能都會面臨這個問題：「我們應該再生一個孩子嗎？」根據孩子去世的原因，也許你們現在會質疑自己是否能生出一個健康的孩子，或能否安全地生下孩子。

特蕾莎．A．蘭多（Therese A. Rando）博士在著作《所愛之人離世後，我們該如何繼續活下去》（*How to Go on Living When Someone You Love Dies*，暫譯）中，提出以下建議：「在失去孩子後，不要馬上又懷孕是很重要的。我們必須先解決在失去他們後自己所面臨的問題。」她接著建議，我們需要回顧自己與孩子曾擁有過的關係，無論那是想像還是真實的關係，而且不應該覺得再生一個孩子就能解決悲傷。如果你們決定再生一個孩子，就必須考慮很多事情，特別是你和伴侶是否已經做好準備，已取得共識？

孩子有時會背負著父母未曾實現的夢想。對父母來說，容許孩子成為他們自己，而不是成為父母希望實現的樣子，是一項極為艱難的工作。如果父母將理想化、已故的孩子拿來與在世的孩子進行比較的話，可能會讓這種動態發展惡化，持續影響孩子的一生。未被消化的長期哀慟，助長了這種對治癒的錯誤嘗試所導致的模式。如果你覺得自己或摯愛的人正陷入這種情境，與某人談談是至關重要的。如果你覺得自己或所愛的人正為此掙扎，那麼與他人談論這件事非常重要。當悲傷陷入這種僵局時，就好像我們不只是失去一個孩子，也失去了活著的那個孩子，因為他被迫接受扮演死去的那個孩子的角色，而無法展現真實的自己。

不要理所當然地認為孩子要成為已故孩子的替代品！這是可以避免的，因為我們的心中蘊含著像海洋一樣寬廣的愛。父母當然可以迎接新生命、發展家庭。事實上，與已故的孩子保持連結能讓這件事變得更容易。我們可以這樣想：如果父母企圖從失去孩子的痛苦中恢復、繼續過生活，而沒有給自己足夠的時間哀悼，或是認為自己不應該談論他們已故的孩子，就會形成一個隱藏的故事。隱藏故事本身有很強大且具控制性的能量，讓父母更容易將他們對已故孩子的希望、恐懼與想法投射到後來誕生的孩子身上。這樣的情況很常見，因為這些故事所有的能量與真相，都阻塞在情感的通道裡，無法流通。

如果已故的孩子在家庭精神層面與故事中占有一席之地，父母就不需要將自己對這個孩子的期望轉移到其他活著的孩子身上。如果他們自在地談論已故的孩子、在家中擺放他的照片、積極地將他納入家庭的故事裡，並透過儀式維持與已故孩子的連結，無論是慶祝生日或全家一起去掃墓，那麼整個家庭就有更多的空間與自由度去面對他們共同的故事。

孩子們通常都對他們出生前所發生的事與父母的人生非常感興趣。如果你在這個孩子出生前曾有過其他小孩，告訴他關於哥哥或姊姊的故事會是一個不錯的想法。孩子們會對家族的歷史感到好奇，而你失去的孩子也是這段歷史中重要的一部分。

✦如果我和伴侶從悲傷中恢復的方式不同，我們該如何維繫彼此的關係？

對於那些以不同方式面對哀慟的夫妻來說，這是一個常見但難以處理的問題，這會對個人造成長久的影響，也會影響兩個人對未來的規畫。

當你想踏出去與他人交談，卻發現自己不能這麼做的時候，情況就會變得有點複雜。也許有阻礙擋住了你通往社群和共享治癒的路。也許那個阻礙是你的恐懼，也可能是你伴侶的恐懼。在經歷如此深刻的失落後，父母自然會想把自己封閉起來，在黑暗、安全的地方待上一段時間。對外面的世界敞開心扉就像打開百葉窗，讓陽光照射在一片漆黑的地方。當一個人想待在自己安靜的小窩裡尋求安全，而另一個人渴望走向外面的世界時，這種情況可能會令人感到動搖。面對這種情形，史蒂芬與我們分享：

我覺得自己和另一半好像生活在不同的星球上。我們的女兒已經過世三年多了，我開始想找回一點正常的生活，但我的太太無法和我一起前進。她無法和我一起去看電影、度假或是和親近的朋友一起吃飯。她的悲傷讓我窒息，她是這麼地憂鬱，讓我覺得自己必須更努力才不會受到影響。

處理這個問題的重點是誠實地面對自己和伴侶、繼續像以前一樣扶持彼此，也要明白情況不會一直是現在這個樣子。長期哀慟沒有時間限制，也沒有固定的形式，它會改變形狀、顏色、質地與色彩鮮明度，重要的是要能隨著這些變化進行調整。

父母處理悲傷的方式與耗費的時間有所差異是常有的情況。無論是為了比較還是評判，我們都不能將自己面對悲傷的經驗套用在另一個人身上。但是，當其中一個人可能需要在旅程中的某一站停留更長的時間時，另一個人需要找到繼續前行的方法，這一點非常重要。這可能是你們一起尋求幫助、獲得指引的好時機，了解該如何處理你們之間的差異，而不讓這件事成為你們關係中的一道裂痕。伴侶治療、教牧協談和個別輔導都是不錯的起點。對許多人來說，經歷悲傷的過程能夠加深彼此的關係。經歷過失去女兒的格雷這樣說：

失去女兒後的頭幾年對我和吉兒來說真的充滿挑戰。我們以不同的方式處理悲傷，看到我最依賴的人和我在同樣的悲劇中掙扎，對我來說是很困難的。我們都堅信我們能一起度過難關，這樣的信念很有幫助。我們確實做到了。長遠來看，這件事讓我更尊敬也更愛吉兒，我們的關係也變得更加牢固。

夫妻關係中的最大挑戰，就是不要去控制對方的感受與生活經歷。我們可以與自己的需求展開對話，讓自己了解我們能以什麼方式滿足自己。只要我們保持專注、充滿關愛與誠實地面對自己，就可以放下我們必須改變對方感受的念頭。這有時很困難，尤其是當你收到伴侶的訊息，指出你與朋友外出其實讓他感到非常難受！最重要的是，雙方都盡力對自己的感受與行為負起全部責任。信任是關係的核心。而經歷失去孩子打擊的人，特別需要額外的信任與坦誠。

✦只有我覺得其他人都不懂流產有多麼痛苦嗎？

不知道流產是什麼感覺的人可能會說：「至少你知道自己可以懷孕」、「你可以再試一次」、「這種事很常發生」，或是「你應該慶幸孩子還沒足月，想必是胎兒有什麼問題才會流產」。

根據美國疾病管制與預防中心的數據，在美國，每年約有百分之十至百分之十五的妊娠以流產告終。這些流產大多發生在第一孕期，約有百分之一至百分之五會發生在第二孕期。發生在孕期二十週前的就是流產，發生在二十週後的則被稱為死產。光是在美國，每年就有二萬四千名嬰兒死產。

人們可能會根據孕期的長短來臆測父母的表現。確實，懷孕七週流產和足月死產的經歷是不同的。但對許多充滿希望的父母來說，無論是哪種情況都是嚴重的失落。即使是在經歷流產多年以後，媽媽們也會這麼描述：

- 連續流產三次後，我擔心自己是否再也無法生小孩了。我對流產以及失去成為母親的這個希望，感到十分悲傷。
- 我對流產有著很糟糕的回憶，我有時會想起這件事，並責怪自己不夠健康。
- 家人跟我說：「等你的身體好一點再試試看吧！」我知道他們不是這個意思，但這種說法暗示了流產是我的錯，因為我不能讓孩子健康成長。
- 懷孕二十九週生下死產的兒子後，我看清了誰是真正的朋友。只有一個人沒有跟我說一些陳腔濫調的安慰，只是靜靜地讓我哭。
- 自從經歷死產後已過了十年，我永遠不會忘記當時所感受的困惑與絕望。現在，我發現自己總是擔心有人會奪走我活著的孩子。

解決長期哀慟及其影響的困難之處，在於這個過程的進展很緩慢、漸進，有時也不太明顯。久而久之，這可能會形成宏大的暗流，並從暗流逐漸變成激流，最終將原本完美的關係沖入大海。

對經歷過多次流產或受孕失敗的女性和夫妻來說，對家庭的想像有一天可能會被迫改變，變得與原先的期望不同。

讓我們來思考荷莉的故事：

就在丈夫約翰被診斷出胰臟癌前，我們經歷了幾次不成功的人工受孕，包括三次流產以及在我女兒出生前的一次流產。這些失去讓我們不得不接受我們無法組成理想中的家庭了。因為丈夫的病情，我們無法進行領養或收養，而這對我們而言意義重大，因為我們希望女兒能有兄弟姊妹。我必須接受，我女兒的童年將與我自己的不同，也與我所期望的不一樣。我覺得，親身經歷流產以及約翰之死這最壞情境所帶來的創傷，讓我在面對生活中其他不確定因素時，心理承受力變得更低。有些事情已不再如過去那般令我煩惱，或是我能更輕鬆地將其拋諸腦後；然而，也有其他事情，例如必須決定是否讓我的狗安樂死，或是做出影響我女兒生活的決策，會觸發我產生一種毀滅或災難性的想法。我認為這一切都與創傷有關，但我仍在努力去理解它。

關於流產或死產的侵入性想法和鮮明記憶，可能會沉重地壓在我們心頭上數年之久。這些隨時會冒出來的想法，可能會影響之後的懷孕經驗。死亡與生命是如此地靠近，當恐懼、創傷的記憶和焦慮持續產生影響，而我們又必須處理新的生活經歷時，就很難踏實地過日子。

就像所有的悲傷之旅一樣，在經歷流產和死產的漫長悲傷旅程中，我們和死亡一起走過。這趟旅程的任務是和緩地接受以下這兩個事實：死亡就像生命一樣自然，以及流產和死產令人心碎，也可能造成創傷。這兩者都是正確的。在每一天的過程中，拓展自己接受這些現實的能力，就能讓這趟漫長之旅帶領我們走向更多的自由，讓我們活在當下。

✦我可以談論我的孩子嗎？

關於死亡這個話題，往往會使對話產生微妙的影響。如果你正在與一個從未失去至親的人交談，往往會出現一個尷尬的時刻——一個停頓、一個眼神。這可能微妙到對話仍能繼續進行，但又足夠明顯，讓失去孩子的父母察覺到對方的不安，因為對方不知道該說什麼。久而久之，這種情況可能會逐漸削弱父母說出孩子的名字、提到他們、講述他們的故事、將他們融入當前生活的能力。如果你發現自己身邊沒有足夠的人能讓你說出孩子的名字，可以找一個支持小組，無論是線上或實體的都可以，讓你可以與他人分享關於孩子的事。事實上，你可能已經在悲傷之旅上走得相當遠了，可以幫助那些剛失去親人的人。即使感到絕望，你也擁有智慧。你手中握有那張失落者所需的地圖，那張地圖是剛踏上這趟旅程的人還看不到的。

請記得：能帶給你慰藉的事物，不一定也能幫助或安慰你的配偶、孩子或其他家人。這並不是說你或他們的感受不重要。有時，家庭共同經歷哀傷最困難的部分，就是要弄清楚如何滿足某些需求，尤其是當親近的人無法提供這些支持時。在滿足自己需求的同時，請不要期望別人也跟我們有相同的需求。

失去孩子的父母會一直帶著這段關係前行，即使多年過去，仍可能有尚待處理的情感或問題。請允許這種情況發生，為這段完整的關係騰出空間，讓它能被誠實地談論與消化。你可能會面對讓你痛哭的回憶或真相，但你也會逐漸理解，與人建立關係本就是一場混亂的旅程，而我們能做的，就是盡力面對。與心理治療師、支持團體，或是對哀傷有所研究的人交談，他們能陪伴你走過這條路。最終，你仍會與孩子維持一種連結，而這種關係可以帶來安慰與內心的平靜。

有幫助的練習

○弄清楚自己想要的是什麼

失去孩子時，往往會產生令人意想不到的改變。也許你曾享受其他家長的陪伴，現在卻覺得和他們待在一起讓人難以承受。也許你曾和他們一起參加過某些活動，但這些已與你無關或無法再帶來樂趣。當你想重新投入生活，或開始積極參與世界時，內心可能仍感到不安，彷彿腳下的土地搖搖欲墜。這是旅程中的一個脆弱時刻，值得你花時間釐清自己真正想做的是什麼。有些事情你可能感到篤定，有些則讓你緊張不安，還有些你明確知道自己無法接受。下一步是想像自己實際去做這些事情時的情景——你會獨自前往嗎？會與朋友一起嗎？還是會加入一個團體？

我想做的事	我的感受	想和誰一起？	想在何時進行？
前往蒙特婁	緊張	黛博	春天，我生日時
加入編織相關團體	自在	我會自己去；那裡有我認識的人	下個月
去外面晚餐	若是一個安靜的地方，而且不是我和孩子一起去過的地方，就沒問題	兩位可以讓我坦誠地談論我的孩子的親密友人	下個月，所有人都方便的晚上
去外地開會	緊張	我自己一個人	夏天的時候

請拿出一張紙，在左側寫下「我想做的事」。接著，請寫下「我的感受」、「想和誰一起？」，最後是「想在何時進行？」，範例如上。

深呼吸的時候到了

當你開始一天的日常時，發現自己因為對孩子痛苦的思念而遭受情緒襲擊，請留意你的身體，你的肩膀是否聳立到接近耳朵的位置了？你的呼吸很淺嗎？當我們開始感到憤怒或沮喪時，深呼吸是幫助整理思緒和減輕身體壓力的最佳方法。深呼吸時，身體會對大腦傳遞訊息，讓我們冷靜下來並放鬆身體。試試以下的步驟：

- 以舒適的姿勢坐下或平躺。
- 把一隻手放在肋骨下方的腹部上，另一隻手放在胸前。
- 深呼吸，透過鼻子吸氣，讓你的腹部把手往外推。胸部不要移動。
- 透過噘起的嘴呼氣。用鼻子吸氣，感受到腹部上方的手凹陷下去，然後將所有空氣推出去。
- 重複這個呼吸練習三到十次，每次呼吸都慢慢來。
- 完成後，請留意一下你的感受。用一個滿載愛意的回憶，取代痛苦的回憶。

失去手足

「……，兄弟或姊妹的死亡所造成的全面影響開始滲透進入我們的意識之中，就在他人認為我們應該好點了的那時。」——T．J．蕾（T.J. Wray），《挺過失去手足的痛》（*Surviving the Death of a Sibling*，暫譯）

兄弟姊妹的死是最不受重視的一種失去，在成年時期尤其如此。死亡發生後，受到支持的重點對象通常是失去孩子的父母，而不是失去兄弟姊妹的孩子。更令人痛苦的是，兄弟姊妹在葬禮、追思會或其他安排往往沒什麼發言權；人們對他們的慰問可能會從詢問父母的狀況開始。

兄弟姊妹離世後，揮之不去的哀慟可能會因為許多原因而變得複雜。在手足關係中經常出現的矛盾心理可能會引起我們的愧疚感，這是複雜性哀慟的主要因素之一。假設你和兄弟姊妹有一段親密或疏遠的關係，無論是哪一種極端值（以及介於兩者之間的所有情況），都可能引起被拋棄或愧疚的感受。如果這段關係從不是你所希望的那樣，可能會持續出現憤怒、傷心與懊悔的感受。

活著這件事本身可能會成為愧疚感的另一個來源，尤其是當我們回想起自己曾希望他們離開或消失的那些時刻。這些都是失去手足的正常反應，所以，如果這些感受不停湧現，請不要太苛責自己。此外，活著的孩子還必須支撐悲痛的父母，這是讓失去手足的哀慟複雜化的另一項因素。這種情況會消耗我們的能量和情緒儲備空間，讓我們更難去照顧自己。你可能會質疑自己是否有權像他們那樣深切哀悼——

或像倖存的配偶或孩子一樣。請明白，我們一直都擁有為手足哀悼的權利，而且，我們也像其他受到死亡影響的人們一樣，值得獲得相同的支持與關懷。

你可能會問自己的問題

✦ 我的手足已經去世三年了，身為大人的我，應該能應付這件事。為什麼我還覺得如此焦慮呢？

家庭構成了我們生活的結構，無論我們是否經常見到其中的成員。即使有些兄弟姊妹之間有著較大的年齡差距，也會有種作為一個群體一部分的感覺——這個群體來自你的父母。就像任何一個群體一樣，當其中一個成員離開或去世時，可能會讓人感到不安或引發焦慮。成為成年人，並不意味著家庭成員的角色變得不再重要；即使兄弟姊妹在你的日常生活中並未積極出現，他們在你生命的故事中仍占據著象徵性的地位。他們的死亡可能會讓你感覺變老了，或者暗示著你的家庭縮小了。此外，如果你的兄弟姊妹因遺傳性疾病去世，而你們擁有相同的基因且年齡相似，他們的逝去可能會加劇你對自己生命終結的擔憂。

我們與兄弟姊妹的親密程度——無論多親近或多疏遠——不一定會影響我們在他們離世後會如何處理失去他們的哀慟。史蒂夫的哥哥死於 COVID-19，他這麼說：

我的哥哥大我十三歲，我們在不同時期長大，但在晚年，我們開始找到一些共同點，關係也擴展至不同的新境界。我們開始隔幾週就找時間交談，在他的生命被迫提早中斷時，我們的關係比以往任何時候都更加親密。我每天都感受到失去他的痛苦，而我現在成了兄弟姊妹中唯一留下來的那個。

另一方面，珍妮這麼分享：

我和姊妹每天都會傳訊息。我們總是互相開玩笑，或是幫忙處理困難的問題，像是婚姻壓力、對孩子的擔憂還有父母的問題。最重要的是，我總是覺得和她在一起就像是在家裡一樣自在，她也是我空閒時最想找的人。自從她去世後，我的生活陷入了無法形容的空洞，找不到穩固的基礎。我真的以為我們會一起變老，即使過了這麼多年，我還是一直感到很不安。那種感覺就像是緊張，但我現在覺得更像孤獨，那是沒有人能填補的空虛。

在某些情況下，手足離世可能會讓我們變成獨生子女或是最年長的孩子，讓我們的角色發生重大的改變，更難去應付兄弟姊妹去世時所產生的許多複雜情感。如果你的父母還健在，有些失去成年手足的成年人與父母之間的關係可能會發生變化。由於對兄弟姊妹的哀慟往往不受到充分的認可，而他們的父母則聚焦在克服自己的失落，因此，他們可能會覺得自己被無力應付自身哀慟的父母拋棄了。

✦ 在兄弟姊妹過世後，我自然承接起照顧其他家人的角色。我知道也必須關心自己，但在這種情況下，我該怎麼做呢？

也許專注於幫助他人，導致你暫時把自己的哀慟擱置一旁。對活著的兄弟姊妹來說，支持其他家人，或承擔起照顧者的角色是很常見的情況。在這種情況下，照顧者可能會將過多精力集中在別人身上，以至於壓力過大導致憂鬱。未被認可的感受最終會變得沉重而成為負擔，可能會干擾悲傷的流動，也會阻礙我們在新的現實中重新找回對自己的身分認同。為此，你必須面對自己的悲傷與痛苦。就像人們所說的，如果我們讓自己去感受，就能治癒這些情緒。

✦我們有五個兄弟姊妹，大姊是我們所有人的依靠。現在她走了，其他人都跑來找我……我該如何表明自己並不想承擔這個角色？

兄弟姊妹中最年長的那位通常扮演著父母的角色，尤其是當父母無法給予他們支持時。兄弟姊妹的逝去打亂了家庭裡的出生順序，剝奪了仍活著的孩子與家庭每個人緊密相關的個人優勢、特質與身分認同。治癒之旅中的一個面向，可能是在自己身上建立某種你的手足與生俱來的特質。當他們去世時，我們不僅要克服哀慟，還要從中學習成長。這個成長過程的一部分，很可能是辨識出自己希望繼承他們哪些特質，以及所有人必須做出什麼樣的調整。也許你死去的手足非常擅長在假期舉辦全家人的聚會，而現在，你的家人希望你成為新的主辦人。你願意接受嗎？或者這是一個你們必須一起討論的問題，也許你們會想出一種新的聚會方式？

有幫助的練習

○爲悲傷保留空間

如果覺得悲傷被困在某處，你需要花時間仔細思考，理解自己因悲傷而產生的感受，請給自己空間經歷這些感受。這可能是因為兄弟姊妹離世後，你過於擔心家人而沒有讓自己完整經歷哀慟的過程。有時，我們必須回顧已走過的路，確認在過程中是否錯過什麼。你可以這麼做：

- 請假幾天，擁有獨處時間，也不用擔心要在工作或社交場合掩飾真實的感受。
- 去一個對你或你和手足都有意義的地方。拜訪一片水域，如海洋、湖泊或河流，特別有意義，因為水象徵著永恆的生命以及時間的流逝。帶上足夠的食物和飲品，這樣你就可以在那裡待上一段時間，把東西都放好後，讓自己與離世的手足交流。注意你內心出現的想法、周圍有什麼動物、雲的形狀、吹拂過的微風。當你與你們所共享的愛產生連結時，請平靜地接受大自然帶來的一切。
- 你也許喜歡去安靜的禮拜場所，讓自己靜靜坐著待在那裡。你也可以考慮與在特定禮拜場所服務的信奉者約個時間，跟他談論、處理自己的失落與孤獨。

- 有些人喜歡紀念特別的日子，例如生日、忌日或是其他有關的事件。在他們生日那天準備一份特別的禮物、點根蠟燭，為他們許個願、去一間他們最喜歡的餐廳，點一些他們可能曾點過的食物，或是做一些你們小時候經常做的事，這些都是將兄弟姊妹經常融入生活中，以一種日常且愉快的方式來紀念他們的美好方式。
- 你可以考慮寫一封信給兄弟姊妹，或在日記中寫下關於他們的事。也許有些事是你希望自己有說出來的，或是有些懊悔需要釋放。這可以是一種療癒的方式，因為它能將原本可能感覺失控的情緒，具體地呈現出來。

失去祖父母

從醫生那裡得知爺爺的生命只剩幾週時，我獨自從醫院開車回家，打給我爸爸，邊哭邊告訴他，他的父親快不行了。在我喘口氣讓自己平靜下來的時候，他只說了句：「嗯，這是不可避免的。」

——安德莉亞

在我們的社會裡，失去祖父母這件事有時並不那麼受到重視，因為老年人的逝去原本就在預期內，人們通常也不會表達傳統的慰問。然而，我們當中許多人對祖父母甚至是曾祖父母都有深刻的了解，失去他們就像失去父母一樣痛苦，尤其是如果我們是由他們撫養長大的。三十多歲時失去祖母的哈迪告訴我們：「在我的經驗中，對我們許多由祖父母養大的人來說，他們就像是我們的父母，失去他們所帶來的影響也同樣強烈。」雖然到了某個年齡，死亡可能是正常的事，但這並不表示悲傷的程度和時間會因此減少。我們很難獲得他人對於長期哀慟的同理，因為很多人在成長過程中一年只見到祖父母一、兩次，實際可能更少。這些可能是相對次要或義務性的關係，並不具備我們所擁有的那種真誠深厚的連結。然而，也許你在小時候與祖父母分開前，曾和他們擁有過一段充滿意義的關係。

我們認為，缺乏關於失去祖父母對人們具體影響的研究，反映了西方文化中對年長者的看法；這一點也在 COVID-19 疫情以及其對世界最脆弱群體影響的反應中，得到了體現。在疫情初期，許多人表現得好像這並不算什麼大事，因為當時認為只有老年人和有既往病史的人才會面臨重病或死亡的危險。這種看法暴露了許多人對老年人持有的觀點——他們是可有可無的。但對那些真正失去父母或祖父母的人來說，這種冷漠的看法是難以理解的。他們不得不目睹親人的痛苦，卻無法抱著他們，無法用溫柔的話語、愛與祈禱陪伴他們走過死亡的過程。

帕姆的祖母於一九九七年去世，享嵩壽一百零二歲，她說：

我還是很想念她。我十歲時，她搬來和我們一起住，成為我混亂童年生活中穩定的存在。長大成人後，她和我的父母一起搬到佛羅里達，我學會過著沒有她的生活，也汲取了她所留給我的：愛與堅韌的性格。在記憶中，我仍然可以聽到她用瑞典口音說話，還能聞到小煎鍋裡滋滋作響的奶油香味，那時她會在星期六早上為我們做一堆瑞典鬆餅。試著為我的孩子做這些薄薄的鬆餅是我最大的挑戰，但我永遠也無法複製她投注在這些鬆餅裡的愛——以及她對我們所有人的愛。

對於多年後仍持續渴望並深深想念祖父母的人來說，你們的哀慟是真實的，也是合理的，你們也在這趟漫長之旅中。沒有人可以決定你們的悲傷有多深、可以持續多久。

如果你與祖父母有著深厚的關係，讓現在的你感到心碎，重要的是給予自己療癒的空間與時間。也許我們無法每次都找到能理解自己、有共鳴的人，但那樣的人總是存在的。

如果你與祖父母之間的關係並不像父母那樣親近，也不代表他們的離世對你而言就不重要。你是否深深愛著他們，但未能如你或他們所願的，有機會與彼此相處更久的時間？有些人可能在尚未能與祖父母建立成熟、親密的關係前，就失去了他們。也許你對未能獲得的答案或未說出口的話感到有些遺憾，你可能會留下那些以「我本來可以……」或是「我應該……」起始的，無法實現的願望。

你可能會問自己的問題

✦ 我對祖父母有一些令人不安的回憶，即使是多年以後，仍難以應付他們逝去對我造成的影響。該如何排解這一點？

蘇西從小就和爺爺住在一起，她記得爺爺曾喝得太多，醉倒在前院，所有鄰居都看到了；阿尼在奶奶的葬禮上得知，她曾參與一起商店搶劫，這讓他感到極為震驚……這些都是難以應付的回憶，尤其是如果我們不說出來，或是沒有處理這些回憶的話。也許，是該找一位專業人士或親近朋友，坦誠地聊聊這些回憶的時候了。祕密可能會讓人產生羞愧感，但透過和信任的人敞開心扉地對話，就能消除這種羞愧感。

✦祖父母在我小時候過世，那是我第一次經歷死亡。但直到多年後的現在，我才在面對這件事情上遇到了困難。為什麼會這樣？

許多人在童年時期或成年初期都經歷過至少一位祖父母的離世，對許多人來說，這是他們第一次經歷親人逝世。儘管悲傷總是因人而異，但年齡會影響一個人對失去至親這件事的理解與反應。在他們去世時，你可能覺得必須優先考慮其他家人的需求，無力處理自己的需求。多年後的現在，你感到困惑不解，為什麼自己會對他們的離世產生如此深刻的感受。

如果全家人能一起面對哀慟，那就太好了，但人們往往不會這麼做。有時，在家庭裡，祖父母、父母和孫子之間的關係確實有所脫節。家庭爭吵、舊傷和怨恨，可能都會讓孩子們在哀慟過程中感到困惑。

有幫助的練習

❍ 認可祖先所留下來的禮物

這一點是無法否認的：我們之所以會在這裡，都是因為我們的祖先存活了下來。你能從他們的故事、勇氣、毅力與決心中學到什麼？我們當中有些人可能擁有關於祖先的美好故事或回憶，其他人可能沒有。當你想到自己的祖父母時，你從他們那裡獲得了什麼，讓自己可以在人生的旅程與生活中繼續帶著這份禮物？是很好的音樂感知力？強烈的職業道德？同理心？美味的食譜？還是傳統？思考一下，積極地運用這些答案吧！

❍ 一起找出這份愛的歸屬之處

能量既無法創造也不能被摧毀，但它可以改變形式。這就是能量守恆定律，也是熱力學的第一定律。許多人相信愛本身就是最高形式的能量，我們可以把它想成，愛不會消失，只是改變形式。你對祖父母的愛仍然存在，只是需要找到一種方式表達出來。你能想像自己運用這股珍貴的能量，並將其引導到可以被利用、體驗、讓人獲得治癒嗎？試試這個練習：

過去我是如何表達自己對祖父母的愛：以前每晚睡前，我都會和奶奶一起編織。

我現在能如何表達這份愛？我可以在本地的養老院當義工，與那裡的人一起編織。我也可以捐贈編織所需的相關物品給那些資源不多的人，以紀念我的奶奶。

失去朋友

我一直將自己與馬庫斯的奇妙冒險故事視為一份珍貴的禮物。就像一個裝滿閃亮硬幣的口袋一樣，我可以隨時掏出來分享。在他過世後第一年，這些故事令我感到痛苦，但現在我可以再次回想這些故事並將它們分享出去，就像他離世前那樣充滿喜悅。讓我感到難過的是，未來不會再有新的冒險故事了（這是失去他最難接受的部分），但我寶貴的回憶就是我與他維繫連結的方式。

——索妮雅

我們與之分享最親密友誼的人，是我們在地球上選擇的家人。有些人參與了我們數十年的故事，將童年、青春期，一直到成年期，用一連串的故事和回憶連結起來，以無需言語的方式將我們緊密結合。另一些友誼則在人生轉變的關鍵時刻、瞬間和事件中產生，例如大學、工作，或一起分享養育學齡兒童的經驗之間。還有一些友誼，則單純地源於一種瞬間閃耀的化學反應，感覺像是靈魂之間的認同。

大約在三年前，帕蜜拉和丈夫在幾週內接連埋葬了他們最親近的兩位朋友。

> 他們帶走了我們共同經歷的故事。就這樣。兩個人，丈夫和妻子，親密的朋友，帶著我們一起度過的人生故事離開了。有誰會像他們一樣了解我們？我們一起度過了三十年，面對充滿挑戰的孩子與可愛的孫子孫女；三十年的宗教與政治的爭辯與協議、三十年共享的淚水與喜悅。我們透過一種心神領會的方式溝通，一種祕密的語言，我們經常能接下去講完對方要說的話。你怎麼能取代這樣的關係呢？

我們所失去的人是無法被取代的，這是一個普遍的真理。但在某些時候，我們可以讓我們對這份愛在自己身上發揮作用，讓我們對生活中的他人敞開心扉，欣賞他們原本的面貌，也讓他們理解我們。我們可以找到傾訴的對象，找到在失意時支持我們的朋友，找到願意成為我們獨特人生的一部分，陪伴著我們的人。

幾年前，有人對帕蜜拉說：「你必須與更年輕的人交朋友……他們能陪你更久！」帕蜜拉回說：「嗯，那是行不通的——這些年離世的四個朋友之中，有三個人都比我們年輕。」如果我們能像下棋一樣，做出一系列的抉擇與決定，讓我們免於遭受這麼劇烈的痛苦就好了。但沒有任何一步或一系列的計畫能確保我們免於遭受痛苦。無論是兒童、青少年、成年還是老年人，談到友誼，所有人都在同一條生命之流中。簡單來說，友誼就是愛，失去朋友所帶來的哀慟可能會像其他情況一樣糾結又痛苦。

你可能會問自己的問題

✦ 我有試著結交新朋友，該如何敞開心扉接受這些新的經歷呢？

沒有人能取代你的朋友，而這是沒關係的。如果有人邀請你參加一些活動，或是進入他們的生活，那只是因為他們希望在與彼此相關的情境中與你建立友誼關係。透過處理你對失去朋友所抱持的悲傷與愛，你也許會發現自己有更多能力與人互動。這個意思不是要我們重建曾與某人擁有過的關係，而是要為新的想法、不一樣的觀點和拓展更多體驗騰出空間。以下幾點能幫助我們更容易做到這件事：

- 不要習慣性地將別人與你的朋友進行比較。
- 如果你會這麼做的話，只要對自己說類似這樣的話：「我好想念我的朋友，但我知道我可以去看看另一個人真實的面貌，而不是他不像我朋友的部分。」
- 如果你會自動拒絕邀約，就要留意了。你的「不」可能出於痛苦和恐懼，並不是你真心想拒絕。靜靜地接受這樣的自己吧，你可以這麼說：「請讓我晚點回覆你。」而非直接說：「不了，謝謝。」如此，我們就有時間思考這個「不」從何而來。如果這個「不」是出自於你不允許他人踏入自己的交友圈，請尊重這一點，你在自己的愛與失落周圍築起了一道保護牆；但請理解，「答應」某些事情完全不會玷汙你的愛與失落——永遠都不會！只會讓你去認識另一個人或其他人，也讓他們了解你。

身為成年人，結交新的親密朋友可能需要付出努力，因為我們常期望這些關係會像年輕時一樣，在學校、學生餐廳或操場一起待幾個小時就不費吹灰之力地建立起來。隨著年紀增長，儘管在工作中也能認識新朋友，但有許多自然的機會開始減少，我們不能再期待不付出努力就能自然建立一段真摯的友誼關係。

有幫助的練習

○勇於嘗試

交朋友這件事並不會總是自然而然地發生，當我們缺乏練習、沒有太多機會或是正從失落中恢復時，很難知道該從哪裡開始。請記得，交朋友需要時間，一開始覺得自己有點笨拙也是正常的。以下是一些可採取的步驟，幫助自己勇敢嘗試，播下種子，讓新的關係開始扎根成長。也請明白：新朋友能為我們的生活增添色彩與豐富性，並不會減損或奪走我們對其他人的愛。

- 約在平常不會見到彼此的地方見面。當你們願意向對方展現更多的面貌，彼此的關係也會更親近。
- 邀請你認識的人和其他幾個人參加小型團體活動，愈了解這個人，單獨與對方見面也會更容易。
- 經常與他們互動，持續接觸往往會讓彼此更加親近。
- 透過支持、讓對方知道你會陪伴著他們，讓他們感到被愛與重視。另外，如果他們生病了或需要協助，看看自己是否能幫助他們——他們會記得你的善意。

- 最重要的是，透過承擔一些情感風險，逐漸敞開心扉。「展現脆弱」意味著慢慢傾吐自己的恐懼、掙扎、不安或錯誤。這麼做也會讓對方覺得對我們表現出脆弱的一面是安全的，進而促進彼此的親密程度。

自殺

「我真的不知道我是怎麼克服這件事的。我們不會克服它，我不該這麼說，不過，我們能撐過去。」——美國知名歌手、作詞作曲家朱蒂．柯林斯（Judy Collins），《清醒與恩典：一趟關於自殺、生存與力量的旅程》（*Sanity and Grace: A Journey of Suicide, Survival, and Strength*，暫譯）

接受親人自殺身亡是極為困難的一件事，光是在美國，每年就有成千上萬人面臨由此而生的情緒與精神障礙。

一個人選擇自殺的因素非常複雜。精神疾病、成癮問題、霸凌、慢性疼痛、絕症，以及因憤怒或悲傷而輕率做出的決定，這些都有可能，也沒有一種單一的方式能讓我們從這樣的失落中恢復。自殺涉及許多棘手的因素，讓這趟通往治癒的旅程變得痛苦而獨特。

對自殺者遺族來說，面對這件事的複雜之處在於他們往往會不斷回顧事發經過，企圖找出自己遺漏了什麼。與那些因自然原因而失去親人的人相比，自殺者的遺族往往想知道自己當時能否阻止、拯救他們，以及有哪些徵兆被忽略了。此外，因自殺失去親人的人，也更有可能出現長時間的愧疚感與相關的孤立感。自殺依然是一個受到汙名化的問題，如同我們在前面的內容所討論的，這讓人們更容易受到憂鬱、焦慮和創傷後壓力症狀所苦。任何未經處理的情緒都會發展出自身的力量與潛力，對個別悲傷者造成傷害。自殺者的至親可能會留下難以擺脫的罪惡感。

菲爾分享：

雷和我從小就很要好，我們就像兄弟一樣。我們在國中相識，他是我期待上高中的最大原因之一。雖然我們一直都是朋友，但在高中時，其他人際關係變得更重要，我們就漸漸疏遠了。從高中畢業後，我記得只和他真正交談過一、兩次。那時候，Facebook剛興起，大家都在聯絡過去的朋友，因此我們通了一次電話，更新彼此的近況、大笑、談論了宗教，也承諾要更常聯絡……但最終沒能實現。我不記得我們在他去世多久前通過電話，但我很慶幸我們曾有過那段時光。當我聽到他自殺時，我不禁想，當時的我能幫他嗎？如果我們多談幾次呢？如果我在那之後主動聯絡他呢？如果我們談過彼此的困難呢？結局會不會有所不同？這些「如果」的想法不斷浮現……

蓋瑞．羅（Gary Roe）是一位牧師，同時也是暢銷書作家，他談到，從至親的自殺中恢復就像是「跛腳繼續生活」一樣。形容得很傳神，對吧？至親自殺所造成的衝擊是很強烈的，而且會讓人持續感到身心俱疲。羅這樣說：「確實，我們會恢復，但不會像全新的一樣好，我們已不再是原本的自己了……無論是否有意識到，這件事都會對生活所有層面造成影響。」

有時候，僅僅了解自己正在經歷的旅程，就足以讓我們擺脫自責、批判和內疚的循環。只是明白「回到過去的正常狀態」並不是目標——因為正常已經改變——並意識到自己正踏入新的人生篇章，這個篇章帶來了對人類苦難深刻而沉痛的領悟，或許能讓你放下自身的壓力，不必強迫自己立即弄清一切。

你可能會問自己的問題

✦我對因摯愛自殺身亡而憤怒的自己感到愧疚，在強烈的悲傷、內疚和憤怒之中來回徘徊。該如何打破這個已持續多年的強烈循環？

人們做出那樣的選擇後，留下許多試圖理解這種選擇的至親，這些人陷入了憤怒與怨恨的掙扎之中。有些人認為自殺在本質上是一種自私的選擇，因為這個選擇會對當事人與家人帶來巨大的衝擊。諷刺的是，對許多選擇自殺的人來說，這是一個無私的行為。與自殺相關的心理健康問題之一，就是當事人認為自己對身邊的人來說是負擔，他們相信沒有自己，家人、朋友會過得更好。選擇自殺的人和被留下來的人之間存在著一道巨大的鴻溝。那些被留下的人在多年後仍常常思索，自己當時是否能搭起一座橋樑，讓雙方走向彼此，尋求理解與生存的希望。

這種憤怒也可能會擴及他人，並以指責或評判的形式展現出來。這份汙名或是恥辱，變成了那些被留下來的人的負擔，因為這樣的指責與評判往往壓制、壓抑和剝奪悲傷的權利：可能知道死者正處於一段混亂的分手過程，因而假定其伴侶應該有一些責任；也許有注意到摯愛家庭中的複雜問題，因而將所知的訊息與死者最終的決定聯想在一起。

或者，當我們試圖從自己所遭遇的流沙中爬出來時，你可能會感受到別人強加在你身上的評判。也許你亟欲渴望公開地談論、哀悼和處理摯愛的離世，卻因為人們對自殺的汙名而沒有人願意和你一起面對。我們真的很不擅長談論那些非常痛苦的事。人類的大腦甚至有機制來幫助我們否認或壓抑痛苦，而這些機制隨著時間的推移，某種程度上確實奏效了；但你可能也知道，這樣做會帶來副作用。這些副作用不僅影響那些試圖透過評判與憤怒來壓制痛苦的人，也會對那些希望能正大光明地處理悲傷的人造成衝擊。在這裡，沒有人是贏家；至少長期下來沒有人是。

儘管表面上看來，你可能覺得某些事件與摯愛的離世有著明確而強烈的關聯，但我們無法確切知道他們在做出這個最終決定時，內心真正經歷了什麼。他們不一定會留下隻字片語，即使有遺書，也不一定能帶來清晰的答案或內心的平靜。我們無法讀心，也往往找不到一條明確、單一的道路，直接通往選擇自殺的決定。你真正的責任，是讓自己走向癒合，或許還能在這條路上支持他人。而沉溺於指責、評判、內疚與憤怒之中，往往會成為癒合之路上的巨大障礙。

有幫助的練習

❍原諒自己，原諒你所愛的人

首先，從原諒摯愛開始。如果你覺得難以消化悲痛，害怕自己對他們感到憤怒，請不要壓抑這些感受與情緒。你可以擁有自己的感受，也可以傾注所有的意念，希望他們選擇以其他方式處理痛苦。你可以表達自己的憤怒、懊悔與痛苦，為這些感受找一個專屬的容身之處能有所幫助。找一個盒子或袋子，讓它成為你釋放感受時所需要的容器，然後好好運用它！當你遇到需要釋放痛苦的時候，請這麼做。在紙上寫下難過的事，把它放進那個容器裡，讓它分擔你的壓力。清楚地表達出來是可以的，這麼做不會讓感受馬上消失，但可能會幫助我們獲得足夠的空間，讓我們從另一個角度來思考。

接著，請原諒自己。如果你很難原諒沒有預見結果的自己，請持續提醒自己，我們不會讀心術，無法預知未來。請考慮把這些想法放到另一個容器裡，一個只屬於你的容器，允許自己忘掉這些想法。注意這些想法何時會出現，把它們寫下來，放到它們專屬的地方。

○失去寵物

我養過一隻灰色的獵犬，她的名字是潘妮。她很忠誠，她的雙眼會深入我的靈魂，讓我知道自己被愛著。特別的是，潘妮在我母親去世後一年也去世了，而且正好是同一天。在她去世前一晚，我夢到了我媽，在夢裡，她把頭髮綁成馬尾，正在打掃、清潔、修理一棟又小又奇怪的房子。我媽說：「別再跟大家說我死了！」隔天，潘妮就去世了，我知道那棟小房子是為她準備的。我媽非常喜歡那隻狗。這件事幫助我度過失去潘妮的痛苦，因為我知道她和我媽在一起。

——亞曼達

對許多人而言，寵物是他們日常生活中唯一能獲得的身體接觸或眼神交流。忠誠、愛、無條件的喜愛和被需要的經驗，這些事物在人生中擁有不可被低估的價值。當我們失去這樣的動物同伴時，可能會留下巨大的傷口。更令人心碎的是，這種失落往往得不到他人的理解與同情。並非所有人都能體會，一隻動物對一個人的意義究竟有多深。即使是養寵物的人，甚至是真心愛動物的人，也可能對於那些在多年後仍深深思念逝去寵物的人缺乏共鳴。於是，這份悲傷只能被壓抑、轉移到其他事情上，最終成為未曾真正處理過的情感傷痛。

在面臨重大生活壓力情況下失去寵物，也會讓哀慟更複雜。史蒂芬在同一年裡失去了他的母親與他心愛的狗。他的母親先離世，這對他來說是毀滅性的打擊。他因此非常依賴他的狗，藉由每天的散步讓自己走出家裡，讓自己在晚上睡不著時獲得安慰。這些散步對他來說變成了一種儀式，也讓他有機會在大自然中與母親對話。當他的狗在幾個月後因為自然的原因而離世時，他徹底崩潰了。突然之間，孤獨籠罩了他的生活，他覺得好像沒有人能忍受和他作伴，他的悲傷和憂鬱是如此沉重。一段時間過後，人們不再關注他失去母親的哀慟，而失去寵物則無法獲得他人相同的同情。他花了很長一段時間才從絕望中走出來，放下他所感受到的憤怒。

你可能會問自己的問題

✦ 我該如何擺脫將寵物安樂死的罪惡感？

在某些情況下，決定對心愛的寵物家庭成員施行安樂死，會帶來強烈的內疚感和反覆出現的痛苦回憶。這種情緒若牽涉到個人對罪惡感的認知，可能會加劇急性哀慟的感受。幫助人們從這些反覆入侵的思想和回憶中得到解脫的治療非常重要，因為大腦可能就像一張破損的唱片，不斷播放著相同的片段。有趣的是，研究表明，長期照顧生病的寵物會讓許多人的哀慟變得更加複雜，就像照顧生病的家庭成員一樣。照顧一隻邁向死亡、心愛的動物是一件令人心碎的事，這樣的經歷可能會讓許多人產生無能為力又害怕的感受。

你給了動物朋友一個美好的生活，也想讓他們安詳地死去，但你可能會對自己必須做的事感到愧疚，或是覺得自己做得不夠好。向經歷過類似情況的人求助，確實能帶來幫助。你不得不做出一個可怕的決定，那些曾經歷過類似情況的人，比誰都了解你身上背負著多麼沉重的壓力。

✦搬家意味著離開我們心愛的寵物，牠被安葬在我們的土地裡。我該怎麼做？

儘管不同地方關於埋葬動物的合法性和安全性有很多獨特的規定，但不可否認的是，許多人會選擇埋葬在院子裡。在這方面，請務必花時間了解當地的法律，因為有些地方不允許在自家或公共空間埋葬動物的骨灰。最重要的是，給自己時間考慮如何紀念這次埋葬過程。沒有必要急於做出決定，也不需要對自己的選擇感到內疚，只要跟隨內心的感受即可。

有一種方式是為你埋葬心愛寵物的地方拍張照，為自己製作一個小小的紀念物。你可以在搬家前舉辦一個告別儀式，也許可以種一些植物，或留下對你有意義的東西。如果你因為想起已故的寵物而再次陷入哀慟，請不要感到驚訝。搬家本身可能會引發這種感受，但離開埋葬之處也會重新燃起悲傷，這將成為我們旅程的一部分。

我們無法提供法律建議，但你應該考慮寵物的埋葬位置，並思考未來新屋主在翻修或景觀設計時，是否可能會意外挖到埋葬的遺體。如果你選擇挖出已埋葬的寵物，這個過程可能需要與當地的寵物墓地、你的房地產經紀人或獸醫進行討論。有一些很棒的組織和企業可以幫助人們火化心愛的寵物，並在整個過程中提供支持。寵物火葬場可以協助安全地挖出被埋葬的寵物，進行火化，然後將骨灰交還給家人。

✦我親愛的寵物過世了，牠們的物品散落四處，提醒著我失去牠們的痛苦。我該怎麼處理牠們的物品？

動物收容所會非常感激能收到捐贈物。如果是乾淨且狀況良好的物品，你可以考慮捐贈：

- 未開封的食物或零食
- 牽繩、項圈、胸背帶
- 耐用的玩具
- 籠子或外出籠

✦該如何幫助孩子度過他們第一隻寵物的逝去？

孩子們可能會因為沒有拯救心愛的寵物而責怪自己、父母或是獸醫。他們可能會感到愧疚、憂鬱，並害怕其他所愛的事物也會被奪走。試圖透過告訴他們「寵物是逃走了」來保護他們，可能會讓孩子期待寵物會回來，並且會在發現真相時感到被背叛。我們是孩子處理這份失落的榜樣，所以，表達我們的悲傷可以讓他們放心，明白悲傷是正常的，也能幫助他們處理自己的感受。

童年時期失去寵物的重要性並不亞於失去家人，因為孩子往往都會將寵物視為家中的一員。然而，社會並不總是承認失去寵物的嚴重性，這可能會導致長期未解的哀慟產生。孩子對寵物的依附程度、突然的逝去、過去喪失的經驗以及那隻寵物在孩子生活中所扮演的角色，都會放大他們所經歷的哀慟強度。

有幫助的練習

❍ 歡笑時刻

「在情感痛苦的中心，我們很難想像自己會再快樂起來。很難以正向或充滿希望的角度看待一切……我們想要的只是讓我們的生活、我們的摯愛能回來身邊，治癒這份傷痛。」——約翰·E·威爾遜斯（John E. Welshons），《從悲傷中覺醒》（*Awakening From Grief*，暫譯）

這裡有一個你可以嘗試的練習，承襲了我們的動物朋友帶給我們的精神：愛、童心、溫柔和享受當下的機會。經歷長期哀慟的人已忘了該如何大笑，或是在喪親的情況下，笑聲可能會被認為是不敬的，知道這些事的你會感到驚訝嗎？你可以試試看愛笑瑜伽練習，這些練習的目的是讓我們能毫無理由地大笑。結合簡單的瑜伽呼吸技巧，愛笑瑜伽能緩解壓力、增強免疫力、對抗憂鬱、讓我們進入更積極的思維模式。大笑時，生理機能也會隨之改變，讓我們體驗到更多的快樂。

愛笑瑜伽的創立者馬丹・卡塔利亞（Madan Kataria）解釋：「笑的來源有兩種，一種是來自身體，一種是源自內心。」成年人的笑往往來自內心，我們會對什麼好笑、什麼不好笑進行判斷和評估；而孩子們比大人更常大笑，他們的笑來自身體。「他們玩耍時都一直在笑。愛笑瑜伽的基礎是培養我們的童心。我們的內心裡都有一個想大笑、玩耍的孩子。」我們邀請你到YouTube上找一些有趣的愛笑瑜伽練習，跟著做，或是尋找一位經過認證的愛笑瑜伽老師，親身體驗看看。

結語

看見繼續前進的勇氣

放下我們對失去摯愛會造成的影響預期。每一次的失去經歷都不同，也沒有地圖可以依循。悲傷既不軟弱，也並非我們的錯。不要把困難的日子或時刻看得太重。有黑暗的時刻，也會有光明的日子。我們可以同時擁有。

——索妮雅

撰寫《悲傷練習》本身就是一趟旅程，一趟我們一起走過的旅程，也是一趟我們將繼續陪伴你一起走過的旅程。無論我們來自哪裡、長什麼樣子、過著什麼樣的生活、相信什麼，有兩件事對所有人來說都是不容質疑的：我們誕生了，也終將死去。從出生到死亡，我們面臨各種挑戰與障礙。其中有一些甚至讓我們屈服。悲傷的旅程以及一路走來所獲得的智慧塑造了我們，也讓我們團結在一起，希望你在這本書裡找到能在漫長旅程中幫助你的故事、想法和技巧。請堅持下去。如果我們在路上相遇，就讓我們從彼此身上看見繼續前進的勇氣吧！

人生是一座殘酷的花園：這裡有些地方很美麗，但花園基本上從頭到尾都充滿著可怕的事物。在這座花園裡，死亡是唯一可以確定的事。我認為我們最好意識到並接受死亡的必然性，這麼做有助於我們避開風險，幫助彼此照顧、關心，而且能避免我們浪費時間。所以，我們來到了這裡，一起走在同一條穿越這座花園的危險路徑上。我們出生，開始與照顧者一同前行。有些人在過程中變得更親近，有些人則更疏遠；有些人超前，有些人落後。如果有人偏離路徑或絆倒了，我們會衝過去幫忙。之後，如果我們跌倒的話，他們也會來幫助我們，讓我們繼續前進。有時，我們愛的人會先離開，無法再和我們同行。我們不能對花園生氣，因為從我們踏上這條蜿蜒小路的第一步開始，它就一直是這樣。我們反而應該感謝那些在過程中幫助自己的人，這種感激之心是作為人類的核心，因為我們的人生旅程是這麼危險。我們必須趁還有時間時對彼此表達感激之意，因為我們終將跌落，再也無法站起；而沒有我們，我們的同伴也會繼續前進。就這層意義上來說，感激之心讓我們團結在一起，確保我們的安全，讓我們在這條通往塵土歸途的漫長之旅中感受到希望。我們必須趁還有時間時對彼此表達感激之意。趁還有時間的時候。

——教師傑夫．麥卡勒斯（Jeff McCullers）

謝辭

我們想感謝所有促成《悲傷練習》這本書的人，尤其是我們的編輯艾琳．麥克拉蕊（Erin McClary），她看到了這本書的意義與必要性，並幫助我們將其化為現實。謝謝我們的客戶，謝謝你們的信任，也謝謝你們願意分享你們的故事。謝謝所有為了這本書而接受訪談的對象，你們慷慨貢獻的時間與關懷產生了深刻的影響，我們心存感激。謝謝同事們，謝謝你們分享經驗與見解，與你們共事是我們的榮幸。

帕蜜拉想謝謝與她一起完成這本書的布蕾迪．漢森，謝謝她參與這個計畫，謝謝她投入大量的時間研究，也謝謝她的耐心。

布蕾迪想感謝邀請她一同撰寫《悲傷練習》的帕蜜拉．布萊爾，謝謝她給自己一個這麼棒的機會。你的熱情、幽默、貢獻與慷慨將永遠被銘記。這是一趟多麼不可思議的旅程。

附錄

尋求醫療或治療性的幫助

✦什麼情況該去看醫生？

處在長期哀慟的情況下，我們可能很難準確指出哪些具體問題能尋求醫師的幫助，但我們可以這樣自問：「我現在的生活方式對健康有益嗎？」進一步的問題可能包括：「我憂鬱嗎？焦慮嗎？我是否飲酒過量？體重有明顯增加或減少嗎？身體會痛嗎？」無論是年度健康檢查還是一次性約診，這些問題都能幫助醫師了解狀況，討論不同的可行方案，讓我們在健康照護上能有所參考。

帶著你所列出的健康狀況清單去看診。在看診前幾天或幾週，請持續追蹤自己的變化。將這份清單劃分成以下三個部分：行為、情緒、身體。你也可以告訴醫生，你一直在思考哀慟對生活造成的影響，希望能採取適度的步驟重新找回健康與平衡。你的清單應該包含以下的內容：

行為

- 睡眠模式：我每晚睡多久？我的睡眠有助於恢復健康嗎？
- 飲食習慣：我吃得太多嗎？還是太少？我的飲食均衡嗎？
- 飲酒量（以及如果你對自己的飲酒量有疑慮的話）
- 其他娛樂性藥物使用情況
- 友誼與社交互動：你有與其他人接觸嗎？頻率會太多嗎？還是太少？
- 駕駛習慣：你的駕駛習慣是否安全？
- 嗜好：你有任何嗜好嗎？你是否希望自己能擁有一些嗜好？
- 運動：你一週的運動量如何？

情緒

以下哪些是你目前所感受到的情緒？

- 平衡／沒有特別的起伏
- 悲傷的
- 擔心的／焦慮的

- 生氣的
- 易怒或脾氣暴躁的
- 不是平常的自己
- 難以承受的
- 迴避或希望孤立自己
- 缺乏熱情的／不感興趣的
- 反芻痛苦的回憶、爭執或懊悔的事情
- 不自在的
- 心不在焉、恍神、健忘的

身體

你是否有出現以下任何身體症狀？

- 身體疼痛和不舒服
- 頭痛
- 關節痠痛

- 整體感覺不適
- 筋疲力盡
- 皮膚起疹子
- 體重增加或減少
- 心跳過快
- 頭暈

✦我適合什麼治療方式？

治療方法有許多種形式，保險是否給付也很重要，因此必須進行相關調查。許多人花時間選擇最適合自己情況與個性的治療方式後，都能獲得不錯的效果。

心理健康照護與治療類型

個別治療

顧名思義，在個別治療中，你將與一位合格的專業從業人員會面，討論你的煩惱。

這位治療師可能是一位心理學家、心理健康諮商師、持有證照的臨床社會工作者、教牧輔導員或精神分析學家。一般來說，人們傾向選擇與自己性格和信仰系統最相符的治療方式。基於倫理與法律規範，你所談論的內容將會受到保密，這個空間是為了讓你傾訴所有你想說和需要說的事情而存在的。有時，不同的問題要以不同的治療方式應對，才能達到最好的效果。我們不要以為所有的問題都能在一次治療中獲得解決，在治療上耗費一點時間是很正常的，你可以休息一下，然後繼續回到治療之中；你可以找同一位治療師，或是換一位採取不同治療方式的治療師。

團體治療

團體治療由受過訓練的心理健康從業人員帶領，分為封閉式與開放式團體。封閉式的團體有固定的人數，每週（取決於該團體訂定的時間）參加聚會的人都相同。成員的離開或加入都受到謹慎的應對。開放式團體則對所有想參加的人開放，每次聚會的組成可能都不同，因此，比較少針對成員個人的事進行討論。

團體通常都圍繞著特定議題組成，例如哀慟與喪親、人際關係、成癮問題、情緒調解和子女教養問題。許多人認為團體治療非常有效，因為他們可以和遇到類似問題的人一起面對，無須多加解釋，因為大家都懂。

家族治療

在家族治療中，每一位直系成員通常都會與一位受過訓練，擅長處理複雜家庭動態的治療師會面。當人們意識到至少有兩位家庭核心成員之間出現問題時，就會選擇這種治療方式。可以確定的是，兩個家庭成員之間所產生的重大問題，都會影響、牽連其他家人，有時，透過解決衝突、學會如何控制自己，能夠讓整個家庭系統運作得更好。就像任何治療方式一樣，家族治療也有不同風格。你可以詢問值得信任的朋友、醫師或醫院附屬的神職人員，或許能得到良好的轉介。

伴侶治療

在伴侶治療中，只有這對關係緊密的伴侶會與受過訓練的專業人員會面，幫助他們解決難以自行處理的問題。當生活中的考驗、壓力和創傷對這段愛情造成衝擊時，即使是最堅定的伴侶也需要支持。伴侶治療師受過專業訓練，能幫助人們釐清當前的情況，掌握對自己及情緒健康的控制權，找到前進的方法。他們也能為伴侶提供空間，讓他們充分表達悲傷與痛苦，並幫助他們更了解另一半。對那些在子女教養問題中掙扎的人們來說，伴侶治療也很有幫助。

兒童與青少年治療

有受過專門訓練的治療師，能處理與兒童和青少年有關的問題。兒童通常都需要有一個能理解、解讀他們行為的地方，這樣能讓他們先了解自己，同時，父母和學校也能針對行為做出適當的回應。就像成年人需要有個能說出煩惱的空間一樣，對兒童和青少年來說，這樣的空間也很有幫助。一般來說，兒童治療師會利用遊戲治療，根據孩子的實際情況進行交流。他們將遊戲作為與兒童相處的工具，並透過遊戲觀察、解讀孩子的狀態。對兒童來說，要進入診間內、坐著說出自己所有的煩惱可能太困難或根本不可能，但在遊戲中，他們可能會表現出失落、沮喪和憤怒，或製造出恐懼、孤獨和渴望的意象。隨著年紀增長，他們就愈能透過語言描述感受，也愈能參與更傳統的談話治療。

✦我該如何選擇治療方式？

如果這些治療未曾出現在你的生活中，你可能會感到畏懼。首先，有幾件事必須了解，並請記得，你是客戶，有權選擇讓自己感到自在的對象與治療方式。無論是哪種類型的治療，我們都希望治療師受過良好的訓練；或者，如果是受訓中的治療師，我們也希望他們受到經驗豐富的督導者指導。通常，這些內容都會在最初的相關文件中說明。如果沒有，你可以詢問配合的治療師，他們有哪些相關經歷、他們的工作方式，以及你能從治療中獲得什麼幫助。有些治療方式適合長期、開放地進行，有些則針對特定問題，治療次數較不密集，或持續時間較短。

我們不一定只能選擇一種治療方式，事實上，某些治療工作是可以同時進行的，例如針灸與心理動力治療。最重要的是，我們要找一位能讓自己感到自在，且能勝任治療工作的對象。研究一再顯示，治療師與案主之間融洽的關係是治療結果的關鍵。如果這段關係十分堅實，就能產生許多有益的治療效果。

關於名稱的差異：在尋找治療師時，我們會看到不同的名稱，例如：心理學家、心理健康諮商師、持有證照的臨床社會工作者、執業者、碩士、博士、分析師、心理治療師和教練，這些所有的名稱都是在界定治療師的種類、教育程度和所受過的訓練內容。任何提供心理健康服務的人都要進行執業登記，且必須遵循專業的法規與規定。

國家圖書館出版品預行編目資料

悲傷練習：自我照顧 × 情緒共存 × 人際關係的溫柔支持，在孤單中找回愛與希望 / 帕蜜拉．D．布萊爾（Pamela D. Blair）、布蕾迪．麥凱布．漢森（Bradie McCabe Hansen）著；王莉雯譯 .-- 初版 . -- 臺北市：日月文化出版股份有限公司，2025.05
432 面；14.7*21 公分 . --（大好時光；93）
譯自：The long grief journey
ISBN 978-626-7641-36-1（平裝）
1. 心理治療 2. 悲傷 3. 死亡
178.8 114003124

大好時光 93

悲傷練習

自我照顧 × 情緒共存 × 人際關係的溫柔支持，在孤單中找回愛與希望

The Long Grief Journey

作　　者：帕蜜拉．D．布萊爾（Pamela D. Blair）、布蕾迪．麥凱布．漢森（Bradie McCabe Hansen）
譯　　者：王莉雯
主　　編：俞聖柔
校　　對：俞聖柔、魏秋綢
封面設計：之一設計工作室／鄭婷之
美術設計：LittleWork 編輯設計室

發 行 人：洪祺祥
副總經理：洪偉傑
副總編輯：謝美玲
法律顧問：建大法律事務所
財務顧問：高威會計師事務所
出　　版：日月文化出版股份有限公司
製　　作：大好書屋
地　　址：台北市信義路三段 151 號 8 樓
電　　話：（02）2708-5509　傳　　真：（02）2708-6157
客服信箱：service@heliopolis.com.tw
網　　址：www.heliopolis.com.tw
郵撥帳號：19716071 日月文化出版股份有限公司

總 經 銷：聯合發行股份有限公司
電　　話：（02）2917-8022　傳　　真：（02）2915-7212
印　　刷：軒承彩色印刷製版股份有限公司
初　　版：2025 年 5 月
定　　價：450 元
I S B N：978-626-7641-36-1

生命，因閱讀而大好